金属露天矿4D生产排产建模与优化算法

闫宝霞　顾清华　顾晓薇　卢才武　著

北　京
冶金工业出版社
2021

内 容 提 要

本书围绕金属露天矿生产排产问题，将 3D 的矿体空间模型与时间属性进行集成，建立了露天矿 4D 生产计划信息模型，实现了对地质数据、市场环境数据、开采过程数据和对象属性等数据的统一组织与管理，并为不同类型的生产计划模型设计了混合智能求解算法，形成了露天矿长期、短期、生产作业计划的层级递进优化模型，为矿山开采寿命周期内生产计划的协同优化与编制提供了依据。

本书可供矿业工程及相关领域的研究人员和工程技术人员阅读，也可供大专院校有关专业师生参考。

图书在版编目(CIP)数据

金属露天矿 4D 生产排产建模与优化算法/闫宝霞等著. —北京：冶金工业出版社，2021.10

ISBN 978-7-5024-8952-6

Ⅰ.①金…　Ⅱ.①闫…　Ⅲ.①金属矿—露天矿—生产计划管理—系统建模　Ⅳ.①F407.121-39

中国版本图书馆 CIP 数据核字（2021）第 230816 号

金属露天矿 4D 生产排产建模与优化算法

出版发行　冶金工业出版社　　**电　　话**　(010)64027926
地　　址　北京市东城区嵩祝院北巷 39 号　　**邮　　编**　100009
网　　址　www.mip1953.com　　**电子信箱**　service@mip1953.com

责任编辑　高　娜　美术编辑　彭子赫　版式设计　郑小利
责任校对　范天娇　责任印制　李玉山
北京建宏印刷有限公司印刷
2021 年 10 月第 1 版，2021 年 10 月第 1 次印刷
710mm×1000mm　1/16；11 印张；213 千字；167 页
定价 66.00 元

投稿电话　**(010)64027932**　**投稿信箱**　**tougao@cnmip.com.cn**
营销中心电话　**(010)64044283**
冶金工业出版社天猫旗舰店　**yjgycbs.tmall.com**
(本书如有印装质量问题，本社营销中心负责退换)

前　言

露天矿中长期生产计划是矿产资源可持续开采和企业高质量发展的重要规划，科学合理的生产计划是实现整个矿山服役年限内矿岩块体分期、有序开采的基础，借以达到矿山企业资源高效开采利用，防止资源过度消耗、利润无法保证等问题。目前，矿山企业生产数据的分散管理、生产计划的一次编制和长期使用问题依然是国内露天矿山企业普遍存在的现象。然而露天矿生产计划是一个长期动态的变化过程，其中时间纬度是非常重要的影响因素。本书将3D的矿体空间模型与时间属性进行集成，建立了露天矿4D生产计划信息模型，从而实现对地质数据、市场环境数据、开采过程数据和对象属性数据等进行统一组织与管理，并提出了适合不同类型生产计划模型求解的混合智能优化算法，形成露天矿山企业长期、短期、生产作业计划的层级递进优化模型，为露天矿山寿命周期内整体生产计划的协同优化与编制提供依据。

本书内容以国家自然科学基金“品位-价格-成本约束下金属露天矿精细化5D排产建模与协同优化研究”（项目编号：51774228）和“物联网环境下地下矿多源异质时空信息4D集成表示与建模研究”（项目编号：51404182）等项目中的基础方法和理论为依托，尝试利用企业管理理论、时空数据组织理论与数学建模理论，并采用混合智能优化算法求解露天矿长期生产计划模型、短期生产计划模型和生产作业计划模型，为相关研究提供一些理论和应用支撑。

全书共分为7章：第1章为露天矿4D生产计划问题概论，由闫宝霞撰写；第2章为露天矿山企业4D生产计划数据组织与管理，由顾清华、闫宝霞撰写；第3章为露天矿山企业长期生产计划问题建模与优化算法，由顾清华、闫宝霞撰写；第4章为露天矿山企业短期生产计划问题建模与优化算法，由闫宝霞、顾晓薇撰写；第5章为露天矿山企业生产作业计划问题建模与优化算法，由闫宝霞、卢才武撰写；第6章为露天矿山企业4D生产计划的工程应用与评价，由闫宝霞撰写；第7章总结与展望由闫宝霞撰写。全书由闫宝霞、顾清华统稿。

感谢国家自然科学基金“品位-价格-成本约束下金属露天矿精细化5D排产建模与协同优化研究”（项目编号：51774228）和“物联网环境下地下矿多源异质时空信息4D集成表示与建模研究”（项目编号：51404182）等项目对本书相关研究内容的资助与支持。感谢博士研究生马龙、李学现、陈露、王倩及硕士研究生李俊飞等为本书提供相关资料和实验数据。

由于作者水平所限，书中难免有不足之处，恳请广大读者批评指正。

作　者

2021年6月

目　录

1 露天矿 4D 生产计划问题概论

1.1 露天矿 4D 生产计划的研究背景与意义

1.1.1 研究背景

随着中国基础配套设施加速建设和能源消耗进程稳步增长，如何提高矿产资源开采利用效率，保障矿山企业的稳定生产和可持续发展，关系到国家经济全面发展和社会的进步，是矿山企业自顶向下设计矿产资源开采规划和编制生产计划过程中面临的首要问题。同时，人工智能技术、计算机信息管理技术和三维地质建模技术的快速发展，矿山企业管理模式与基础生产数据管理方式不可避免地发生着深刻变化，依托智能化技术实现矿山企业可持续发展和矿产资源开采规划已成为企业竞争的重要着力点。西方国家纷纷制定工业信息化发展战略，如美国提出的“工业互联网”、德国提出的“工业 4.0”以及我国提出的“中国制造 2025”和“互联网+矿业”以及“智能+”等重要战略举措，有力地推动了矿山企业的转型发展，并依据《全国矿产资源规划（2016—2020 年）》（简称规划），中国将 24 种矿产资源划分为战略性矿产，其中金属矿产资源为 15 种，非金属矿产为 4 种；2016 年非再生能源生产总量为 34.6 亿吨，同比下降 4.2%；消费总量为 43.6 亿吨，增长 1.4%，能源自给率为 79.4%，2017 年新增金矿资源储量 824.5 万吨，增长 5.2%；新增铜矿资源量 363 万吨，增长 2.0%；新增钨矿 60.31 万吨，增长 6.0%；钼矿新增资源量 22.6 万吨[1]。这说明国内矿产资源开采利用率下降，消耗量明显增加，稀有资源明显减少，必须通过新增开采矿产资源量来满足国家经济建设和发展需要。另外，规划指出，2016 年发布第五批 62 项先进适用技术的推广使用，其中煤炭类 6 项，金属类 31 项，非金属类 12 项[2]。由此可知，中国依靠新技术和新理念改变传统金属矿山企业粗放式开采生产模式的投资力度增加，决定了矿山开采生产计划和智能优化技术在未来相当长的时间内起着至关重要的作用，其在国民经济和社会发展中占据着重要的战略地位。

目前露天矿山企业生产管理和资源消耗管控的重点是从企业生产计划的整体编制和层级设计的角度入手，解决生产计划的优化与编制问题，但是不少矿山企业主要使用矿业软件在 2D 或 3D 信息模型下编制和优化生产计划，这些软件本质上是以静态的矿体信息模型和确定性经济参数为基础，以简单的数学模型和独立的智能算法为工具，对企业利润、矿石品位、开采生产整体成本等经济指标进行模拟计算。这样编制的矿山生产计划往往具有多种近似决策方案，而且与实际的矿山开采生产环境偏差较大，特别是这些软件的部分操作过程较为烦琐、软件投入和维护成本较高，部分模拟功能空壳化，导致矿业软件在企业内部形同虚设。尽管矿山企业的信息化建设和管控模式基本形成，但仍处于生产计划编制与优化的雏形阶段。

露天矿山企业4D生产计划作为指导和管理整个矿山开采生产的行动指南，其涵盖了矿山开采生产过程、开采时间、矿体空间对象变化、对象属性数据、技术经济数据以及企业内外部环境数据等多种数据之间的复杂关系，开采生产计划的编制与优化设计首先需要使用时空数据库组织管理这些数据源，由此通过抽象的数学模型来描述整个矿山开采周期内的采剥矿岩量、掘沟量、生产剥采比、采运成本以及开采深度空间位置、台阶进尺推进、块体开采价值序列、采剥工程的时空发展关系。本书着眼于4D生产计划信息模型的数据组织和统一管理，研究露天矿山企业4D生产计划模型与优化设计，以实现露天矿长期、短期以及作业计划的渐进优化和统一编制，在研究满足露天矿山企业金字塔计划管理模式的基础上，对露天矿山企业4D生产计划层级模型和混合智能优化算法进行深入研究。

1.1.2 研究意义

1.1.2.1 理论意义

矿山生产计划是依据掌握的生产数据（地质品位、任务指标、生产时间、矿产品价格以及开采成本等），制定有效的层级计划方案，严格执行计划并反馈调整计划中的问题，使计划付诸实际生产过程。

典型的露天矿山开采过程属于流程型过程，其涉及矿产资源在开采时间、地理空间上的协调控制等。这决定了露天矿山企业生产过程更为复杂，计划编制与优化具有离散和流程管理的双重特点。目前，中国矿山企业生产计划模型主要是在3D矿业软件的驱动下，依托矿山开采地质信息模型进行生产计划建模与优化分析，而且技术较为成熟。而如何充分利用现有的4D时空信息模型，将统一组织管理的多源时空数据灵活应用于露天矿山企业生产计划数学模型优化与编制管理过程中，将品位、价格、生产处理成本和低品位矿石波动等不确定性经济参数动态反映到不同类型的生产计划数学模型中，立足于矿山企业宏观层面的战略计划与微观层面的作业计划的相互协调，以生产计划数据组织为依据，以动态编制和优化设计为灵魂，更好地为矿山企业组织生产管理和决策支持提供参考依据是本书的出发点。因此，在3D矿床地质块体信息模型的基础上，将开采生产过程中的时间属性作为第四维度进行集成，形成具有时间、空间和属性数据集成的

4D生产计划信息模型，然后实现矿山生产数据的统一存储、按需访问，完成开采空间数据、时序数据的分析和组织管理，将其作为露天矿山企业4D生产计划数学模型与优化的数据源，在此基础上研究露天矿山企业长期、短期和生产作业计划的模型和混合智能优化算法，解决露天矿山企业服役期内不同时间段的生产计划模型的渐进构建和动态优化编制，实现矿山企业生产计划期内（年）的净现值最大化、（月）台阶开采矿石量和品位值最大化、（周或日）矿石开采运输单位成本最小化，最终形成具有4D时空属性数据组织管理的露天矿山企业生产计划的新理论和新方法，这对露天矿山企业生产管理模式及生产组织理论的进一步完善和深入研究具有重要的理论意义。

1.1.2.2 现实价值

露天矿山企业4D生产计划本质上是在3D矿床地质块体空间模型上附加矿岩开采生产时间、企业资金时间价值和数据库存储标记时间等时间属性，根据已确定的最优境界范围内事先对矿岩采剥生产时空发展顺序、采剥工程量和生产投入成本等进行预排和预算。目前中国多数露天矿山企业的生产计划编制手段落后，不同类型的生产计划之间的协调性差，这类计划在编制时注重矿石品位、剥采比和生产任务指标等参数，而忽视了矿产品市场价格、企业投入成本和低品位矿石波动以及企业利润等多种不确定性经济参数对生产计划编制的影响，由此编制的生产计划无法适应矿产品市场要素变化，无法预演计划执行效果、无法分析技术经济指标的影响关系，主要是因为计划编制技术、智能优化技术和数据组织管理技术的应用和管理手段较为落后，往往存在分类独立编制的现象，即长期、短期和作业计划独立编制和优化，而且只是考虑了某个静态环境下的中长期进度计划。该类计划着眼于长期生产战略规划的方向指引，而忽视了细节层面的短期计划、生产作业计划、开采过程中的不确定性等因素对采剥生产计划的影响，导致制定的生产计划过于粗浅而脱离实际生产现状。同时，在生产计划编制过程中无法获得实时动态生产数据的更新、开采对象的变更以及计划的实时调整，这样制定的生产计划往往无法真实反映采剥生产过程中的投入产出、台阶进尺的动态变化、低品位矿石变化、数据库存储更新变化、开采时间、矿块价值变化等多种变化因素，这种一次性编制的生产计划显然缺乏实时动态性、采场对象的灵活变更性和方向导引性。因此，如何利用当前的时空数据组织管理技术、数学建模方法和混合智能优化方法，从露天矿山企业宏观规划到微观作业的角度，解决长期、短期和生产作业计划的层级渐进建模与优化计算，从而获得一个经济合理、结构科学的露天矿山企业整体生产计划，这对指导露天矿山企业的宏观战略规划至微观作业管理模式具有重要的现实价值。

1.2　露天矿山企业4D生产计划问题

生产计划是指在规划期间，应实现相关任务的实际计划制定，并安排具体的实施措施[3]。生产计划的制定一般以企业追求的利润最大化为目标，以适应市场动态需求变化为基准。根据企业生产管理模式和计划时域的长短，生产计划可以分为战略层计划（长期生产计划）、战术层计划（短期生产计划）和作业层计划（生产作业计划），如图1.1所示。

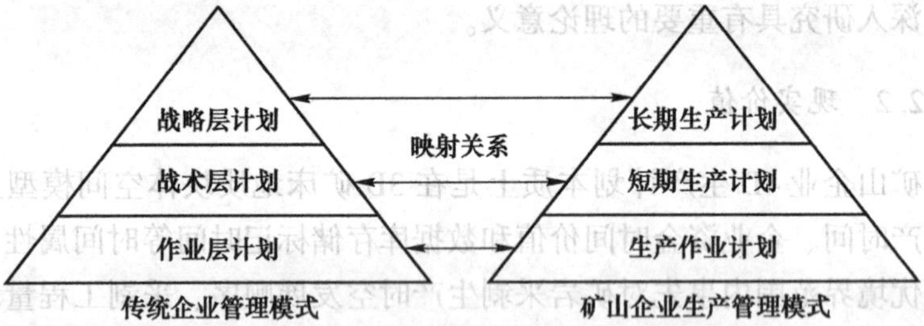

图1.1　露天矿山企业的金字塔管理模型

对于矿山企业生产管理来说，生产计划对象主要为矿产品或矿石原材料等实体对象。生产计划的战略目标是在满足市场供求和生产任务等条件下，实现企业总体利润最大。近年的研究成果表明，只有将长期、短期和作业计划进行层级递进设计和整合优化才可实现矿山企业开采生产管理过程的总体最优。

1.2.1　露天矿山企业4D生产计划问题界定

企业生产计划问题起源于19世纪末期泰勒提出的“科学管理”理论。后来众多学者对不同类型的企业生产计划问题展开深入的研究，该类问题被证明是具有复杂因素关联和制约的动态管理问题。露天矿山企业作为一种特殊的资源消耗企业，其生产计划的类型与传统企业计划之间密切关联，从矿山企业整体服役年限考虑，其主要以长期（年）、短期（月）和生产作业（日或周）计划为主，长期计划属于企业的战略性规划，短期生产计划与生产作业计划属于生产业务管理范畴，露天矿生产计划是追求矿山企业整体生产效益最大、费用最小，单独的生产计划优化与编制是无法保证矿山企业整体生产效益最优。因此，近年来将长期、短期和生产作业计划进行整体深入研究成为指导露天矿山企业生产管理研究的趋势。

1.2.2　露天矿山企业4D生产计划问题描述

1.2.2.1　长期生产计划问题描述

长期生产计划属于企业战略性规划，典型的长期生产计划构成要素包括技术经济要素、生产能力需求要素以及时空制约要素等，例如矿床、采场、块体剥采顺序、人机设备、企业资源、约束条件以及目标评价函数等多种要素。

露天矿山企业长期生产计划作为经典的NP-Hard问题，长期以来研究人员对该类问题从多个角度展开了深入研究和探讨[4]，并将中期计划均视为长期计划进行研究。长期生产计划主要在整个矿山服役年限内，如何将矿山地质空间划分为不同的开采计划时期（年），并在技术经济约束条件下确定不同开采台阶上的块体开采顺序、块体的经济价值以及整个服役期内的矿块净现值或利润最大化问题。

1.2.2.2 短期生产计划问题描述

短期生产计划属于企业底层作业计划，该计划是在长期生产计划总体规划的基础上指导短期生产过程的控制和管理。美国学者T. B. Johnson于1968年提出多时期露天矿短期生产计划模型，标志着短期生产计划的研究拉开帷幕[5]。该类计划模型的构成要素包括矿体台阶、条带、块体、时空约束与技术经济约束条件以及目标函数评价等多种要素。

露天矿短期生产计划常常以月或周为生产周期，从长期开采生产中确定的块体顺序着手，考虑关键价值区域的矿岩时空顺序和位置，解决如何确定年生产台阶上每月的矿石开采量和品位的问题。

1.2.2.3 生产作业计划问题描述

企业生产作业计划也属于底层作业计划层，它是指在产品生产周期内，如何合理分配生产力和生产资料，合理安排生产过程，在满足现有的生产条件下，实现生产作业成本最小化。Kaplan和Cooper于1984年在前人的基础上对作业成本计算进行了深入的理论和应用研究[6]。

露天矿山企业生产作业成本计划通常以日为时间单位，随着开采深度的增加，开采生产作业成本作为一个动态变化的参数，以短期生产计划中每月的矿岩采剥量为计算对象，解决如何将富含不同金属元素或品位的开采矿石量从多个采场运输至堆场，实现矿山企业投入的日开采和运输单位成本最小问题。

1.2.3 露天矿山企业4D生产计划问题分析

1.2.3.1 露天矿山企业4D生产计划要素分析

露天矿山企业采剥生产计划是一个复杂的系统工程，其涉及的生产要素众多，要素之间往往会存在互斥制约关系。采剥生产过程的抽象描述以对象要素为主、生产要素为辅完成企业的生产任务。对象要素主要是以矿体、采场、台阶和块体等地质实体作为矿山企业生产资料，生产要素是以人员、设备和消耗性生产工具等作为企业的生产要素，多种要素在统一的时空环境下相互作用、动态演化。为了逼真描述露天矿山采剥生产过程情景，先对关键的采剥生产对象要素进行定义和描述。

A 矿山地质对象要素

矿山地质对象要素包括矿岩体、开采境界、开采台阶、开采块体、第四纪黄土层和开采进尺等对象。

矿岩体是含有结构面的原生地质体，包含具有低品位或无品位的围岩。

开采境界是指开采生产单位指定的生产作业范围。

开采台阶是指采剥工作面对象。

开采块体是指将开采台阶划分为相同尺度的块体模型，构成开采生产基本单元。

第四纪黄土层是指地表至矿体之间的剥离层对象，即剥离作业的对象。

开采体进尺是指按照开采工作的指定方向，开采体向前推进的过程。

B 矿山开采过程制约要素

开采过程制约要素主要包括开采境界约束、开采体进尺约束、采场空间约束、生产能力约束、开采量约束、备采矿量约束等。

开采体进尺约束是指开采过程中按规定的台阶高程向前或向下不断推进开采进度，包括预定开采体推进约束、多采场同时推进约束、运输道路约束等。

采场空间约束是指采场空间范围大小，包括坡顶面至坡底面距离、台阶高程等。

生产能力约束是指开采过程中投入的人员、设备数量、设备额定功效等。

开采量约束是指在生产作业周期内，对矿体的开采工程量。

备采矿量约束是指在生产作业周期内，每个采场可以采出的最大矿石量。

1.2.3.2 露天矿山企业4D生产计划优化范围与编制术语

优化范围：以露天矿山企业整个服役期内最优境界为基础，从生产计划模型优化开始，将矿山企业任务需求与企业生产能力、生产现场环境、企业外部数据、技术经济参数等要素综合考虑，根据不同的年开采时期内矿岩剥采顺序和矿块的净现值，构建长期生产计划数学模型；然后根据长期生产计划内不同分期的块体价值和净现值，构建符合该分期内每月的矿石开采量和品位的短期生产计划数学模型；最后根据短期生产计划中的月开采量的结果，以每日的开采和运输单位成本为目标，构建生产作业计划数学模型。涉及的生产计划编制范围主要涵盖：长期生产计划、短期生产计划和生产作业计划三个子问题。

为了讨论及抽象描述露天矿山企业4D生产计划模型的层级构建和整体优化

编制，现将生产计划建模与编制过程中常涉及的一些基本术语解释如下。

(1) 台阶：露天采场内的矿岩划分为一定厚度的水平分层，分层间保持一定的超前和滞后关系，从而形成阶梯状，每个阶梯即是一个台阶。

(2) 条带：露天矿开采是以台阶为基础，将台阶面从水平横向划分为若干尺度相等的带状实体，称为条带。

(3) 块体：露天矿矿体按照三维空间网格形式划分为等尺度的空间立方体。

(4) 剥采量：露天矿在开采生产过程中剥离的岩石量与开采的矿石量总和。

(5) 生产作业成本：露天矿山在生产作业过程中产生的开采成本以及运输成本等多种成本指标。

(6) 生产剥采比：露天矿山在一定生产时期内剥离的岩石量与开采出的矿石量的比值，通常以吨/吨为计算单位。

(7) 时空发展顺序：在露天矿最优开采境界内，按照开采进尺的时空发展关系，自上而下逐层进行岩石剥离和扩帮而形成的矿岩生产顺序。

(8) 品位：矿石中有用成分或矿物的含量。

(9) 回采率：开采出的纯矿石量与工业储量的比率。

(10) 工作平台：开采工作台阶的上部平台和下部平台。

(11) 采场：露天矿山采剥生产的工作场地。

1.2.3.3 露天矿山企业4D生产计划编制过程

根据矿山企业生产管理需求，露天矿山企业4D生产计划编制是矿山基建和投产达产以及过程管控中的首要任务。在编制露天矿山企业生产计划时，需要综合考虑矿山服役期限内的矿产品质量、矿岩数量、产品价格以及生产成本等多种外部因素，还需要综合考虑企业内部生产因素，这些因素在生产过程中具有较强的时空耦合关系。生产计划的编制主要通过模拟露天矿山开采生产过程，利用交互式技术实现台阶工作线的推进、开采块段和开采周期的划分，应用智能优化算法实现整个开采净现值、开采工程量以及开采、运输单位成本的计算。因此采用4D生产计划信息模型，利用数学建模技术和智能优化算法进行生产计划模型构建和优化编制工作，根据矿岩剥离的时空发展关系，对采剥生产计划进行科学安排，生产计划目标优化计算，使优化编制的生产计划能指导矿山开采生产管理。露天矿生产计划编制流程如图1.2所示。

1.2.3.4 露天矿生产计划问题分析

中国虽然是矿业大国，但并非是矿业强国，与世界发达的矿业国家相比，采用人工智能技术改善国内露天矿山企业生产计划管理和优化编制的运行尚未进入实质性阶段，矿山企业生产数据的分散管理、生产计划的一次编制和长期使用问

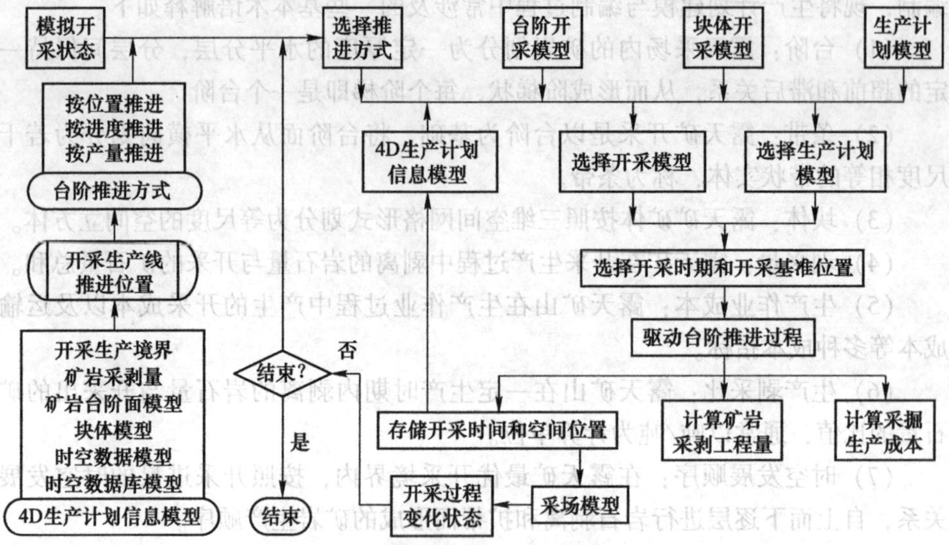

图1.2 露天矿山企业4D生产计划编制流程

题依然是国内露天矿山企业普遍存在的现象。在矿山数字化、信息化和智能化应用方面与矿业发达国家的差距较大，还有诸多问题亟待解决。主要体现在以下几个方面：

（1）生产计划时空信息模型的拓展研究较少。无论开发的矿业管理软件还是学者们开展的学术研究，基本上是以3D矿床地质空间信息模型为基础，该模型是将整个矿床划分为多个等尺度单元形成的离散模型，每个单元为一个块体，并可赋予多种属性值，如品位和价值等。3D矿床地质空间信息模型是采用数学建模理论构建露天矿山生产计划模型的基础。但是考虑3D矿床空间信息模型附加时间属性而形成的4D时空信息模型和多种不确定性参数影响的研究较少，多数是从3D矿床地质信息模型和确定性参数优化方面展开研究，并忽略每个年计划期内块体价值、低品位矿石回收利用率、每月矿石开采量和矿石品位以及每周或每日采运作业成本等指标的优化研究。另外，生产过程数据组织管理意识薄弱，数据集成化程度低，优化周期较短，造成矿山生产计划编制片面化。

（2）生产计划模型的层级设计和整体优化应用较少。很少有矿山企业使用的矿业软件、学者学术研究的生产计划模型和优化方案是从长期、短期到生产作业计划进行层级递进设计与整体优化应用。只有国外部分软件初步实现了矿山企业的整体设计，建成了初步的生产计划编制方案。但是，由于缺少不确定性参数、开采生产过程时间、企业资金时间等因素的影响，导致编制的生产计划准确性不高，决策方案较多，没有突出矿山企业生产计划层级设计和整体应用的重要性。

(3) 生产计划的混合智能优化算法研究较少。露天矿山企业生产计划是一个复杂的系统工程，一般先将生产计划问题采用数学规划方法抽象建模，模型多数以净现值最大、开采与运输成本最小或开采矿量最大作为企业生产目标，然后设计算法进行求解，获得一个生产计划方案。然而优化过程中涉及复杂的数据源和不确定性因素的干扰，由于智能优化算法的适用范围和优化性能存在诸多限制，采用独立的算法求解具有复杂目标的生产计划模型，会导致算法收敛计算速度慢、计算结果误差较大，严重阻碍了整体生产计划的优化与编制效果。

1.3 露天矿4D生产计划国内外研究现状

关于露天矿山企业4D生产计划模型与优化研究主要从三个方面展开：一是露天矿山企业4D生产计划基础数据组织与管理；二是露天矿山企业4D生产计划编制信息模型的应用；三是露天矿山企业生产计划建模理论和优化算法。

1.3.1 露天矿山企业4D生产计划数据组织与管理

在考虑矿山长期、短期和生产作业计划基础数据的组织和管理过程中，矿床地质空间、开采生产时间、技术经济等数据是影响生产计划优化的关键。组织管理矿山开采生产过程数据与企业内外部数据是为矿山企业生产计划模型优化与编制提供有序、有效数据的重要来源。而这些数据源组织与管理是以时空数据库技术为基础，露天矿山企业生产计划所涉及的时空数据库本质上涵盖时态GIS的观点，时态GIS的核心是以时空数据库系统和时空数据模型为基础[7]。其中主要以基于空间的时空数据模型、基于时间的时空数据模型的研究最为广泛。

1.3.1.1 基于空间的时空数据模型在矿山生产计划中的研究

基于空间的时空数据模型主要是在露天矿山企业生产计划编制所需的3D矿床地质信息模型中引入时间维，它包括时态数据模型、基态修正模型和面向对象的时空数据模型等模型。

A 时态数据模型研究方面

空间数据模型是矿山地理信息系统（mine geographic information system, MGIS）中应用最早、使用最广的数据模型。Agatha Y T最早以GIS为基础对空间数据进行组织，但对于动态变化的生产过程无法抽象描述[8]。随后学者们主要围绕地理空间信息模型与时间属性关系问题进行了深入研究，提出主要模型有：(1) 时空语义描述模型。该模型抽象表达了矿山地理空间对象的语义语法结构，但无法描述矿山地理事件-状态的时间关系。其代表成果有：Benjamin等提出了基于本体拓扑结构的时空数据模型，实现时空语义数据的一致性，但在处理过程中，缺乏考虑实体中产生的动态复杂关系[9]；Zaki 从时空概念模型向对象模型语义转换展开研究，详细描述了特定概念模型下的时空数据建模与数据存储问题[10]；郭达志等提出了适用于矿山开采的时空数据模型，深入描述了空间与时间集成的复杂拓扑关系[11]；徐爱功等提出了一种时空过程模型，描述了地学时空演化过程中的语义描述[12]。(2) 时空语义表示模型。可对地理空间对象数据语义进行查询分析，特别是对于对象数据流的查询具有明显优势，代表性成果有：Tossebro 等在时空语义基础上对时空表示、时空推理及时空查询等进行了阐述[13]；Jjumba、Anthony 等提出基于体素的地理空间过程自动化模拟，设计和实现了 4D 时空块体模拟过程的自动化，进一步提升了 TGIS 的概念和框架，但对于地理事件和状态的关系表达能力较弱[14]。

B 基态修正模型研究方面

可用于存储和表达地理空间对象的微观变化过程。代表性研究成果有：Hu 等为了避免当前基态修正模型中高数据冗余和低历史回溯的问题，采用快照存储模式，仅存储数据的初始基本状态，减少数据存储量，但未考虑变化的基态距和数据记录时间问题[15]，随后学者们对基态修正模型的基态距、数据记录时间等进行深入研究。(1) 动态多基态修正模型。用于解决地理空间对象发生变化的固定历史基态设立、历史数据回溯和查询操作。代表性成果有：刘睿等提出基于动态基态的时空数据修正方法，引入动态基态数据与数据存储区域，解决给定时间段内历史数据的检索问题[16]；宋伟东以地理信息系统技术为核心，采用基于基态修正和时间快照模型构建露天矿采场时空数据库，为露天开采的规划、设计、生产调度管理的优化决策提供全方位的空间信息支持[17]；陆纳纳等探讨了地理实体连续变化对基态修正模型的影响，在基态修正模型中引入基态距影响因子，并设计了时间点和时间段的查询方法，解决了基态距的确定、基态的构建与存储以及时空数据回溯查询[18]；龙际梦在已有基态修正模型的 7 种数据存储方式下，提出基态存储优化的多基态多级差文件修正模型[19]。但上述研究无法解决动态变化时间粒度的对象索引和查询问题。(2) 动态多基态变粒度修正模型。用于在时间粒度变化的多个时间点上记录地理空间对象要素的变化差异。代表性成果有：王珂在时空数据模型的基础上引入时空量化的思想，提出了一种基于多粒度的时空数据概念模型和逻辑模型的构建方法，实现对时空数据分层多粒度的组织与管理，但模型的实现过程较为复杂[20]；卢才武根据时态 GIS 中的时间属性表达特性，将时间粒度和变粒度时空存储因子与现有的动态多基态修正模型进行综合集成表示，提出了动态多基态变粒度的修正模型，实现了矿区地质环境监测环境中时间粒度动态变化过程的多基态距自动确定问题[21]。

C 面向对象的时空数据模型研究方面

该模型完整地表达了地理实体对象的语义、空间、时间和属性特征，可以显性地表达地理实体对象的时空拓扑关系。代表性的成果有：Worboys 最早在时空数据建模中运用面向对象的思想[22]；Salehi 等和 Hannemann 等都将面向对象的时空数据模型理论进行了深入研究[23,24]；戴小平根据露天矿开采时空数据，在形成历史、现时和计划数据的时空数据库的基础上，实现露天矿规划排产系统的设计及开发应用[25]。但这些研究没有对模型中对象的基本特征和表达关系进行详细阐述。随后，学者们主要围绕模型特征和关联关系进行了深入研究，代表性研究成果有：胡晋山根据露天矿山地表区域的开采破坏和修复过程，采用面向对象时空数据模型描述了矿区复垦过程，进一步构建了矿区土地复垦时空数据库[26]，但对于变化的矿山对象无法描述，而且描述过程较为抽象和复杂，难以实现；成波采用面向对象时空数据模型表达了地理空间实体的空间位置、几何形态和属性特征的动态变化和关联关系，但还未考虑物理模型构建和工程案例应用[27]。

1.3.1.2 基于时间的时空数据模型在矿山生产计划中的研究

基于时间的时空数据模型是将露天矿山企业开采生产过程的时间与矿山地理空间数据进行交叉融合，如基于事件的时空数据，该模型表达了不同时间段的地理空间对象的变化状态。代表性研究成果有：Tossebro 针对地理事件序列的时间语义关系，采用事件驱动的三域时空数据模型，抽象表达了事件语义要素[28]，但模型的实现较为复杂；Que 等改进了事件驱动的时空数据模型，有效表达了事件变化之间的关系，支持复杂的地理过程模拟和分析。这些时空数据模型主要从时态 GIS 的角度展开研究[29]，而对于地理空间对象、位置、时空数据集成的研究较为缺乏，提出的数据模型主要有：(1) 基于对象和位置集成的时空数据模型。李德仁院士等构建隐性和显性地理事件模型，解决了地理空间位置和对象数据的查询和表达，但该模型无法对事务时间进行管理且模型的应用范围受限[30]；胡晋山等提出一种基于位置、对象和时间的时空数据模型，但未涉及时空数据库系统的深入研究[31]。(2) 多维时空数据集成模型。李国清等深入分析了矿山企业信息资源的异构特征，对数字化矿山建设过程中多源异构数据融合技术进行了研究，提出了数据融合解决方案[32]；李满春等探索了多源异构地理数据并行集成的问题，解决了不同地理空间数据的无缝集成[33]；张江水提出了多粒度时空对象建模的五种基本方法，为多维时空数据集成方法和多粒度时空数据表示提供了一定的理论指导[34]。但上述模型多从理论上进行了深入分析，而且实现较为困难。

1.3.2 露天矿山企业4D生产计划信息模型

国内外对露天矿山企业生产计划编制的信息模型研究，主要从3D生产计划信息模型和4D生产计划信息模型构建与应用方面展开。

1.3.2.1　露天矿山企业 3D 生产计划信息模型研究

3D 生产计划信息模型是三维建模技术在矿山生产计划编制中的普遍应用。虽然我国矿业软件公司开发的 Demine 软件和 3Dmine 软件都能够进行露天矿中长期生产计划的编制，但它们主要是以采剥总量、剥采比、品位等为目标进行的，编制过程中对矿石的资金时间价值、开采进尺时间、数据库存储标记时间、生产处理成本、矿产品价格、品位的波动性，以及矿山项目的投资收益及低品位矿石处理策略等经济性问题仍未充分考虑，而且部分学者也对生产计划编制与优化进行了研究。代表性研究成果有：吴仲雄等以 3D 块体信息模型为基础，以年运费最低为目标函数，以供矿要求、矿体的可采矿量等为约束条件，采用线性规划法对开采计划进行了优化[35]；任高峰等将精细生产理论引入露天矿开采，基于传感器技术、虚拟仪器技术，建立一套露天矿精细化开采信息采集与处理系统，实现露天矿各生产工艺环节之间的数据共享，为露天矿优化生产管理方案提供基础数据[36]；李翠平等通过对矿山企业生产流程进行分析，建立了通用的煤炭企业生产计划优化目标规划模型，利用 ObjectARX 与 Lingo 的二次开发技术，在 AutoCAD 环境下设计与实现矿山生产计划系统[37]；狄长江等以 3Dmine 块体模型为基础建立采剥计划模型，按照相关的矿山技术指标得到相应时间段的采剥方案和路径，为矿山的计划组织提供了决策支持，但决策方案复杂多样化[38]。

1.3.2.2　露天矿山企业 4D 生产计划信息模型研究

4D 生产计划优化与编制所需的信息模型技术是随计算机与信息管理技术的发展而产生的一种新技术，虽然其在矿山领域的研究处于起步阶段，但在建筑施工进度计划与组织管理过程中获得了广泛的应用。1996 年，美国斯坦福大学 CIFE（center for integrated facility engineering）为了解决建筑工程进度计划与施工过程中数据信息随时间变化的描述等问题，应用时空数据观，提出了 4D 信息模型[39]；在露天矿山开采生产过程中，矿床地质体的采掘进尺是随着时间推移的动态过程，在使用计算机模拟时，现有的 2D 和 3D 模型技术难以表达开采生产的动态过程和内在的复杂关系。4D 生产计划信息模型是在 3D 矿床地质信息模型的基础上附加时间属性，将露天矿山开采生产过程以动态的 4D 时空形式表现，由此作为动态编制生产计划的基础；4D 生产计划信息模型可作为矿床地质体变化过程的观测模型，也可为整个生产计划模型优化和编制过程提供基础数据来源。1988 年 J. Whittle 首次考虑了矿岩的时间属性和金属价格的不确定性问题，将 L-G 图论法与生产规划方法有效融合，提出了矿山开采境界优化算法，该算法以静态参数为基础，生成一系列开采境界净现值，并根据净现值大小选取方案。目前，GEOVIA 公司将 Whittle 算法和 Minesched 软件进行融合，解决露天矿的境界优化和中长期生产计划，但其优化过程是以确定性经济参数为基础，这对于复杂矿山条件，其开采位置、矿块开采顺序的确定及生产过程中的经济指标动态变化等仍有诸多局限性。加拿大魁北克的 CAE 公司开发的 Studio 5D Planner 与 Hard Dollar 公司合作将生产计划编制与项目成本控制相结合，将矿床设计、块体模型、经济参数、时间等各项与生产计划相关的数据集成在一个统一的空间数据库系统中，对整个露天矿进行了极为详细的生产计划编制。澳大利亚的 Minemax 软件根据确定性经济参数，采用整数规划方法和分支定界算法来计算矿山企业长期生产计划的净现值问题[40]。

1.3.3 露天矿山企业4D生产计划模型与优化算法

1.3.3.1 露天矿山企业长期生产计划模型现状

根据露天矿山企业长期生产计划模型所涉及的影响因素，相关生产计划模型的研究主要分为两类：一是以矿岩产量、采剥矿岩量、生产能力以及回采率等确定性技术经济参数为主的静态优化研究；二是以矿岩地质时空属性、市场价格波动、生产成本和品位波动、低品位波动等不确定性技术经济参数为主的动态优化研究。

在考虑矿岩产量、品位波动、采剥矿岩量、生产能力以及回采率等确定性参数优化建模中，普遍采用数学规划方法构建露天矿山企业长期生产计划数学模型，主要包括整数规划、线性规划、混合整数规划、动态规划等方法。

（1）整数规划方面。整数规划是露天矿山企业长期生产计划建模中应用较为普遍的方法，Davis 和 Williams 最早利用 0~1 整数规划方法构建露天矿长期生产计划模型，但受到众多决策变量数的影响，导致模型的适用性差和求解困难。由此学者们针对模型决策变量简化问题进行深入研究，提出的主要方法有：1）拉格朗日参数化方法。为了简化模型的求解难度，通过拉格朗日乘子法将模型的约束条件与目标函数关联后求解模型的可行解，但求解过程中无法避免冗余变量的约简和结果偏差大的问题。近来代表性研究有：Moosavi 等采用 LR 方法解决了露天矿长期生产计划优化，但该方法的收敛速度较慢。由此，提出了拉格朗日松弛和遗传算法（LR-GAs），以更新拉格朗日乘子来提高长期生产计划等组合优化问题的性能[41]。2）聚类分期合并方法。在矿床地质块体信息模型上，依据分期开采的时空约束关系，对等尺度的空间块体合并，从而约简模型决策变量的规模；Tabesh 等根据露天矿山生产计划中的控制优化设计阶段、选择开采单元特征和长期生产计划优化三个关键要素，采用层次聚类方法，将矿床块体聚合成分期境界内的多边形约束，最后使用混合整数线性规划模型，将分期和聚合作为近似实际开采周期计划单元，解决了边界品位优化问题[42]；Jélvez 等提出了一个基于创新聚合和分解启发式的程序，使用计算机处理利润最大化的开采序列的组合优化方法，可获得可行且几乎最优的解决方案[43]；贾明涛针对露天矿中长期整数规划模型中的变量数多、求解困难的问题，提出矿块聚合和分期算法，分期逐渐求解、逐步迭代、更新模型，以减少模型变量和约束，但这种方法对于矿石品位的波动性无法准确计算，而且矿石开采的可达性弱，聚合后的矿块量超过开采生产能力范围[44]。

(2) 线性规划方面。线性规划是最早用于露天矿长期生产计划模型构建的方法，在研究初期，学者们初步对生产计划优化问题进行了宽泛研究，但随着多种因素对问题模型的影响，导致问题的求解受限，这在实际工程应用中仍存在诸多不足。近来学者们从多个角度展开深入研究，代表性成果有：Lamghari 等针对露天矿生产计划涉及的数据量大和多个约束条件，提出了一种两阶段混合求解方法，第一阶段使用线性规划方法产生初始解决方案，第二阶段使用变邻域下降法改进初始解，并通过使用 CPLEX 软件提供的上界值来评估所提方法的效率[45]；Moreno 等考虑了存矿场对生产的影响，构建多个线性规划模型进行生产计划的优化，并与非线性模型进行了对比分析，取得了显著的效果[46]。

(3) 混合整数规划方面。混合整数规划通过附加决策变量和约束条件来构建模型，模型中具有多个决策变量，且生产计划模型更贴近实际生产要求，但模型涵盖大量的决策变量而求解困难。代表性研究成果有：Moosavi 等针对采矿边坡、品位混合、开采生产能力等约束范围内确定品位的长期生产计划问题，构建了混合整数线性规划模型，采用克里格方法计算品位的不确定性，满足所有操作约束，实现了矿山生产计划的净现值最大化[47]；王李管等为解决基于自然崩落法的放矿计划优化问题，以计划期内目标品位偏差最小为目标，综合考虑品位、放矿速率、排产指数等约束条件，构建了混合整数规划模型，获得最优短期放矿计划[48]。

(4) 动态规划方面。动态规划是将露天矿山划分为不同时期的开采决策阶段，以某个阶段的可行解作为开采点，通过反复迭代运算至下一个决策阶段，不同阶段的决策形成了具有时空动态变化的最优决策集。该方法主要考虑了矿山开采时空顺序，但是模型的求解难度会随着开采阶段数的增加而呈现指数增长，从而会产生"维数灾难"问题。为了解决上述问题，例如采用次优方案删减方法等，而这些方法会对最优可行方案提前删减，降低了最优决策方案的可行性，因此需要进一步深入研究。其代表性成果有：Soto 等对约束变量参数细分，采用动态规划方法，解决了露天矿山企业长期生产计划优化问题[49]；顾晓薇、王青等提出了一个能够同时求得最佳生产能力、采剥顺序和生产寿命的优化方法，建立动态规划排序模型，并考虑成本价格的变化等影响因素，对所有可行的子序列进行经济评价，将总净现值最大的子序列定为最优计划方案[50~52]。

在考虑地质品位波动、矿产品销售价格波动、块体经济价值、开采生产成本、低品位波动和回采率等不确定性参数以及与之相关的开采深度等影响因素的优化建模中，主要采用整数规划与随机整数规划方法，构建长期生产计划数学模型。

(1) 整数规划模型方面。该模型主要完成长期生产计划周期内块体的选取问题，其主要特点是该问题可获得一个精确解，且问题的决策变量取值不受问题规模的影响，但使用单一智能优化算法求解模型的速度较慢。代表性的研究有：Eduardo 采用整数规划方法，解决了价格不确定性的长期生产计划风险管理问题，但未考虑地质品位和开采成本的波动因素[53]；Mokhtarian 为了克服价格不确定性对长期生产计划净现值的影响，提出价格不确定性的露天矿长期生产计划模型，解决了长期生产计划净现值的优化问题，但该模型未使用智能优化算法进行优化求解[54]。

(2) 随机整数规划方面。随机规划主要用于解决露天矿山企业生产计划中的参数不确定性问题，其主要特点是问题的最优解是一个期望值，且问题的随机决策变量取决于参数的变化，但模型受到不确定性因素的影响，造成模型构建与求解较为困难。代表性研究有：Osanloo 围绕块体开采序列价值、矿石品位以及开采深度位置等对长期生产计划的重要性，以单个块体模型为例，简单探讨了长期生产计划的确定性与不确定性算法的优劣性，并指明了长期生产计划进一步的研究方向[55]；Gholamnejad 等为了克服品位不确定性对长期生产计划优化的影响，提出了露天矿长期 0-1 整数规划模型，将块体中的品位分布函数作为随机输入参数，然后使用随机规划来求解确定性品位，从而实现生产计划的净现值最大化[56]；Ramazan 考虑多层块体模型，采用随机整数规划方法，解决了地质不确定性的长期生产计划净现值最大问题，但未考虑矿石品位的波动性[57]；Tahernejad 针对矿产品价格的不确定性对长期生产计划的影响，采用信息差异决策理论，解决了矿产品预测价格与实际价格的差异对生产计划带来的风险，但未考虑地质品位、开采成本和低品位等不确定性问题[58]；Dimitrakopoulos 与 Jewbali 针对露天矿长期调度中以稀疏勘探数据为参数而无法获得边坡角度控制数据的问题，采用多阶段随机规划方法，通过将第一阶段的品位数据、第二阶段的块体模型以及第三阶段的随机规划模型进行联合模拟，并比较了联合模拟结果与预期风险间的关系，解决了短期至长期计划性能的一致性问题，但该模型主要是采用短期计划中的品位参数联合优化长期生产计划的效果[59,60]。

1.3.3.2 露天矿山企业长期生产计划优化算法现状

随着露天矿山企业长期生产计划优化应用的深入研究，模型构造越来越复杂，导致优化模型属于 NP-Hard 问题，这只能通过近似算法求解模型，但会造成模型的求解结果偏差较大、甚至无法求解，而智能优化算法在优化模型求解计算方面具有明显的优势。近来代表性成果有：Lamghari 为了广泛搜索问题的可行域，采用多元化策略和变邻域搜索方法来生成若干个初始可行解方案，采用禁忌搜索算法对金属不确定性的露天矿长期生产计划问题进行优化[61]；Sattarvand 等针对露天矿开采生产对象中块体数量大、计算机软件无法求解的问题，简要回顾了遗传算法和模拟退火算法的原理，并讨论了粒子群、禁忌搜索、蜂群优化等其他元启发式算法在露天矿生产规划领域的适用性[62]；Leitc 采用标准的模拟退火算法，解决了地质不确定性风险因素影响环境下的长期生产计划净现值最大问题，但只考虑了单个块体模型对象[63]；Moosavi 等针对露天矿确定开采范围内开采块体的位置问题，介绍了遗传算法（GA）和拉格朗日松弛（LR）方法相结合的生产计划应用问题，LR 方法提供了快速解决方案，但该方案的收敛性能较差[64]；Khan 等针对露天矿生产计划过程中的涉及的数据量大、约束条件多，提出了使用粒子群优化算法求解露天矿生产计划方法，但均未考虑块体的价值、矿产品价格和地质品位波动因素，且算法的求解性能较差[65]；Shishvan 等针对露天矿长期生产计划中涉及的决策变量数多和采用数学规划方法求解时间长的问题，提出基于蚁群算法的露天矿长期生产计划，提高了模型的求解速度，但优化效果并不明显[66]；Asl 等针对露天矿不同开采时期矿岩量划分问题，提出了一种用于求解露天矿长期生产计划的帝国主义竞争算法，该算法修改了同化过程的原始规则，并改善了不同水平的控制因子性能，但算法的求解精度较差[67]；Sattarvand 采用帝国主义竞争算法，解决了长期生产计划净现值最大化问题，但均未考虑地质品位和价格波动因素[68]；Khan 采用标准的粒子群和蝙蝠算法，解决了品位不确定性的长期生产计划净现值最大问题，但两种算法均存在解的求解性能不足问题[69]。虽然上述智能优化算法解决了露天矿山企业长期生产计划问题，但这些模型的构建只是分别从块体模型、平均销售价格以及地质品位波动等单个确定性因素出发，且未考虑低品位矿石回收处理办法。另外，单一的智能优化算法对于露天矿长期生产计划模型存在求解速度慢、易于陷入局部最优解等问题。

1.3.3.3 露天矿山企业短期生产计划模型现状

露天矿山企业短期生产计划是在长期生产计划优化结果的基础上，以月作为时间属性单位，解决企业每月下达的生产任务目标。根据其优化涉及的众多复杂因素，主要以矿石品位波动、矿岩台阶顺序、关键块体价值开采区域等技术经济参数作为约束条件进行研究。其中，在模型构建和优化解算中，多数以数学规划方法中的整数规划及其扩展应用、计算机模拟技术应用最为广泛。

整数规划方法是露天矿山企业短期生产计划建模应用最多的方法，Smith 最早利用整数规划模型对某个开采时期内条带上的块体开采顺序进行优化，并采用权重法对模型进行变换处理，解决条带上块体品位偏差最小化问题，但由于同一条带上的矿石品位波动较小，加之模型处理策略偏差较大，导致优化求解精度难以满足现实生产要求[70]。随后，学者们主要考虑矿石品位波动、开采生产顺序和不确定性参数影响等问题展开深入研究，提出的主要方法有：（1）随机整数规划方法，为了避免开采生产计划优化求解不确定性参数的影响，通过构建随机整数规划模型获得短期生产计划模型的动态变化，但是模型优化过程难以收敛到全局最优解，也无法满足生产要求，导致使用过程中存在诸多局限性。近来代表性成果有：Rahmanpour 等针对矿石品位和开采数量对矿山生产系统的控制和影响，开发了一个随机优化模型来捕捉资源不确定性对矿山规划的影响[71]；Upadhyay 等针对短期生产作业计划的复杂性和随机不确定性问题，利用动态铲运分配决策器，实现铲斗生产作业最大化和移动距离最小化[72]。（2）混合整数规划方法，为了使模型更符合实际生产要求，需要增加额外的问题决策变量数，但是涉及模型的计算速度以及动态最优化问题较为突出。代表性研究成果有：LâHeureux 等提出了一种求解露天采矿短期规划问题的混合整数规划模型，该模型考虑了开采块体顺序、满足设备生产能力的电铲移动距离等约束条件，并且为了减少模型求解时间，提出了四种优化策略[73]；Blom 等采用混合整数规划方法，将开采生产周期划分为 N 个递增的时间集合，解决多目标短期生产计划模型最优解的排序问题[74]。

1.3.3.4 露天矿短期生产计划优化算法现状

随着露天矿短期生产计划优化编制目标的渐进明朗、开采生产时空位置的直观性和可操作性要求，生产计划优化模型逐渐复杂，多数情况下的模型集成管理问题突出，只能通过模型分解方法或智能算法对模型进行独立求解，但这种求解方法具有结果偏差大、模型参数固化突出等问题，此类优化求解算法主要有：Józefowska 等针对矿山短期生产计划与调度问题，利用多准则遗传算法，实现了问题空间的搜索速度和效率[75]；Kozan 等针对短期露天矿生产计划问题，利用一种多资源多阶段生产计划方法，实现短期露天矿生产计划和近似最优解[76]；孙效玉等[77~79]分别针对露天煤矿分时段生产管理问题，构建了露天矿山长短期生产计划优化模型，并采用 Lingo 软件技术对模型进行求解。但这些模型的模拟效果和求解结果偏差大、计算速度慢和精度不理想，无法满足金属矿山企业短期生产计划优化管理的要求。

1.3.3.5 露天矿山企业生产作业计划模型现状

露天矿山企业生产作业计划是在短期生产计划优化结果的基础上，以日作为时间单位，解决企业每日产生的单位采剥和运输费用问题。生产作业计划优化理论的研究，根据其模型涉及的众多复杂因素，主要以矿石品位、矿岩开采总量、采场出矿量及矿产资源利用率等技术经济参数作为综合优化指标进行。

(1) 整数规划方面。整数规划方法是露天矿山企业生产作业计划建模应用较为普遍的方法，在研究初期，部分学者将该方法用于生产作业计划优化建模，解决了露天矿山企业生产作业计划中的诸多问题。但随着问题的深入研究，一方面由于研究的目标函数的单一性、无法对矿山企业生产要素综合考虑，另一方面由于约束条件的多样化，使问题的求解能力和速度受限制，造成模型的构建和求解方面仍存在诸多不足。近来学者们从不同角度进行了深入研究，代表性研究成果有：Fricke 探讨了整数规划技术在露天矿山企业生产作业计划中的应用，解决了大规模复杂生产计划最优性能问题[80]；胡乃联等采用整数规划方法构建了采掘车间作业计划多目标优化模型，实现了矿山企业精细化生产管理的要求，保证了采掘车间生产指标的动态平衡性，但当问题规模复杂时求解困难[81]。

(2) 混合整数规划方面。混合整数规划通过附加多种目标函数和决策变量来构建生产计作业划模型，但随着模型变量的增加，其求解较为复杂，且无法考虑开采深度进尺距离与采运成本之间的动态关系。代表性成果有：Eivazy 等为了开发和测试露天矿生产作业计划优化模型，提出了一种多目标混合整数线性规划(MILP) 模型，该模型最大限度地降低了采矿作业总成本，并使用 TOMLAB/CPLEX 优化器通过分支切割算法求解该模型，算法的求解速度和精度较差[82]。

1.3.3.6 露天矿山企业生产作业计划优化算法现状

随着露天矿山生产作业计划的问题多样性，生产作业计划优化模型也变得复杂难解，有些问题甚至变为 NP-hard 问题，采用传统的计算机模型技术几乎无法精确解算，而智能优化算法对于解决这类问题具有一定的优势。代表性研究成果有：胡乃联等从露天矿采掘和运输成本的最小化角度出发，提出了采用基本粒子群优化的方法，但算法的求解精度和速度不理想[83]；明建、李国清等采用商业智能和组合预测的理论和方法，建立矿产品市场需求计划模型，并用多目标规划、专家系统、时间价格 Petri 网的理论和方法优化生产计划模型，降低作业成本，但模型的求解时间较长、求解过程较为复杂[84]；田谦益针对露天矿生产作业的临时变动，提出一种备选方案的生产计划优化方法，该方法本质上是传统仿生进化算法，但该算法应对复杂的模型时，求解速度慢且精度差[85]。

1.3.4 文献评述及启示

生产计划已成为当前露天矿山企业生产管理领域研究的热点问题，而且众多学者从不同理论角度出发，使用不同的建模和优化方法分别对长期生产计划、短期生产计划和生产作业计划进了独立研究，并取得了丰富的研究成果。当前对露天矿生产计划研究仍局限于分类计划、独立算法、确定性技术经济参数、单个3D矿床地质信息模型等方面的研究，而在4D生产计划编制信息模型环境下，从长期、短期和生产作业计划进行层级渐进建模和整体优化的研究较少。已有关于露天矿山企业生产计划模型与优化算法的研究不足主要存在以下几个方面：

（1）缺乏露天矿山企业4D生产计划数据组织与管理研究。传统的露天矿山企业生产计划模型优化与编制主要以2D或3D矿床地质信息模型为基础，编制过程中主要对矿体的品位、岩性、技术经济参数和剥采量等确定性参数进行分类应用，缺乏对采剥生产过程的中的进尺时间、开采生产周期、企业资金时间价值以及数据库标记时间属性与3D矿床地质信息模型的统一表达，而且随着开采生产过程的动态变化，如何将开采生产空间对象、采剥进尺、数据库存储标记等时间属性、矿石开采生产量、技术经济参数综合存储到矿山4D生产计划时空数据库中完成统一的组织与管理，目前在这方面的相关理论和方法还鲜有研究。

（2）缺乏露天矿山企业4D生产计划层级渐进模型研究。国内外的研究侧重于露天矿山企业生产计划模型和优化算法的独立研究，且模型之间的关联性较弱，部分技术经济参数与矿山生产管理软件固化研究，多数研究均是以净现值最大化作为计划优化的终极目标，但基础数据源规模较小，决策变量数较多，矿体信息模型单一、优化算法独立使用，导致生产计划数据综合挖掘利用率低、算法求解速度慢等问题，而露天矿山企业生产计划作为一个复杂的系统工程，如何将开采过程中的时间属性、动态变化参数、生产作业成本、采剥矿岩量、净现值和品位以及低品位矿石等确定性与不确定性参数进行综合考虑，并采用数学建模理论对不同类型的生产计划模型进行层级渐进构建，实现露天矿山企业的宏观规划与微观作业的金字塔管理模式，并投入到实际工程应用领域，解决露天矿山企业生产计划的整体优化设计研究，目前仍缺乏相应的研究理论和管理模式。

（3）缺乏露天矿山企业4D生产计划混合智能优化算法研究。国内外对于露天矿山企业生产计划智能优化算法的研究侧重于独立算法或分阶段算法进行优化计算，这对于以单层矿床地质信息模型为基础的简单生产计划模型、少量决策变量数据、确定性参数或部分变化参数而言，其算法的求解速度较快、收敛性能较好；而实际矿山开采生产过程是一个动态变化过程，其产生的数据量大、生产计划模型渐进复杂、阶段任务目标不同、约束条件较多，独立使用单一智能优化算法会导致模型的计算速度和收敛性能明显下降，甚至无法求解计算，将多种智能优化算法进行综合改进后，应用于长期、短期和作业计划的层级优化过程，是解决露天矿山生产计划理论模型研究与实践应用融合的关键点。

通过对前期研究成果的细致梳理和总结，本书以露天矿山企业4D生产计划的时空信息模型为基础，从露天矿山企业采剥生产过程中产生的动态数据、企业生产能力指标、矿岩采剥生产量、采剥运输作业成本、开采进尺时间、数据库存储标记时间以及技术经济指标等综合管理的角度，对露天矿山企业4D生产计划层级渐进模型构建与混合智能优化算法进行深入研究，构建符合露天矿山企业金字塔管理模式结构的生产计划整体模型与优化算法，即长期（年）净现值最大化、短期（月）矿石开采量和品位值最大化、作业（日或周）的矿石开采和运输作业单位成本最小化。在此基础上，完成金属露天矿山企业生产计划的层级编制和整体优化。

1.4 本书主要研究内容、目标与技术路线

1.4.1 研究内容

本书针对露天矿山企业4D生产计划模型与优化算法进行深入研究，主要研究内容如下：

（1）构建露天矿山企业4D生产计划信息模型以及时空排产数据库。在露天矿山开采生产过程深入分析的基础上，基于3D地质建模理论，将开采进尺时间、开采生产周期与3D地质模型进行综合集成表示，提出一种露天矿山企业4D生产计划信息模型，实现开采空间实体和开采时间的统一抽象表达；然后，基于时空数据模型和对象关系数据库理论，将露天矿山开采生产过程中的对象空间位置变化、开采计划时间粒度、技术经济参数、属性数据变化等进行重组与存储结构设计，提出合理的时间、空间、技术经济参数和属性数据集成表示和组织方法，实现露天矿山企业生产计划编制与优化过程中的时空、属性变化数据的统一组织管理。

（2）构建露天矿山企业层级递进生产计划模型。通过对露天矿山企业长期、短期和生产作业期内的生产任务目标差异和开采生产环境约束的深入分析，基于数学建模理论，将开采生产周期内的块体净现值、矿石开采量和品位波动以及开采运输成本问题抽象为复杂的数学模型，综合考虑不同类型生产计划中的矿石品位、销售价格、回采率、开采量、各类计划的技术经济指标以及企业任务目标等条件，提出符合不同类型的生产计划的层级递进数学模型。

（3）提出露天矿山企业4D生产计划的混合智能优化算法。针对已经构建的不同类型的生产计划数学模型，基于长期-短期-作业计划的层级递进模型优化要求，提出露天矿4D生产计划的混合智能优化算法，并对算法参数进行优化，改进算法的搜索计算能力，同时进行算例仿真计算与分析；最后，将采用独立智能算法对不同类型的生产计划优化求解方案与采用混合智能算法的求解方案进行对比分析。

（4）露天矿山企业4D生产计划工程应用与评价。为了衡量露天矿山4D生

产计划模型与优化算法的普适性效果，以一个国内常态化经营生产的大型金属露天矿山企业作为工程实例，结合前文研究成果，将不同类型的生产计划模型与优化算法应用于矿山的日常采剥生产过程，并与该矿山企业设计的原有生产计划方案的结果进行比较和经济评价，提出适合同类企业的生产计划优化编制与对策建议。

1.4.2 研究目标

基于企业管理理论、时空数据库理论、技术经济学、金属露天矿采矿学、智能算法理论及矿业系统工程等相关理论和方法，将露天矿山企业 4D 生产计划问题抽象为 4D 生产计划编制信息模型，初步探索实现露天矿山企业生产计划数据的统一组织与管理问题，构建露天矿山企业 4D 生产计划的层级递进数学模型以及混合智能优化算法，并采用实际工程案例进行仿真验证和分析评价，形成露天矿山企业时空数据统一组织前提下的 4D 生产计划模型与优化方法，提出较为完整的适合露天矿山企业生产计划的理论体系和优化管理方法。具体研究目标如下：

(1) 从传统的以 3D 矿床地质块体信息模型为基础的建模与优化求解的束缚中释放出来，将时空数据模型、对象关系数据库和 3D 矿床地质信息模型结构统一纳入生产计划数据组织管理框架中，深度挖掘矿山企业内外部生产数据，从探讨生产计划数据组织的角度出发，构建露天矿山企业 4D 生产计划的基础数据组织和优化管理模式，为露天矿山企业 4D 生产计划模型与优化解算提供基础数据源。

(2) 使用数学规划模型、数学建模等工具，深入分析露天矿山企业开采生产的演化过程和影响因素，在露天矿山企业开采生产周期和任务目标的驱动下，构建符合露天矿山企业 4D 生产计划层级递进优化的数学模型，分析地质指标、技术经济参数、开采生产时空属性数据与生产计划数学模型之间的内在关系，为露天矿山企业 4D 生产计划优化解算提供支持。

(3) 使用智能算法、量子进化计算和元胞自动机等理论，探讨分析传统单一智能优化算法的优劣性和适用场合，在不同时期的 4D 生产计划模型特点与决策变量的多寡制约下，提出符合露天矿山企业 4D 生产计划模型的混合智能优化算法与编制方法，为进一步夯实智能优化算法在矿业领域的深入应用奠定基础。

1.4.3 技术路线

露天矿山企业 4D 生产计划模型构建与优化研究是涵盖矿业系统工程、计算机信息管理和智能算法理论研究于一体，将 4D 生产计划信息模型与抽象的数学规划模型进行整合研究，构建露天矿山企业长期、短期和作业计划的层级递进模型和优化求解方案。通过工程案例仿真运算及优化研究、实际矿山企业整体应用、实施评价、分析结果，最后获得结论和建议。全书的技术路线如图 1.3 所示。

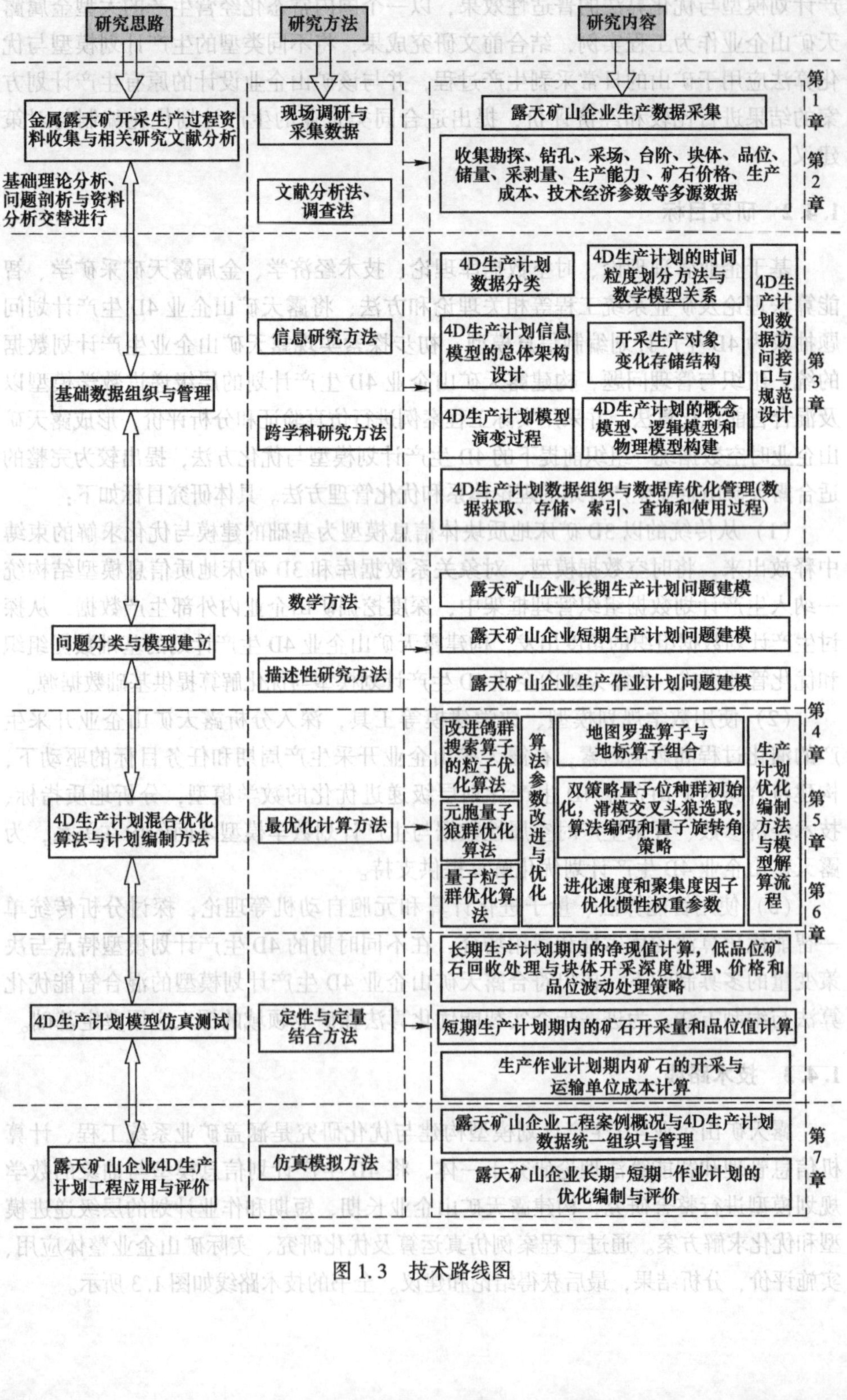

研究思路
研究方法
研究内容
金属露天矿开采生产过程资料收集与相关研究文献分析
基础理论分析、问题剖析与资料分析交替进行
基础数据组织与管理
问题分类与模型建立
4D生产计划混合优化算法与计划编制方法
4D生产计划模型仿真测试
露天矿山企业4D生产计划工程应用与评价
现场调研与采集数据
文献分析法、调查法
信息研究方法
跨学科研究方法
数学方法
描述性研究方法
最优化计算方法
定性与定量结合方法
仿真模拟方法
露天矿山企业生产数据采集
收集勘探、钻孔、采场、台阶、块体、品位、储量、采剥量、生产能力、矿石价格、生产成本、技术经济参数等多源数据
4D生产计划数据分类
4D生产计划的时间粒度划分方法与数学模型关系
4D生产计划数据访问接口与规范设计
4D生产计划信息模型的总体架构设计
开采生产对象变化存储结构
4D生产计划模型演变过程
4D生产计划的概念模型、逻辑模型和物理模型构建
4D生产计划数据组织与数据库优化管理(数据获取、存储、索引、查询和使用过程)
露天矿山企业长期生产计划问题建模
露天矿山企业短期生产计划问题建模
露天矿山企业生产作业计划问题建模
改进鸽群搜索算子的粒子优化算法
元胞量子狼群优化算法
量子粒子群优化算法
算法参数改进与优化
地图罗盘算子与地标算子组合
双策略量子位种群初始化，滑模交叉头狼选取，算法编码和量子旋转角策略
进化速度和聚集度因子优化惯性权重参数
生产计划优化编制方法与模型解算流程
长期生产计划期内的净现值计算，低品位矿石回收处理与块体开采深度处理、价格和品位波动处理策略
短期生产计划期内的矿石开采量和品位值计算
生产作业计划期内矿石的开采与运输单位成本计算
露天矿山企业工程案例概况与4D生产计划数据统一组织与管理
露天矿山企业长期-短期-作业计划的优化编制与评价
第1章
第2章
第3章
第4章
第5章
第6章
第7章

图1.3 技术路线图

1.5 本章小结

本章对露天矿山企业4D生产计划优化研究领域的相关文献进行了细致的梳理和回顾，归纳总结了露天矿山企业生产计划模型与优化方法的主要内容和方向，总结了生产计划基础数据组织管理、不同类型生产计划研究的学术观点以及生产计划在矿山企业中的关键作用。

2 露天矿山企业 4D 生产计划数据组织与管理

露天矿山企业生产计划数据是在 3D 矿床地质块体模型构建与抽象描述的基础上，以时空数据模型和数据库技术作为生产计划基础数据组织和管理的关键手段。通过将现实世界的露天矿 4D 时空信息模型与抽象的生产计划数学模型进行关联和映射，并利用时空数据库技术，解决露天矿 3D 地质模型中的对象属性与开采生产时间属性数据的分类采集、对象变化的存储结构设计以及时空数据的查询优化应用，已成为不同时期生产计划模型渐进优化的基础。但在 3D 地质模型的基础上，如何构建和模拟 4D 生产计划信息模型，如何将开采生产时间、开采空间进尺状态与生产计划数学模型中的时间属性完整映射是后续章节划分生产计划时域长短的关键问题。本章根据三维地质建模、矿业生产管理理论以及时空数据模型理论技术等，将 3D 地质信息模型与时空数据模型进行抽象描述和模拟实现，利用时空数据库技术和面向对象方法，构建生产计划优化与编制的数据结构和关系表，分析其数据之间的内在联系，提出符合 4D 生产计划优化管理的时空数据组织模型和数据库，为后续章节的模型求解计算提供基础数据源，为进一步研究提供理论支撑。

2.1 生产计划数据源类型与特征

2.1.1 生产计划数据源类型

露天矿山企业生产计划数据源内容丰富、涉及面广，数据类型多样化，根据数据源的用途划分为企业内部数据源和企业外部数据源两大类，包括市场环境数据、生产作业信息数据、物料管理数据源，如图 2.1 所示。

2.1.1.1 市场环境信息数据源

市场环境信息数据处于露天矿山企业外部环境，该类数据是指影响矿山企业生产计划编制和优化决策的外部因素，主要包括矿产品价格、消耗性材料价格、矿产品供求数量以及全球市场波动因素等数据。由于市场价格数据是波及露天矿山企业开采生产数量、矿产品质量以及投入成本多少的决策要素，因此必须实时

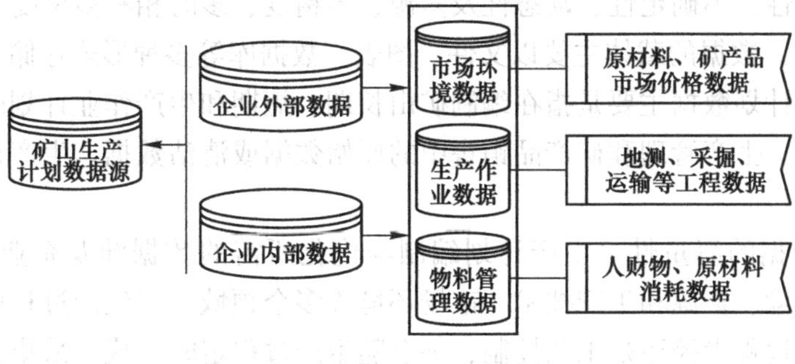

图 2.1 矿山生产计划数据源类型

把握矿产品的动态信息，作为优化编制生产计划和动态调整的参考依据。

2.1.1.2 生产作业信息数据源

生产作业数据也称为生产业务数据，该类数据是指从矿山生产作业现场以及下属二级生产单位的业务处理系统，收集、整理和保存至业务系统中与日常开采生产作业相关的事务级数据，例如地质勘探、测量、地质储量、出矿量、备采量、选矿量以及矿石品位等矿山生产计划的核心数据。根据矿山开采生产过程的差异，生产计划处理数据可分为日常开采生产形成的新型数据源、矿山企业长期生产过程中的累积历史数据源；根据矿山企业生产类型的不同，矿山生产作业数据分为测量数据、地质勘探数据和开采生产成本数据三大类。

2.1.1.3 物料管理信息数据源

物料管理数据是指涉及矿山开采生产过程内部环境和外部环境的矿山发展规划、计划、消耗性材料、动力等物资供应、生产设备、劳务支配与调整和企业投入产出等活动中产生的数据。矿山物料管理数据是企业生产计划编制和优化调整的核心数据，根据矿山企业日常生产组织要求，包括生产过程的时间和空间数据组织以及生产过程控制，具体包括露天矿山开采生产过程数据、选矿生产数据、设备能力数据等。

2.1.2 生产计划数据源特征

露天矿山企业生产计划是在矿产资源赋存丰富的矿区进行生产规划和施工作业，作为一种特殊的生产区域，由于地质禀赋条件差异较大，开采生产区域和矿床地质条件均发生着不同程度的变化。因此，生产作业过程中产生的信息量大、数据类型较多，主要包括矿床地质、采剥、勘探、技术经济、生产建设与管理等多类型数据。这些数据除了具有空间位置和时空属性特征外，还具有复杂性、海量性、异质性、不确定性、动态性及多源、多精度、多时相和多尺度等“五性四多”的特征。数据的载体主要以文件、图表、数据库等多种形式存储和组织。露天矿山生产计划数据主要是指在编制矿山长期、短期和生产作业计划时，采集和预处理生产、生产管理和矿产品销售中的原始数据或清洁数据。生产计划数据具有如下特征：

(1) 数据的海量性。生产计划编制与优化所需的数据涉及企业经营管理、开采生产环境、资源和生产技术、市场环境等多个领域，在生产过程中，使用计算机模拟、远程操控还是工艺控制，都会随生产过程定时生成、采集、更新和预处理数据，加之操控人员手工记录数据、部门之间的协调生产数据等海量数据。

(2) 多源异构性。不同类型的矿山生产计划编制与优化需要不同时段、不同部门和不同载体以及不同来源的数据，数据的存储管理形式涵盖文件、文本和图形以及报表等，数据类型丰富多样。

(3) 高耦合性与低内聚集性。矿床地质实体在采剥过程中，存在较强的关联性，矿床块体、围岩、相邻地层、地质构造与矿层之间具有密切的空间关系，开采生产过程是多种变量要素共同作用的结果，具有较强的耦合性。同时，矿山开采生产对象数据之间存在多源异构性，数据之间具有较低的内聚性。

(4) 动态性。矿床地质体开采过程是一个矿岩逐层剥离、渐进清晰的动态过程。从矿山开采工艺流程上看，矿山实体对象经过逐步开采推进、矿山采剥生产矿岩量数据逐步增加、矿体逐步暴露的过程。

(5) 时空性和时相性。矿山生产周期跨度较长，具有明显的时间特征，随着生产时间和开采空间的推移，其生产数据处于不断增加、更新、删除等循环过程，涵盖矿山生产计划的不同时间点或时间段，生产数据表现出不同的差异。

(6) 不确定性。矿山生产计划所涉及的数据存在时间、空间、矿床资源禀赋和地质环境、市场环境的不确定性或模糊性，生产过程数据的不确定性、动态性和数据类型丰富多样，数学模型中变量值的不断变化，导致数据类型复杂多变。

2.2 4D生产计划信息模型

2.2.1 4D生产计划信息模型的定义

露天矿山4D信息模型是在3D矿床地质空间模型上附加1D时间属性的动态空间模型。文中提出的露天矿山企业4D生产计划信息模型（4-dimension production scheduling information model，4D-PSIM）是3D矿床地质空间模型与开采进尺时间、矿山开采生产时期、企业资金时间价值以及数据库存储标记时间等1D时间属性集成表示的模型。4D-PSIM通过矿床地质体以及采场3D矿体空间模型与生产计划数学模型进行链接，并与开采生产过程中所需要的人、材料、设备、开采生产成本、矿产品价格、地质品位以及采场需求等相关数据信息的集成表达，构建开采生产计划中采剥生产时空顺序与矿岩开采对象之间、与各类消耗性资源需求之间的诸多复杂关系，反映其开采生产过程的动态变化规律以及生产计划需求信息的转换，动态模拟开采生产计划的变化过程，准确掌握开采生产进尺状态和预演开采生产进程，实时收集矿床地质环境数据、开采生产指标变化数据和开采时空位置数据等，为生产计划编制与优化提供原始数据源。4D-PSIM主要涵盖块体标识属性、空间属性和时间属性三个方面的基本属性信息。其数据来源描述如图2.2所示。

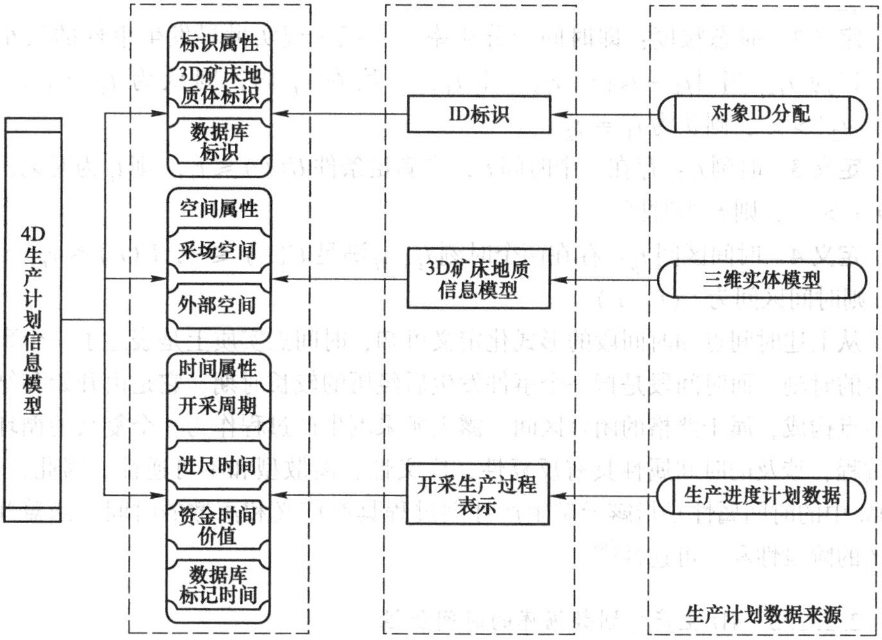

图2.2 4D生产计划信息模型属性与数据来源

其中，块体标识属性用于标识开采块体对象，标识属性由存储在数据库中的开采对象ID唯一确定（开采块体对象ID必须在整个3D信息模型与数据库模式保持一致），空间属性是由3D地质体的几何模型确定，时间属性是由开采进尺时间、矿山开采生产时期、企业资金时间价值以及数据库存储标记时间同步确定。

2.2.2 4D生产计划信息模型的时间粒度与空间位置

2.2.2.1 4D-PSIM时间属性

时间是表达现实世界中动态事件和运动对象的一种基本形式，时间属性也可以表达露天矿开采计划的时期和块体价值的时间。露天矿山企业 4D-PSIM 中的时间属性可以使用时间区间、时刻以及时间点要素来表达。

在 4D-PSIM 中，可以认为时间是一条表示矿岩采剥进尺的当前、过去和未来状态，并且是向着开采周期或最终境界无限延伸的直线，即线性时间。时间属性可以被认为是露天矿床地质空间外的附加属性，与空间属性类似，具有普适性、连续性、离散型、可测性以及不可逆性的特点，时间根据其离散或连续特性，可采用时间点或时间段的方法来标记[86,87]，形式化表达式如下。

定义 1　时态划分：对于时间集 U，有 $\forall X_i$，$X_j \subseteq U$，$i \neq j$ 且 $X_i \cap X_j \neq \varnothing$，满足 $\bigcup_{i=1}^{n} X_i = U$，则 $\{X_1, X_2, \cdots, X_n\}$ 构成 U 的一个时态划分，记为 ξ。

定义 2　时态粒度：即时间的分辨率，是记录现实世界发生事件的最小单位，记为 r_t。当 $|t_1 - t_2| \leqslant r_t$，即 t_1、t_2 均在 r_t 内，则认为 $t_1 = t_2$；当 $|t_1 - t_2| > r_t$，则认为 $t_1 \neq t_2$。

定义 3　时刻 t_i：存在一个时间 t_i，当满足条件 $U(t_i) \leqslant r_t$，则 t_i 为时刻；当 $U(t_i) > r_t$，则 t_i 为时区。

定义 4　时间区间 t_p：存在两个时刻 t_i、t_j 满足 $U(t_i) \leqslant r_t$，$U(t_j) \leqslant r_t$，$t_i \neq t_j$，则时间区间为 $t_p(t_i, t_j)$。

从上述时间点和时间段的形式化定义可知，时间点实质上是表达了一个事件发生的时刻，而时间段是指一个事件发生后经历的较长时期，它是由开始和结束时间点构成，属于严格的闭合区间。露天矿采剥生产过程作为一个复杂的循环决策过程，涉及的时间属性具有反复性、广义性、离散型和不可逆性。因此，4D-PSIM 中的时间属性是指露天矿生产计划过程具有广义和离散的时间，涵盖开采生产的阶段性和不可逆性[88]。

2.2.2.2　4D 生产计划数据库的时间属性

关于露天矿 4D 生产计划模型优化计算需要的基础数据和地质数据，记录露天矿开采生产时间的方法包括归档保存、时间片和时间戳三种。其中，归档保存是指在开采生产过程中，将存储在数据库中的开采过程数据（地质变化数据、矿体进尺数据以及生产任务数据等）在指定时间区间内进行实时备份；采用时间片的记录方法利用二维关系表来表达露天矿开采生产时空数据的存储管理；时间戳记录是将存储在二维关系表中的开采实体对象某个重要记录或元组进行标记，而无需对整个关系表进行记录，也可采用定期的归档保存和指定的时间区间信息记录时间戳方法。在面向对象数据库中记录露天矿开采生产时间的方法包括数据版本差异化方法和对象时间戳方法。面向对象的时空数据模型可以从人们抽象认识露天矿山实体对象的角度对露天矿山开采生产实体对象变化的时空信息进组织和管理，特别是利用技术成熟的版本差异化方法来研究面向对象数据库系统成为学者们关注的热点问题，但是，由于面向对象数据库系统中涉及的关系表具有复杂的嵌套结构而无法满足数据库的原子性要求，而且实现较为困难。而关系数据库系统中的关系表具有严格的范式要求，加之面向对象方法的高度抽象特性，因此，本书提出的4D生产计划时空数据模型综合考虑了这两类数据库的优势，利用对象关系数据库系统中的时间戳记录方法，将露天矿开采生产过程数据、地质资源数据以及技术经济数据等多源异质数据的更新，采用一系列关系表进行存储，并在关系表中附加时间属性来标明具有时间版本差异的基础数据。

2.2.2.3 4D-PSIM 空间属性

本书研究的4D-PSIM空间概念涉及研究对象的特殊性，主要表现在所描述的3D矿床空间对象具有的集合性和时间性，且该空间实体对象不涵盖时间标识因素。此处所述的实体对象是露天矿采剥生产的3D地质实体模型，该模型是对整个矿山地理空间形态的静态描述，由此作为采剥生产计划编制和开采生产进尺状态抽象表达的研究对象。4D-PSIM的空间属性描述矿岩采剥工程空间形态、矿岩体积、开采台阶空间位置，且该信息模型主要由3D几何模型的图像数据产生。由此可见，露天矿山企业4D-PSIM的空间属性涵盖3D空间实体信息、采剥生产空间序列信息以及开采台阶空间信息。

2.2.2.4 开采实体的时空位置和多粒度概念

根据时间属性的形式化描述可知，时刻或时间区域均可为时间粒度的基本单位，在开采生产周期内，开采体的时空位置主要利用诸多离散的开采时间点来表达块体对象的空间位置，而且在不同类型计划时期内时间点粗细粒度表达不同。对于开采块体对象来说，该实体对象在某个开采时间点下的空间位置是确定的，但不同实体对象在不同的空间参考坐标位置下，空间实体对象的大小根据开采计划时期的长短发生变化[89]。

为了在多时间粒度下抽象刻画开采矿体的空间位置，提出四级空间“矿床全局空间—台阶局部空间—条带相对空间—块体对象空间”的矿体动态变化描述与表达关系。四级空间的定义如下：

(1) 矿床全局空间。矿床全局空间主要描述了整个开采境界范围，该空间涵盖了所有开采矿体的约束条件。矿床全局空间是对整个矿体的直接描述，开采的矿体被抽象为多个块体对象，该块体对象是开采生产的基本单元。

(2) 台阶局部空间。根据矿山境界范围内的矿体边坡逐级划分出台阶局部空间，该空间是短期生产计划优化编制的基本单位，也是对实际开采矿石的基本工作面，台阶局部空间随着开采进尺空间的变化而发生着明显空间形态变化。

(3) 条带相对空间。根据矿山开采台阶工作面和平盘角的大小，将开采台阶横向划分为不同的条带空间，这是为了满足开采设备的能力需求，同时也为了研究的便利性和划分块体空间而事先做的抽象描述，条带空间是随着开采块体的开采完成情况而发生着空间上的变化，也不是固定的空间形态。

(4) 块体空间。块体空间聚焦于矿床台阶和条带上来描述矿体自身的空间属性特征，块体对象在其空间中根据实际需求可以划分为等尺寸的实体对象，也可将多个块体根据属性值的趋同性合并为一个更大尺寸的块体对象。

在上述四级空间思想的基础上，不同时间跨度下的生产计划编制过程无法直接定量分析矿体在一系列时间点或时间区间下的空间位置动态变化过程，可是在实际开采过程中，开采体受到块体品位、价值和设备的移动性等约束而具有确定的开采时空顺序，因此可采用多基态变粒度时空数据模型对开采体的时空位置进行记录。这样矿床中任意开采对象的空间位置的时间点可描述为时间点标记、对象变化标记和对象空间位置标记三个方面。其中，时间点标记用于描述时间点的详细信息和时间粒度信息；变化标记用于描述开采对象在四级空间中的位置变化信息，将当前已经开采的块体位置与之前的时间点比较，分别用1或0来标记对象的变化状态，并考虑开采对象自身与空间坐标位置的变化情况，这与后续的生产计划数学模型中的决策变量取值一致；对象位置标记用于描述当前时间点下开采块体在四级空间中的位置。

2.2.2.5　矿山开采体的时空位置多粒度描述[89]

通过露天矿开采体空间位置的多种时间粒度概念描述可知，开采体在一系列时间粒度下的空间位置可以使用动态对象变化标记集合表示[89]：

露天矿开采实体的时空位置 = {开采时间记录，开采实体状态变化记录集，空间位置集1，2，…，n}。

在开采实体时空位置中，开采时间记录是由时间点与时间粒度进行形式描述；开采实体状态变化记录是由矿床全局空间变化、台阶局部空间变化、条带相对空间变化、块体空间变化以及开采实体对象所属空间变化部分进行形式描述。开采体的变化标记集是在当前开采时间点下记录开采实体对象在四级空间对象的位置变化标记[89]。开采体变化标记是由空间变化与开采体变化两部分共同进行描述，并用{0，1}集合表达；开采空间变化标记是对当前时间点的开采对象空间变化状态进行标记，利用0或1标记对象变化状态。

开采实体空间位置的集合描述形式为：对象空间位置集 = {矿床全局空间：[矿床类别，矿床位置，矿床状态，矿床空间坐标位置参考]；台阶局部空间：[台阶类别，台阶位置，台阶状态，台阶局部空间位置参考]；条带相对空间：[开采类型，开采体位置，开采体状态，条带相对空间参考]；块体空间：[块体类型，块体位置，块体状态，块体空间参考]}。

露天矿床实体对象的空间位置主要从开采体类别、位置、状态和空间参考位置四个方面进行抽象描述：开采体类别是用于标记矿体对象在四级空间中的抽象类型，通常利用 GIS 中的对象要素划分，如点、线、面和体，并可逐级细化；开采体位置描述了矿山开采实体对象在不同级别空间中的位置；开采体状态是描述了矿床地质体在四级空间中的瞬时状态，开采体的空间坐标是用于描述实体的空间基准坐标，空间粒度结构，开采空间范围以及空间计算规则，其描述形式为：开采体空间坐标系统={空间坐标基准坐标，开采块体的空间尺寸，开采范围，空间计算规则……}[89]。由此可知，露天矿山开采体的多粒度时空位置描述如图 2.3 所示。

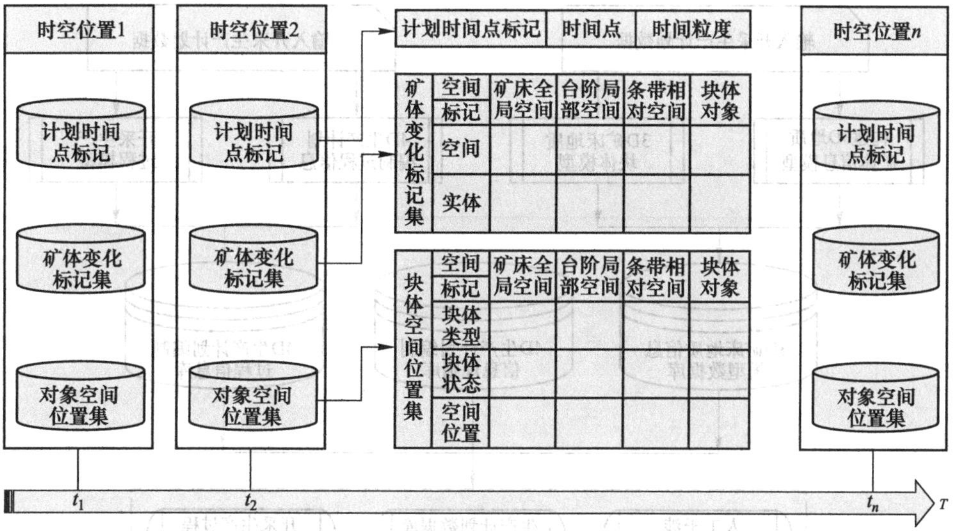

图 2.3 露天矿开采实体时空位置多粒度描述

2.2.3 4D 生产计划信息模型的总体架构设计

2.2.3.1 4D 生产计划信息模型的特点

（1）完整性。4D-PSIM 可对矿山企业多源异构生产数据做出完整的表达，例如矿体形态特征、开采进尺时间、生产计划时期、技术经济参数和管理信息，由此可以满足生产计划的不同应用需求。

（2）一致性。如果生产计划数学模型中的某个数据参数或模型条件信息被修改，4D-PSIM 应该能够与生产计划数学模型、开采生产顺序等其他相关信息保持同步更新和变化，以保证多源异构生产信息之间的一致性。

（3）唯一性。4D-PSIM 中所表达的块体开采对象具有唯一性，避免产生二义性，方便计算机能够正确解译地质信息。

2.2.3.2 4D 生产计划信息模型总体架构

4D-PSIM 以生产计划编制为主线，通过矿产资源模板、开采进尺接口、开采生产时空顺序模板等组件，将 3D 地质块体模型与生产计划数学模型进行关联，并与消耗性资源、技术经济信息进行集成，4D-PSIM 的构建过程主要涵盖 3D 矿床地质块体模型处理器、开采生产过程转换器、开采生产过程处理器以及生产计划模拟处理器 4 个主要功能，4D 生产计划信息模型的体系结构如图 2.4 所示。

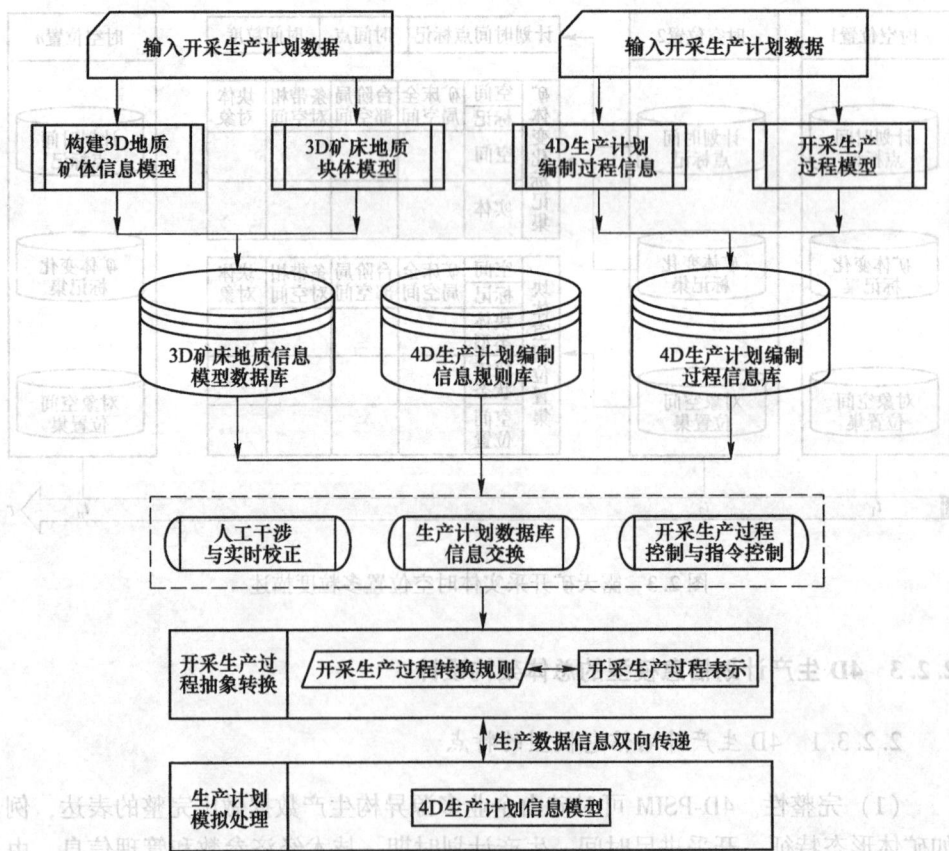

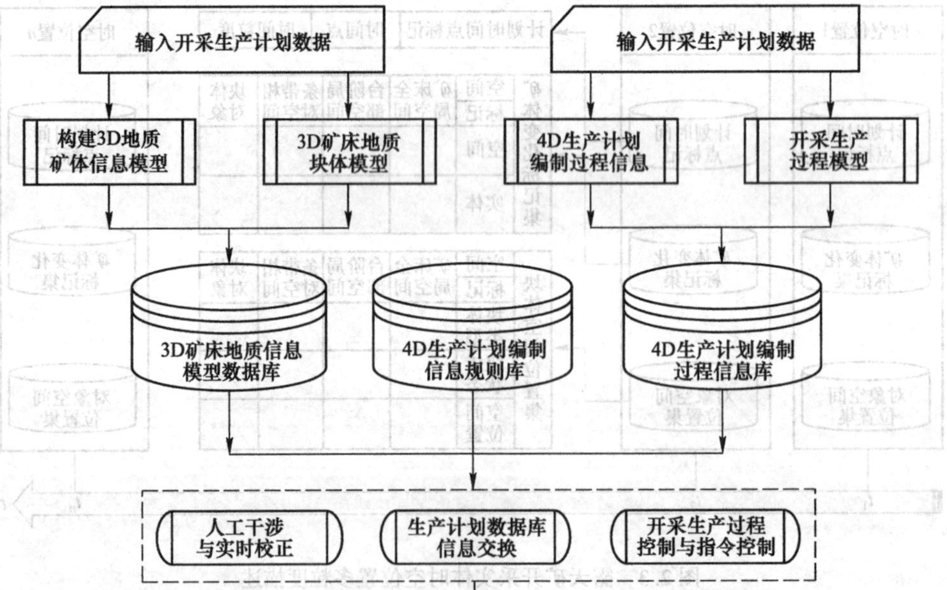

图 2.4 4D 生产计划信息模型的体系结构

4D 生产计划信息模型的 4 个主要功能模块如下。

（1）3D 地质块体模型。3D 地质块体模型是对整个矿床采剥生产过程静态描述和生产计划优化编制的实体模型，由矿岩地质体和开采生产资源组成。按照层次结构可将矿岩地质体和开采生产资源划分为不同的要素，因此要素又可分为地质要素和采场生产设备要素。地质要素是用于描述采场的三维矿岩实体。采场生产设备是在露天采场进行矿岩采剥生产的基本设施，主要包括生产机械设备、临时建筑物等。每个要素具有唯一的编码标识，并赋予属性要素，是生产计划编制与优化的基本单元。

（2）开采生产过程模型。开采生产过程模型是实现露天矿山企业4D-PSIM的采剥过程管理功能，通过该功能可实现露天矿山采剥生产计划编制和优化需要的一些活动、任务等变更操作。该操作主要涵盖开采生产计划信息和开采生产过程信息。

开采生产计划信息主要包括开采生产进度编排和开采生产设备、消耗性资源以及采场编排等信息。这些采剥信息依据不同的数据类型保存至排产计划时空数据库中，根据开采时期的不同，实现开采生产计划信息的自动更新。开采生产计划信息中还包含了开采块体对象、采掘生产设备和采场等三维对象和排产进度、开采时空顺序等时间信息。

开采生产过程信息是对开采时间属性的获取和表达过程，依据开采生产过程转换规则，记录各个组件对象在开采生产周期上的具体空间位置以及时态变化的语义数据信息，实现3D矿床地质块体模型与开采生产计划的关联。

（3）开采生产过程抽象转换。开采生产过程抽象转换是实现3D矿床地质块体几何模型、开采生产过程信息以及4D-PSIM的接口。在开采生产过程转换器的控制下，采剥生产数据信息和开采生产计划模型之间实现数据参数传递和交换，开采生产过程表示与生产过程活动信息。过程转换完成4D-PSIM与开采生产过程的双向传递，实现4D-PSIM中数据的双向通信和反馈传输功能。

（4）生产计划模拟处理。生产计划模拟处理是实现4D-PSIM的模拟和处理，确定3D矿床块体在不同的开采时段或不同时期上的状态。

2.2.3.3 4D生产计划信息模型的属性变化特征

4D-PSIM作为露天矿山企业生产计划数学模型构建与优化求解的基础信息来源，其主要涉及时空属性和技术经济属性信息。在开采生产过程中，这些属性均发生着不同程度的演变，其属性信息的演变过程如图2.5所示。

（1）3D地质块体属性。记录了开采生产过程中，不同开采生产周期或时间点所产生的矿体几何变化和地质品位数据。

（2）开采生产空间属性。开采生产计划过程中所涉及的开采生产任务、开采生产活动、开采生产设备以及块体开采进尺位置等相关属性之间的空间信息，该信息主要涵盖台阶、块体的开采位置，矿体采剥后的形态结构以及高低品位矿石的分布特性。

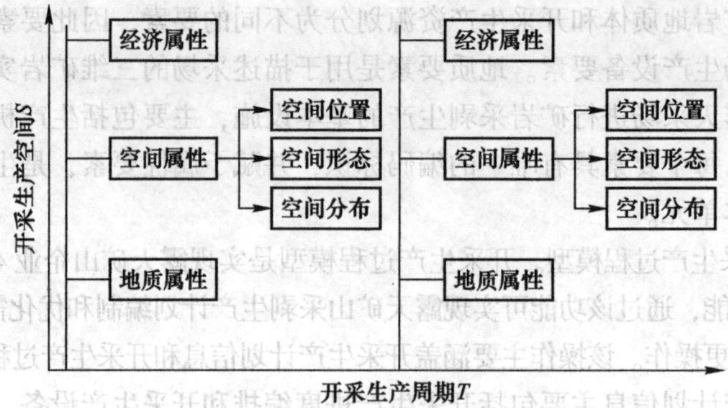

图 2.5　4D 生产计划的属性信息演化过程

(3) 开采生产计划经济属性。开采生产计划模型优化与进度计划编制过程中所涉及的企业资金投入数据、矿产品价格、生产和销售成本、投资风险价值等经济属性。

2.2.3.4　4D 生产计划信息模型变化过程

露天矿山企业生产过程是一个实时动态过程，3D 信息模型具有明显的空间特征，除了矿床地质体的空间特征，还涉及生产数据、开采成本、矿产品价格以及消耗性资源分配等组成的数据信息。而矿山采剥生产过程是以时间变化为基础的连续或离散过程，在不同的开采时刻或时期处于不同的开采状态，如图 2.6 所示。

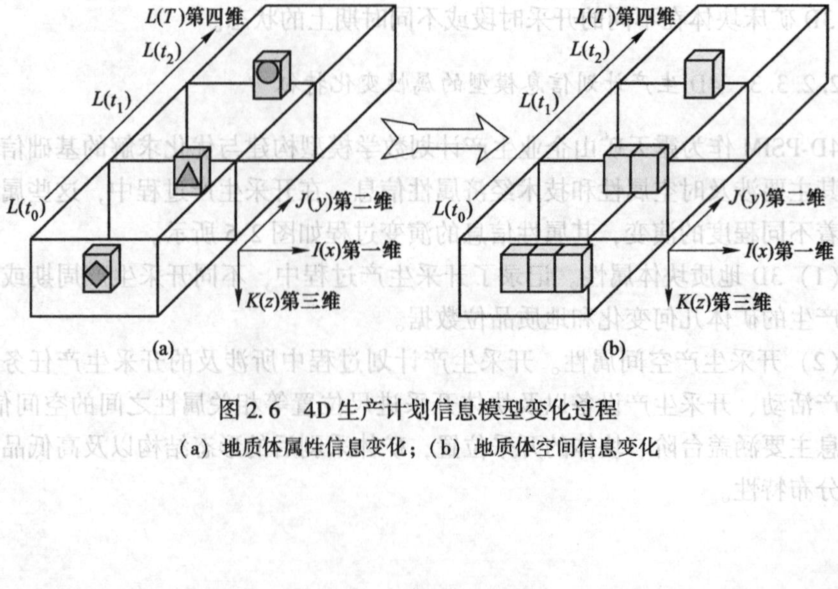

图 2.6　4D 生产计划信息模型变化过程
(a) 地质体属性信息变化；(b) 地质体空间信息变化

2.2.3.5 4D生产计划信息模型仿真原理与关键技术

4D生产计划信息模型是将3D地质矿床块体模型与开采生产进尺时间、企业资金时间、数据库存储标记时间进行整合管理，以3D地质块体模型的变化形式反映开采生产进尺活动，并可利用计算机模拟技术和可视化方法，通过开采生产的时间和空间两个方面来仿真矿体的开采生产过程。4D-PSIM的仿真过程主要包含三个层面的信息，即数据层、模型层和控制层。数据层负责生产数据的组织管理、存储优化问题；模型层负责从现实开采生产施工信息和开采进度计划信息中分离抽象出高度量化的数学模型、技术经济参数和空间几何对象位置以及时间属性，以4D-PSIM为基础，从而构建出符合矿山实际要求的4D生产计划模型与约束条件；控制层负责查询和导入开采生产工程属性、对象几何属性、技术经济数据，实时调用接口访问动态变化数据的存储、更新和参数等。4D生产计划信息的仿真过程如图2.7所示。

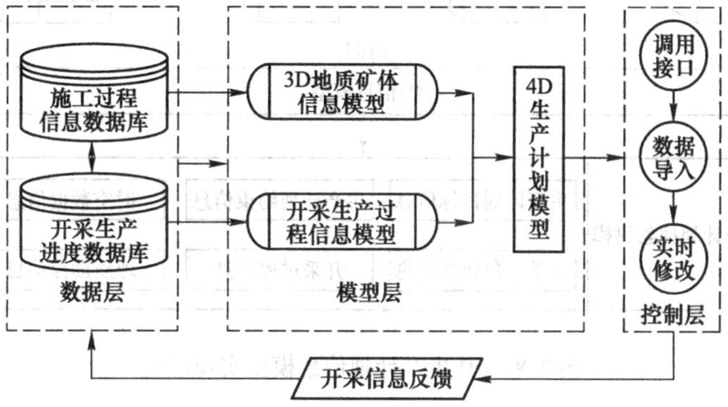

图2.7 4D生产计划信息模型仿真过程

2.2.4 4D信息模型的形成与模拟实现

通常，在BIM中形成4D信息模型的主要方式有两类：一是在3D空间信息模型中附加时间信息，但这种方法只能将现实世界的对象与时间属性进行连接，而无法将生成进度计划与3D空间信息模型进行完整耦合；二是将3D空间信息模型与生产进度计划分别集成到4D信息模型中，通过导入详细的施工进度计划表，可使3D信息模型中的实体对象与生产任务无缝耦合。露天矿4D-PSIM的形成主要将3D地质模型与生产进度计划模型进行集成表示，该模型主要由3D地质块体模型、开采生产进度计划、4D信息模型构建规则以及4D信息模型库进行综合集成，然后利用数学建模理论，实现不同类型的生产计划的层级抽象建模，如图2.8所示。

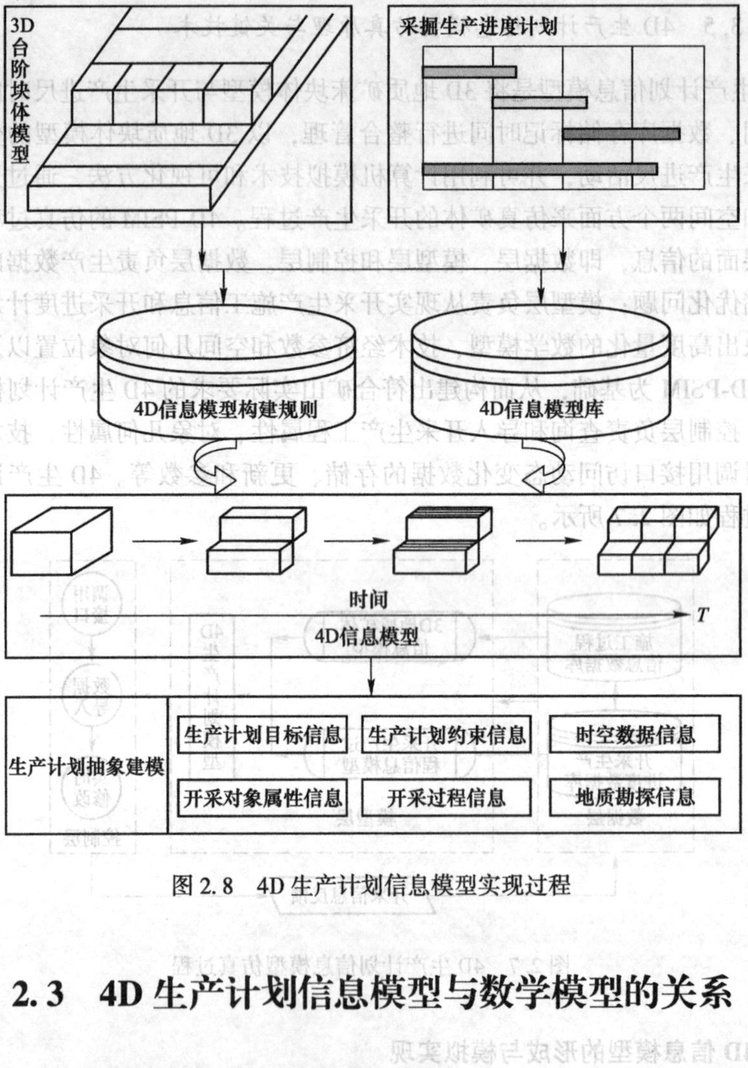

图 2.8 4D 生产计划信息模型实现过程

2.3 4D 生产计划信息模型与数学模型的关系

2.3.1 4D 时空数据结构与开采对象变化存储

2.3.1.1 多基态变粒度的存储结构

为了解决4D信息模型与生产计划数学模型中的开采时间和开采对象位置形态变化量之间的关系，采用多基态变粒度时空数据存储结构，实现开采对象时间粒度和空间位置的动态存储。本书以学者唐常杰的“三史制”思想[90]为基础，将“三史制”扩展为多史制，根据露天采场开采时段的变化频度，采用变粒度索引因子 K_i 表达开采时段内块体的价值和数量变化形态，并以 K_i 的倍数赋予多基态修正时段，通过使用时间粒度粗细划分方法，将露天矿山企业生产计划划分为以年为单位的长期开采生产计划、以月为单位的短期生产计划和日常的生产作业计划，如图 2.9 所示。

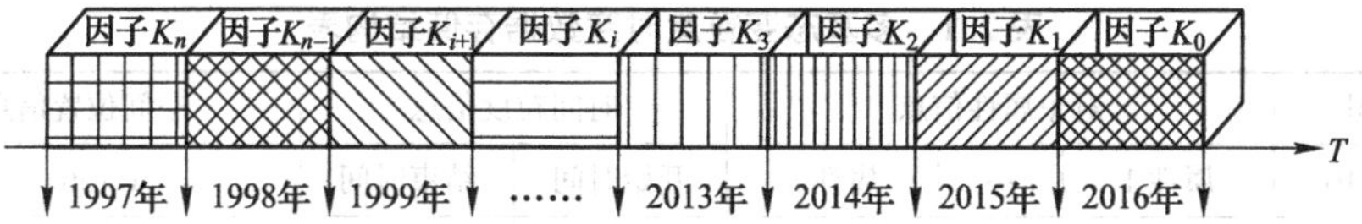

图 2.9 变粒度时间因子示意图

动态多基态变粒度数据存储结构模型是通过矿床台阶上的开采块体价值和数量的变化量，形成一个时间粒度和空间位置的差文件，两个差文件的差值构成开采时间区域和对象空间位置基态距，具有随着生产计划时间跨度长短变化不等的相邻基态距，如图 2.10 所示。

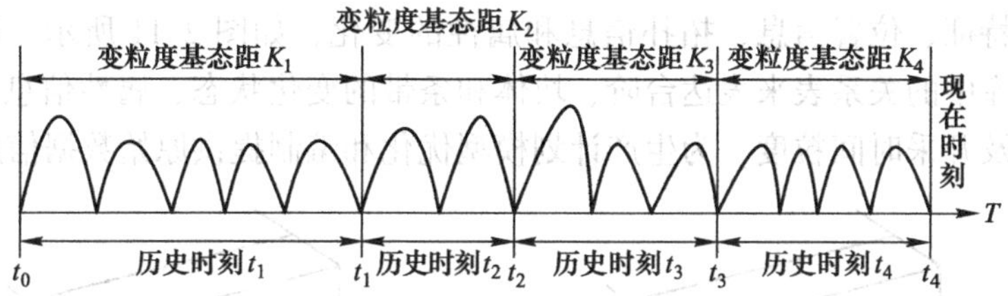

图 2.10 动态多基态变粒度存储结构模型

生产计划模型中的开采时间和空位位置的基态距是由开采块体变化数量和数据检索频率分布位置决定，每个开采计划时期的检索频度和开采块体变化更新数量对差文件有直接的影响。因此，将动态变粒度多基态距因子引入到基态修正模型中，基态距阈值是由开采块体变化量和开采时刻之间的长度来确定的。通过对基态距影响因子的分析后，将变化系数 $a(a \neq 1)$ 引入，判断变粒度基态距阈值 F 的表达式如下[21]：

$$F = \alpha \times \Delta t_i \tag{2.1}$$

$$X = \begin{cases} 1, & F \leqslant \Delta t_i, \ q_i \geqslant F \\ 0, & F \geqslant \Delta t_i, \ q_i < F \\ 0, & F < \Delta t_i, \ q_i < F \end{cases} \tag{2.2}$$

式中，X 为基态距；Δt_i 为 t_i 时刻距离现在时刻的差值；q_i 为 Δt_i 时间内的差文件数；T 为基态距阈值；1 为设立基态距；0 为不设立基态距。

根据矿山开采对象、开采时间和开采状态的多样性和复杂性，露天矿 4D 生产计划数据组织管理涉及对象的状态、属性信息，时间和空间位置信息，因此采用空间数据库中的 Location 属性表达块体的原始空间位置信息，采用多基态变粒度时空修正模型实现开采生产计划时间跨度、块体价值和数量变化状态的统一存储，如表2.1所示。

表2.1 多基态变粒度时空数据存储结构表

标识	对象属性信息			时间粒度信息		空间位置信息
对象ID	属性1	…	属性n	开始时间	结束时间	Location
对象1	—	—	—	—	—	MDSYS. SDO_ GEOMETRY
⋮	—	—	—	—	—	—
对象n	—	—	—	—	—	—

2.3.1.2 块体变化位置的存储结构

露天矿山开采生产过程中，矿体变化包含局部条带和块体的变化以及整体台阶的几何特征、位置信息、拓扑信息和属性的变化，如图2.11所示。通过采用时空数据库中的关系表来表达台阶、块体和条带的变化状态、属性信息、开采空间位置以及开采时间粒度，为生产计划模型优化和编制提供原始数据信息。

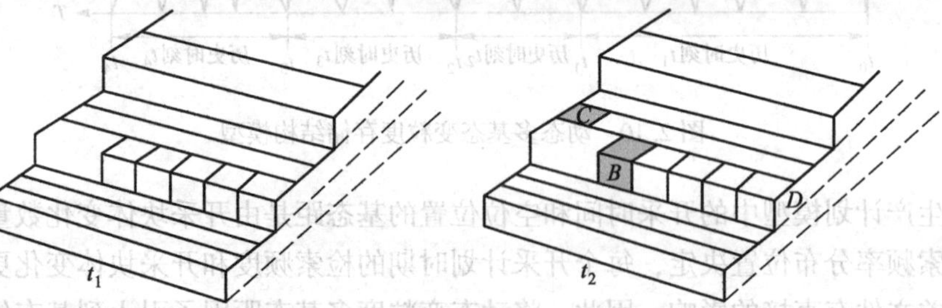

图2.11 台阶和块体的变化过程

从图2.11可知，露天矿山开采过程中的台阶对象变化涵盖保持原有对象且未产生质变的对象，对于变化的台阶对象采用时间变粒度方式存储，新开采的块体对象直接存储在数据库，通过数据查询索引和导入使用，为长期生产计划模型中的块体净现值、短期计划的矿石开采量和生产作业计划的采运成本计算提供原始数据。例如，t_2时刻条带上的块体B被开采后，由于开采空间的可达性，增加了C块体，导致块体B分离和块体C的新增操作属性变化在时间信息列表中记录：条带对块体B和块体C部分发生了何种变化？块体B属于哪个条带？块体C原属于哪个条带？t_2时刻第二层台阶的部分属性信息发生变化，如B和C的块体空间位置信息，矿块重量信息、块体品位信息等属性，均被记录在开采时间列表。此时可记录B、C块体所在位置，并构建基于对象变化的时空索引；用块体存储B、C的矿石空间属性信息，如表2.2和表2.3所示。当要查询第二层台阶

在 t_2 时刻发生的空间位置变化信息时，可从采场区域变化表中查询块体 B、C 位于哪个条带，并查询块体 B、C 的位置信息和变化状态。当查询 t_2 时刻所有块体对象的空间变化位置时，则可从 t_2 时刻的开采过程列表中提取所有相关变化部分信息[86]。

表 2.2 台阶空间块体变化位置存储结构

块体标识	开采过程标识	台阶形状标识	开采位置标识	…
B	B_1	0	…	…
C	C_2	1	…	…
…	…	…	…	…

表 2.3 台阶空间块体变化位置属性信息

开采过程标识	开采时段	块体数量	…
B_1	T_1	100	…
C_2	T_2	300	…
…	…	…	…

2.3.1.3 新增开采对象的存储结构

露天矿开采进尺过程本质上是在采场内新增开采台阶和块体对象的过程。根据图 3.11 中 t_2 时刻新增加的开采块体数量、时空坐标信息、属性数据等相关信息分别在块体表、时间表、属性表中建立完整的记录。对于台阶体积状态的变化域，在开采过程中存储记录了块体的位置信息；而对于只记录未发生变化的块体部分，可通过单独的一张关系表存储记录，如表 2.4 和表 2.5 所示。

表 2.4 新增块体变化信息存储结构表

块体标识	开采过程标识	新增块体标识	台阶空间位置	…
B	D_1	D	11	…
C	D_3	D	12	…
…	…	…	…	…

表 2.5 块体形状未变化信息存储结构表

台阶标识	线段数	线段标识	块体数量	开采时段	…
D	5	(1, 2, …, 5)	110	T_3	…
E	7	(1, 2, …, 7)	120	T_4	…
…	…	…	…	…	…

2.3.2　4D信息模型与数学模型的时间粒度关系

为了表达4D生产计划信息模型与数学模型中的时间属性关系，矿床开采时期的划分和时间粒度的逐级细分在本节进行了抽象描述，从而将4D信息模型中的时间粒度与不同类型开采生产计划中的时间单位进行完整对应，解决了4D时空实体信息模型与抽象数学模型之间的时间属性的复杂关系问题。具体来说，首先利用3D矿床地质信息模型和多基态变粒度修正模型表达整个矿床的长期生产规划时间，然后在以年为单位的长期生产计划的粗粒度时间单位中，利用多基态变粒度时空数据模型，分别对以月为单位的短期生产计划和日常生产作业计划的时间单位进行细分，如图2.12所示。

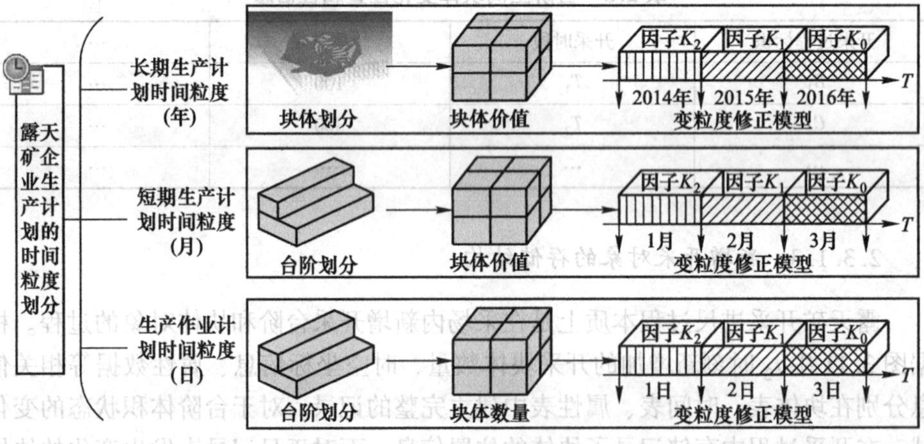

图2.12　露天矿山企业生产计划时间粒度划分方法

2.3.3　露天矿开采体时空位置变化过程

露天矿山企业生产计划时间粒度划分下的开采对象位置变化过程是确定4D生产进度计划编制与开采进尺对象的关键。根据生产计划时间跨度长短，将4D生产计划中的不同时间段视为不同时间粒度下的单位时间，依次将生产计划周期逐级划分为粗粒度下的时间段，以该粗粒度下的一系列离散时间点来刻画开采块体位置信息，探索露天矿开采体的空间位置随计划时期的变化规律。基于计划时间标记中的时间点信息，可重新获取当前计划时间点上更为细化的时间粒度上的持续时间区域，实现生产计划粗粒度时间区域至细粒度时间点上的转换，从而通过0或1来表达露天矿开采体在开采时间粗细粒度划分下的时空位置变化序列。具体的时间粒度生成过程如图2.13所示。

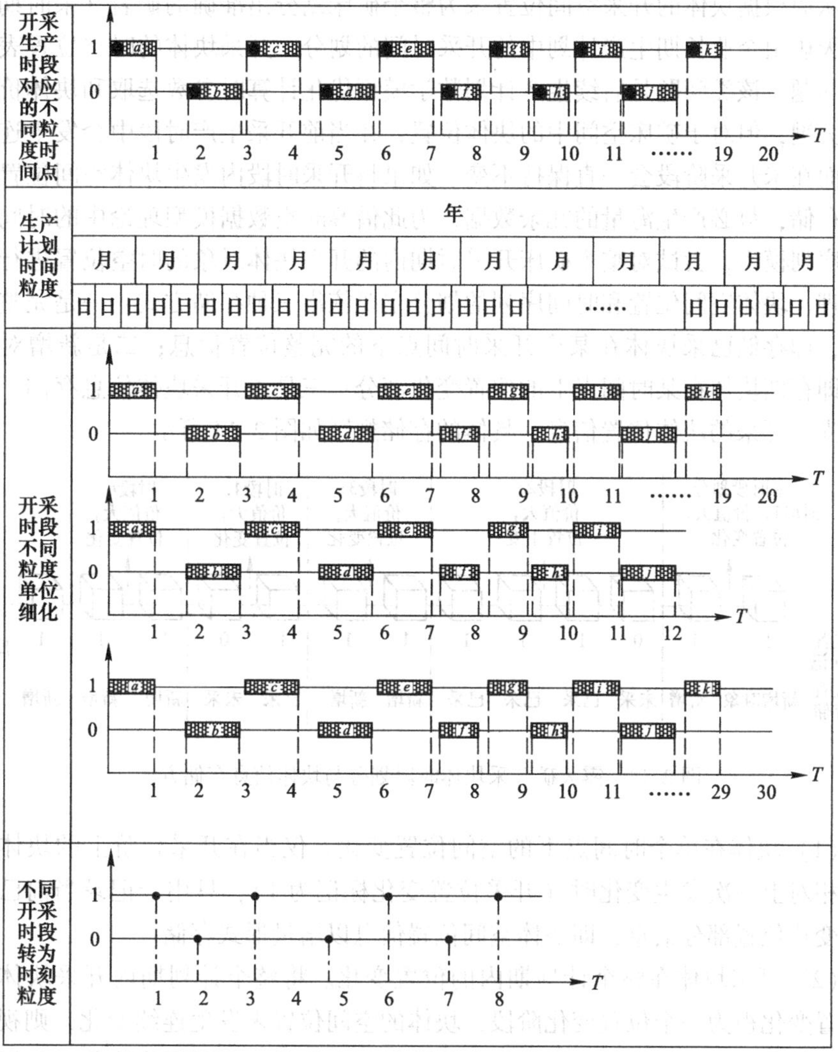

图 2.13 生产计划时段粒度划分下的开采体位置变化序列生成过程

2.3.4 4D 信息模型与生产计划模型的映射方法

2.3.4.1 4D 信息模型与长期生产计划模型的映射方法

露天矿山企业长期生产计划的时间跨度主要以年为单位，为了将 4D 信息模型中的时间属性与长期生产计划模型中的开采时期或开采时段等时间粒度精准映射，本书利用 3D 矿床地质信息模型和多基态变粒度修正模型，根据露天矿山长期生产计划中最大的块体价值和净现值，确定出矿床开采块体的最佳位置和数量，从而根据块体的开采空间位置来为整个矿床划分出准确的矿岩开采时期，解决露天矿山企业长期生产计划中的开采时间的划分、开采块体的时空位置表达和存储问题。该类问题是后续生产计划数学模型优化计算时参数选取和块体价值计算的关键，但对于矿床空间中的块体位置，在当前开采生产时段中会发生连续变化，而在未开采阶段会一直保持不变。如果将开采时段内发生块体空间位置全部进行存储，势必产生海量的冗余数据，为此借鉴时空数据模型理论中的时间快照格网序列模型，尝试对整个矿床开采时期内的开采块体对象的时空位置进行存储和管理。块体空间位置和时间序列的划分主要依靠三种存储方式：一是完整信息存储，即存储已采块体在某个开采时间点下的完整位置信息；二是新增对象存储，即存储块体在某时间点下的位置变化部分；三是未开采块体信息存储，即不存储尚未开采的块体位置信息，具体的存储规则如图2.14所示。

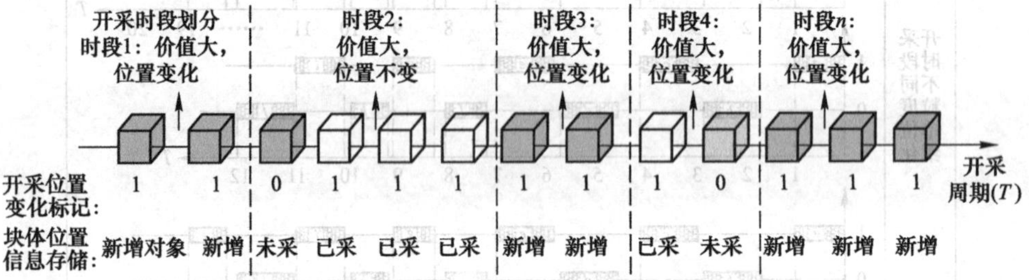

图2.14 露天矿开采块体时段划分与块体信息存储方式

（1）块体在单个时间点下的空间位置变化。仅当在开采台阶上的块体空间位置相对上一次发生变化时（开采位置变化标记为1），只用于记录当前已采块体的变化位置部分信息，即块体空间位置信息以增量形式存储。

（2）开采块体在整个计划期内的位置变化。将整个计划期内开采块体的连续位置变化视为一个位置变化阶段，块体的空间位置未发生连续变化，则视为位置不变阶段，矿床块体从空间位置变化阶段到空间位置不断变化阶段（位置变化阶段→位置不变阶段）、矿床块体从空间位置不变阶段到空间位置变化阶段（位置不变阶段→位置变化阶段），都是块体随开采进尺时间的变化而发生的一种阶段性变化过程。

（3）尚未开采块体在计划期内的位置不变。除了上述两种变化情况外，对于开采时期内尚未开采的块体均不进行记录，开采位置变化标记为0，暂不进行存储。

2.3.4.2 4D信息模型与短期生产计划模型的映射方法

露天矿山企业短期生产计划模型是在具有台阶工作面上进行采掘生产和优化

计算，并在确定的以年为时间单位的长期生产计划时期的基础上，根据多基态变粒度时空数据模型理论，利用变粒度基态距的动态确立方法，将长期生产计划中的年开采时段逐渐细分为以月为单位的短期生产计划时间粒度，根据长期生产计划开采时期内的块体价值和净现值来确定块体的数量和开采生产能力，由此将净现值最大的块体开采组合位置作为短期生产计划的开采时间区域，并构建出短期生产计划时间段的属性数据存储结构和关系表，为后续对应类型的生产计划模型优化计算提供基础数据源和数据组织关系。

2.3.4.3 4D 信息模型与生产作业计划模型的映射方法

露天矿山企业生产作业计划期是在以月为单位的短期生产计划期上进行时间细粒度的划分，对短期生产计划中的月开采时期内的台阶矿石开采量的采运单位成本进行控制与优化，根据多基态变粒度时空数据模型理论，利用变粒度基态距自动缩放确立方法，将短期生产计划的月开采周期细化为日常生产作业计划时间粒度，由此根据短期生产计划期内台阶上的块体开采数量和生产处理成本来确定生产作业计划的时间跨度，并构建生产作业计划时间点或时间段的属性数据存储结构和对应的关系表，为后续日常生产作业计划模型中的时间属性参数换算提供依据。

2.4 4D 生产计划数据组织与数据库优化管理

2.4.1 露天矿时空对象要素分类

露天矿采剥生产活动是一个复杂对象要素相互制约的过程，根据开采对象的时空位置和属性数据的多样性特点，可将这些时空对象要素抽象表达为点对象、线对象、面对象和体对象。其中，点对象涵盖了钻孔点、勘测点、采运设备以及作业人员等；线对象同时具有时间属性和空间位置特征，包括开采过程中的台阶、条带、勘探线、开采推进线以及运输道路线等；面对象具有二维平面数据特征，包括开采工作面、采场剖面和地表面等；体对象具有时空属性特性的对象，包括矿岩体模型、块体模型等。针对上述描述的四类时空对象的属性数据特征和分类组织方式，露天矿时空对象要素可分为静态要素和动态要素两类，如表 2.6 所示。

2.4.2 露天矿时空对象数据获取方法

根据露天矿时空对象要素分类以及生产计划优化要求，露天矿生产计划数据类型错综复杂，需要利用常规的数据采集方法来获取数据。其中，基础数据源主要包括地质资料、3D地质模型和企业内外部生产管控系统中获取数据，其获取方法如表2.7所示。

表2.6　露天矿时空对象要素分类

对象名称	类型	属性特征	实例	备注
点对象	静态数据	数据参数为常量	勘测点	具有不随时间变化的绝对参考坐标
	动态数据	动态变化的时态数据	人员、采运设备、钻孔点	随时间变化的相对参考坐标和属性变化
线对象	静态数据	数据参数为常量	开采推进线，运输道路线	空间坐标位置固定
	动态数据	根据点对象集合构成的线性数据	台阶高程、勘探线、采运线路	由边坡角和面构成，由钻孔点、设备移动点等构成
面对象	基本面元数据	内部特征不显著	围岩，黄土层	空间属性数据固定
	动态面元数据	由线对象集构成	开采面，地质剖面，原始地表	开采形态随时间变化，由地质数据和地表线构成
体对象	基本实体对象	内部特征不显著	岩体	确定的对象空间位置
	变化实体	时空、属性数据变化显著	台阶、条带和块体	矿石品位、开采状态随时间而变化，采运设备移动

表2.7　露天矿时空对象数据获取方法

时空对象类型	露天矿数据对象	数据获取方法
点对象	勘测点 人员、采运设备、钻孔点	地质资料，无线定位，地质数据库
线对象	开采推进线，运输道路线 台阶高程、勘探线、采运线路	地质资料，监测系统，绘图资料
面对象	围岩，黄土层 开采工作面，地质剖面，原始地表	地质资料，测量系统
体对象	岩体、台阶、条带和块体	地质资料，测量系统

2.4.3 4D 生产计划数据访问接口技术

4D 生产计划建模与仿真优化的数据包含静态数据与动态数据。一般而言，静态数据量较大，且只需一次导入模型，使用过程中不会随时间变化而变化，但这类数据的时空索引和更新频度较少，而随时间变化的动态数据需要根据开采生产进尺和矿床块体位置的变化而进行动态更新和实时导入模型，且该类数据需要实时采集和处理，因此，在对象关系数据库中构建不同的关系表来存储 4D 生产计划数据，将原有矿山企业以文件管理方式下的多源异构生产数据存储到关系数据库管理系统，需要重新分析空间数据在文件数据管理方式下的数据结构，然后按照数据结构的不同，在对象关系数据库中建立不同的关系表来存放相应的时空数据。

在露天矿山企业生产计划编制与优化过程中，除了对企业内部的采场矿岩地形数据、矿石品位数据的采集外，还会涉及企业外部市场环境的数据传递与共享，以达到全矿山企业生产与经营管理数据的全面统一、无缝流动和实时共享。该系统与生产计划数据组织管理的信息接口访问技术框架与规范如图 2.15 所示。

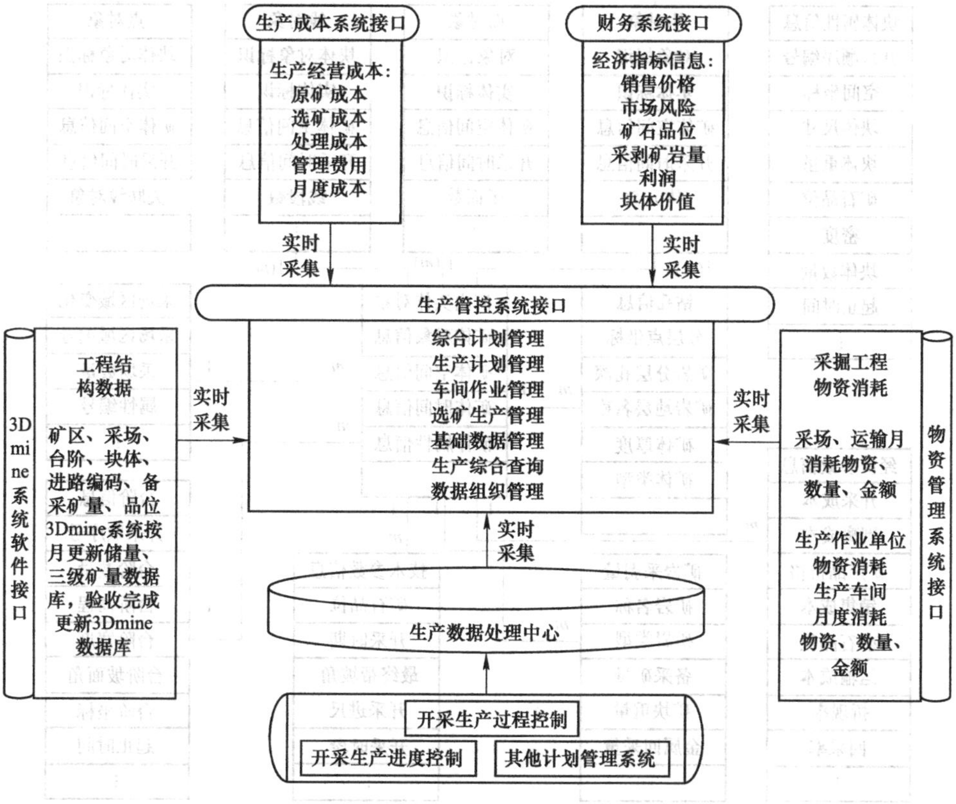

图 2.15 4D 生产计划数据接口访问技术框架与规范

2.4.4　4D 生产计划时空数据库设计

2.4.4.1　4D 生产计划数据库的概念模型

露天矿山企业 4D 生产计划概念模型是对生产现场的抽象描述，根据矿山生产计划类型和企业生产目标的不同，对矿山实体对象之间的关系进行概念化。该模型中的实体对象的几何关系、开采位置、对象变化以及矿体对象之间具有多样化联系，包括一对一、一对多和多对多联系，用 1-1，1-m，m-m 表示，此处不予详述。因此，构建的 4D 生产计划的概念模型如图 2.16 所示。

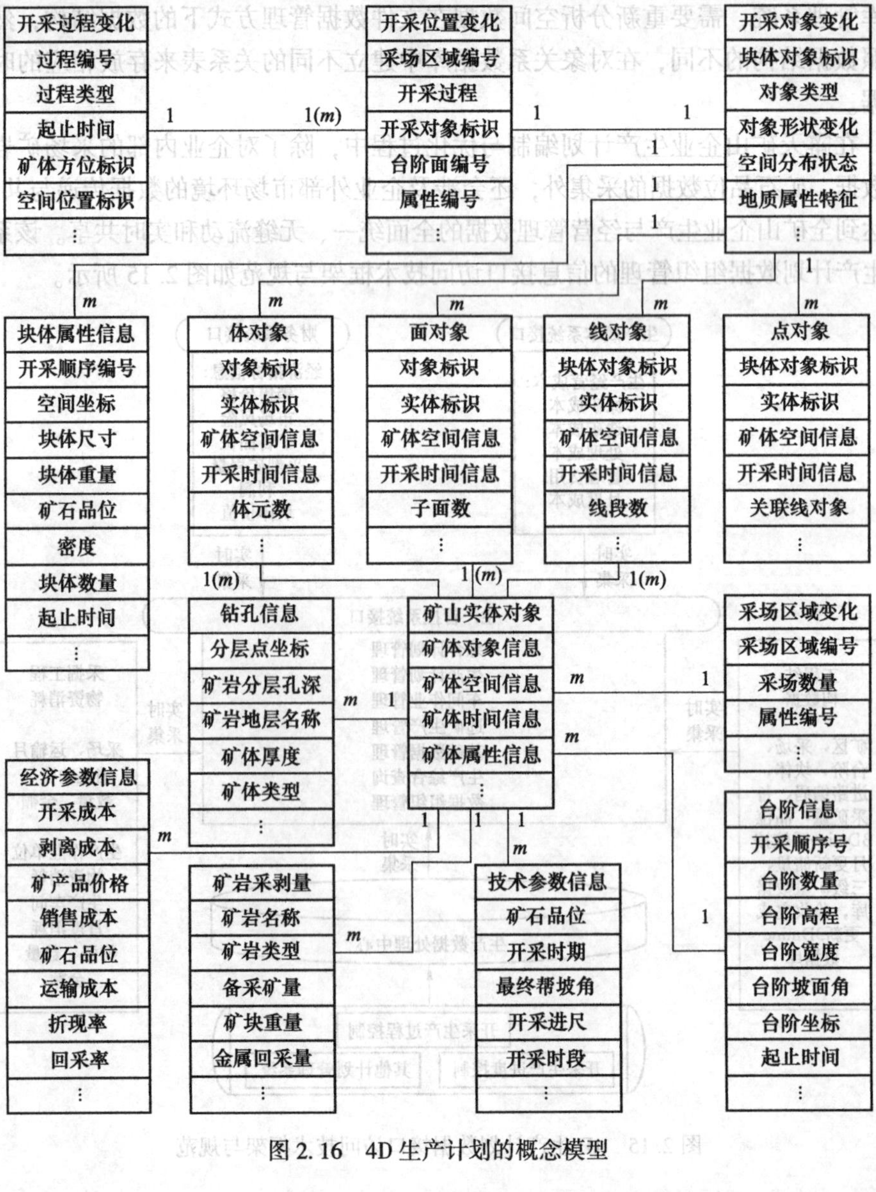

图 2.16　4D 生产计划的概念模型

2.4.4.2 4D 生产计划数据库的逻辑模型

关系表是时空数据库中组织与管理基础数据的基本逻辑结构。露天矿山企业4D 生产计划优化与编制涉及复杂的时空属性数据，主要包括具有时间特性的 3D 地质空间数据关系结构，即构建具有开采时间、进尺时间等起止时间属性的工程实体、地质实体、开采实体、辅助生产实体和用户实体关系数据表；具有空间特性的空间数据关系结构，即构建具有开采空间坐标和位置的采场区域变化和矿岩量的数据关系结构；具有企业资金时间价值、数据库存储标记时间和生产计划时间粒度数据等技术经济指标数据关系结构。以下给出代表性的 4 大类工程表。

A 3D 矿床地质空间模型数据组织

为了准确描述矿岩空间实体属性关系，采用对象关系数据库技术为矿岩体模型构建三张关系表：钻孔数据表、台阶数据表、块体数据表。这些数据表之间通过开采对象的空间坐标位置进行联系。以块体开采时段为例，通过开采顺序号获得块体数据表中的块体数量、品位、开采时段以及起止时间，再经过四维时空坐标的转换计算获得坐标数据和台阶高程数据，通过这些坐标和高程数据可计算获得开采生产的矿岩量信息。

a 钻孔数据表

钻孔数据表是用于存储矿床地质原始钻孔信息的数据表，该表包含钻孔编号、钻孔坐标位置等信息，具体结构如表 2.8 所示。

表 2.8 钻孔信息数据表结构

属性名称	属性类型	长度	属性含义
钻孔编号	integer	10	钻孔的名称
钻孔空间坐标	double	20	*xyz* 坐标
勘探线号	char	10	勘探线编号
矿岩分层孔深	single	10	矿岩分层孔深
矿岩名称	char	20	矿岩名称
岩石结构构造	char	50	岩石结构构造
矿物共生组合	char	30	矿物共生组合
⋮	⋮	⋮	⋮

b 台阶数据表

台阶数据表是用于表达采场区域内台阶空间结构的数据表，该表主要包括台阶数量、台阶高程、台阶的空间坐标位置等信息，具体结构如表 2.9 所示。

表 2.9 台阶数据表结构

属性名称	属性类型	长度	属性含义
台阶编号	int	10	开采台阶的标识信息
台阶数量	int	10	边坡横向划分的台阶数
台阶高程	int	10	台阶的空间高度
台阶宽度	int	10	台阶的空间宽度
台阶坡面角	double	10	台阶水平与坡面的角度
条带数	int	10	台阶纵向划分的条带数
台阶空间坐标	double	20	台阶空间 *xyz* 坐标
起止时间	data	10	开采台阶的起止时间
⋮	⋮	⋮	⋮

c 块体数据表

块体是矿山开采生产的最基本单元，该数据表用于存储块体的空间位置、数量、品位、密度等信息，具体结构如表 2.10 所示。

表 2.10 块体数据表结构

属性名称	属性类型	长度	属性含义
开采顺序号	int	10	块体开采顺序编号
块体空间坐标	double	20	质心点的 *xyz* 坐标
块体尺寸	double	20	块体的空间大小
块体重量	int	25	每个块体的重量
矿石品位	double	8	块体品位值
块体数量	int	25	开采的块体数量
开采状态	int	2	块体是否开采
开采时段	int	4	块体位于的开采时段
起止时间	data	8	块体开采的起止时间
⋮	⋮	⋮	⋮

B 4D 生产计划中的时间粒度数据组织

4D信息模型与生产计划模型中的时间属性是用于确定生产计划时间跨度长短和开采对象空间位置的主要因素，具体结构如表 2.11~表 2.13 所示。

表 2.11 长期生产计划时间粒度数据表结构（年）

属性名称	属性类型	长度	属性含义
开采时期	data	8	计划时期划分长度
块体数量	int	20	长期计划每个时期的开采块体数
块体价值	double	12	每个时期内块体的经济价值
净现值	double	32	整个矿山开采周期内的块体净现值
起止时间	data	8	长期计划期内的年时间区域值粒度
⋮	⋮	⋮	⋮

表 2.12 短期生产计划时间粒度数据表结构（月）

属性名称	属性类型	长度	属性含义
开采时期	data	8	计划时期的划分长度
块体数量	int	12	短期计划期内每个台阶上开采块体数
矿石开采量	double	24	计划期内每个台阶上的矿石量
矿石品位	float	8	计划期内每个台阶上的矿石品位
起止时间	data	8	短期计划期内的月时间段粒度
⋮	⋮	⋮	⋮

表 2.13 生产作业计划时间粒度数据表结构（日或周）

属性名称	属性类型	长度	属性含义
开采时期	double	8	计划时期的划分长度
块体数量	int	12	作业计划期内每个台阶上开采块体数
矿石开采量	double	24	计划期内每个台阶上的矿石量
采运成本	float	8	计划期内每吨矿石的采运单位成本
起止时间	data	8	作业计划期内的日时间段粒度
⋮	⋮	⋮	⋮

C 4D 生产计划的采剥数据组织

露天矿山企业生产计划中的采剥数据反映了采场内部矿岩剥离进尺程度以及企业开采生产能力。开采生产计划中的采剥数据是以 3D 矿床地质信息模型附加起止时间属性为基础，通过 3D 矿床地质模型的模拟开采表达了 4D 生产计划的演变状态。因此，为了准确描述开采生产进尺变化和矿岩对象数量关系，构建两张关系表，即采剥矿岩量数据表、采场区域变化数据表。

a 矿岩量统计数据表

矿岩量是矿山生产计划的重要参考依据，其用于存储地质体内矿岩量的名称、类型、备采量、剥岩量、采场区域编号等信息，具体结构如表 2.14 所示。

表 2.14　矿岩量统计数据表

属性名称	属性类型	长度	属性含义
矿岩体编号	int	20	开采矿岩体的编码信息
矿岩名称	varchar	20	开采矿岩名称
矿岩类型	varchar	20	开采的矿岩类型，例如钨钼
备采矿量	float	50	准备开采的矿石数量
剥离岩量	double	50	剥离的岩石数量
矿块重量	int	50	采剥的矿块体积重量
金属回采量	int	50	选矿厂选出的金属量
采场区域编号	double	30	发生变化的采场区域
⋮		⋮	⋮

b　采场区域变化表

采场区域变化是用于表达采场中的矿岩数量、台阶进尺和分时段开采位置变化过程，主要包含采区编号、地质属性、时空属性等，具体结构如表 2.15 所示。

表 2.15　采场区域变化信息表

属性名称	属性类型	长度	属性含义
采场区域编号	int	10	采场区域发生变化的区域编号
采场数量	int	10	开采生产作业的采场数量
属性编号	int	10	属性记录编号
开采位置	int	10	记录矿岩台阶的采剥位置
⋮			⋮

D　4D 生产计划的技术经济数据组织

技术经济参数是4D生产计划模型优化的主要数据源，其用于存储矿山生产计划模型中的矿石数量、生产成本、矿产品销售价格、采矿回收率、设备数量和备采矿量等信息，具体结构如表 2.16 和表 2.17 所示。

(1) 经济参数表。

表 2.16　生产计划经济参数表

属性名称	属性类型	长度	属性含义
开采成本	double	50	开采矿石的成本
剥离成本	double	50	剥离废石的成本
处理成本	double	50	矿废石的选矿成本

续表 2.16

属性名称	属性类型	长度	属性含义
矿产品价格	double	10	精矿产品的销售价格
销售成本	double	50	销售矿产品的成本
矿石缺货成本	double	50	选矿供应不足的成本
矿石剩余成本	double	50	选矿供应剩余产生的成本
金属缺货成本	double	50	金属销售供应不足的成本
金属剩余成本	double	50	产生的金属产品过剩成本
低品位缺货成本	double	50	低品位矿石供应不足的成本
运输成本	double	30	露天矿卡车运矿成本
回采率	float	20	矿产资源回收利用率
矿石品位	float	20	选厂最低需求品位
备采矿量	double	50	每个采场可以开采的矿石量
折现率	int	4	计算块体价值的折现率
风险折现率	int	4	矿废石投入成本风险折现率
⋮	⋮	⋮	⋮

（2）技术指标参数表。

表 2.17　生产计划技术指标数据表

属性名称	属性类型	长度	属性含义
矿石品位	float	20	矿石的平均波动品位值
开采时期	int	10	整个矿山生产周期
最终帮坡角	double	10	矿岩采剥的边坡角度
开采进尺	int	10	台阶的推进距离
开采时段	data	10	当前开采处于哪个时段
⋮	⋮	⋮	⋮

2.4.4.3　4D生产计划数据库的物理模型

SQL语言是检索4D生产计划模型之需基础数据源的关键技术，其中，DDL（data definition language，DDL）语言是对露天矿开采生产时空数据的存储结构以及数据项的关联关系进行说明和定义；DRL（data retrieval language，DRL）是在对象关系数据库系统中检索出生产计划编制人员所需模型优化和计算的时空数据；DML（data manipulation language，DML）语言说明编制计划人员、开采过程控制人员以及其他企业人员等通过增、删和改操作，实现露天矿山企业时空数据库中基础数据的实时更新；DCL（data control language，DCL）语言主要说明各类具有不同权限的用户使用数据库的能力，保护数据未经授权访问[91]。

露天矿山4D时空排产数据库结构的设计同样可以采用对象关系数据库系统中的DDL语言，将时空排产数据库系统中所涉及的概念模式向逻辑模式以及物理模式进行映射和模式变换。

露天矿山4D生产计划数据库中的关系表创建可使用企业管理器和Sqlite中的SQL语句两种方法解决，为保证不同系统访问的便利性，采用Sqlite中的SQL语句构建露天矿山生产计划的时空数据库。

露天矿生产计划数据类型信息组织主要采用Sqlite中的SQL语句，实现露天矿山生产计划数据的存储过程，例如利用录入的块体数据构建矿体的Sqlite程序，如表2.18所示。

表2.18　利用Sqlite完成矿体工程拓扑组织

```
SET fetch status=0；//打开游标
OPEN bg_ cur
WHILE fetch_ status=0
BEGIN
FETCH NEXT FROM bg_ cur INTO block_ 1
IF FETCH_ STATUS<>0   BREAK
SET fetch status= FETCH_ STATUS
-------采场工程------------
TRUNCATE TABLE BLOCK_ R
INSERT INTO BLOCK_ R
    SELECT * FROM BLOCK WHERE BLOCK_ 1=block_ 1 AND block-num IS NOT
NULL IF EXISTS (SELECT * FROM BLOCK)
EXEC
```

2.4.5　4D生产计划时空数据库的优化应用

露天矿山企业4D时空数据库的应用是为了在Matlab2017Ra仿真软件平台上优化计算生产计划数学模型提供基础的数据源，其主要涉及逻辑数据模型中数据存储、索引和查询操作。

2.4.5.1　露天矿山企业生产计划数据存储与优化

露天矿山生产计划数据存储结构是通过关系表来实现的，其中涉及数据的插入和删除操作，这些操作主要以基本的SQL语言来完成，例如，部分钻孔数据的存储过程如图2.17所示。

露天矿4D生产计划信息模型构建与优化过程中，对于新采集的生产基础数

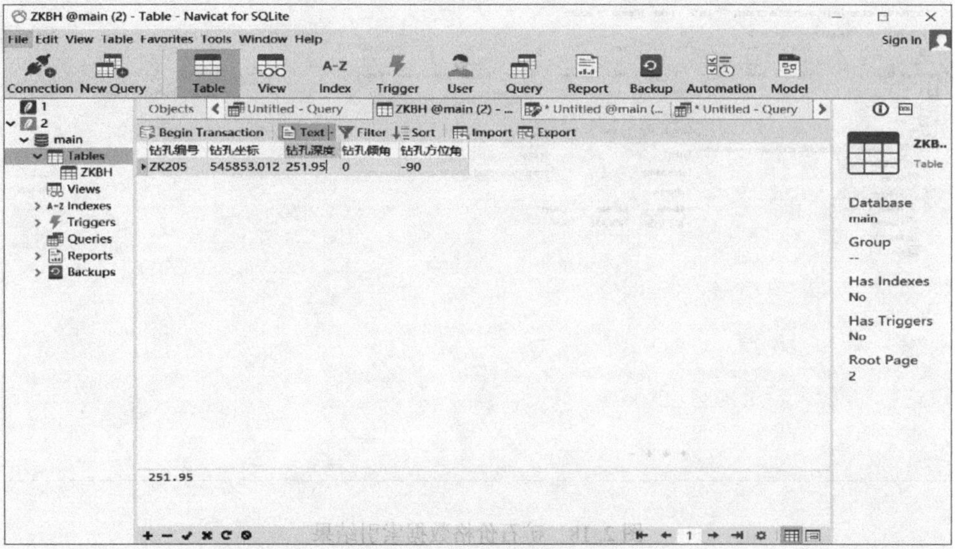

图 2.17 钻孔数据的存储结果

据，如果插入到对应的关系表中，必须先采用关系代数和关系演算进行优化计算，使得诸多生产过程数据和业务处理数据放置在数据库系统的后台实现，简化了时空数据库系统中间层级的设计和实现，有利于提高整个数据库系统的维护和扩展应用。此外，这些生产过程数据、业务处理数据以及其他外部环境数据均是使用 SQL 语言查询分析器进行统一的编程，有利于时空数据库的版本升级和 Matlab 软件的接口变化，对于维护系统工作较为便利。

2.4.5.2 露天矿山企业生产计划数据索引与优化

露天矿生产计划数据索引是为了提高数据的访问效率，通常是将 SQL 语句中的 Where 查询条件的列和实体对象属性列排序创建索引，这样在访问数据时，可以降低整个关系表中冗余数据的查询和访问。但是，索引操作也会对数据库系统的时空性能产生影响，在进行增、删、修改操作时，对时空数据库的维护会付出一定的代价。常见的索引方法包括聚族索引和非聚族索引[92]。因此，在构建排产时空数据的索引时，应该先采用时空数据库系统函数来估计待索引需求数据的容量大小。例如，部分矿石价格数据的索引过程如图 2.18 所示。

露天矿生产基础数据对应的不同关系数据表中的主码可自动建立属性数据的唯一索引，主码唯一标识对象属性，保证开采实体对象的完整性；索引码的大小，对于定位生产计划模型优化需求数据速度存在直接的影响，索引码越小，需求数据定位越快。因此，有必要周期性地对排产时空数据库中的索引进行更新。

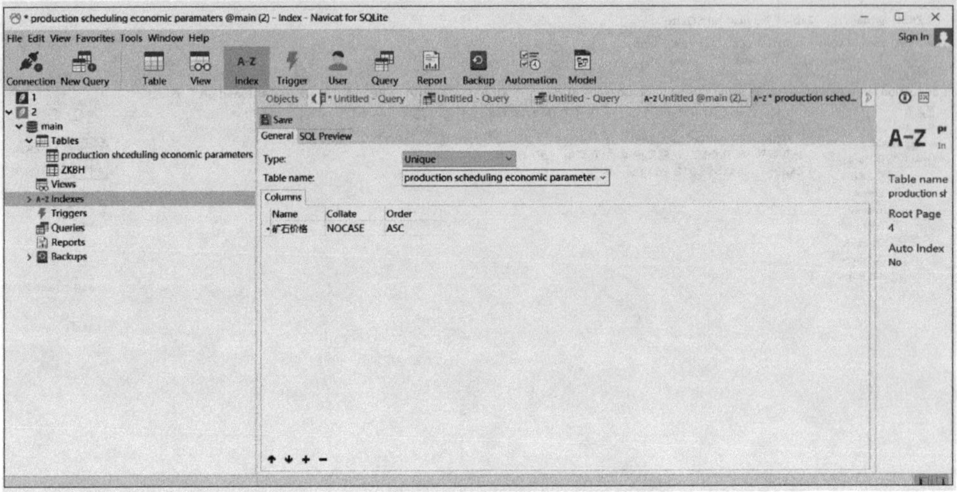

图 2.18　矿石价格数据索引结果

2.4.5.3　露天矿山企业生产计划数据查询与优化

露天矿生产计划时空数据库中的数据查询是通过 SQL 语句进行索引和查询，并将查询结果作为 Matlab 数据导入表，该表数据是满足生产计划模型优化与编制的关键数据来源。本书主要对生产计划经济参数查询与数据导入 Matlab 软件过程以及开采对象的动态信息、开采台阶与块体之间的关系进行了简要介绍，如图 2.19 和图 2.20 所示。

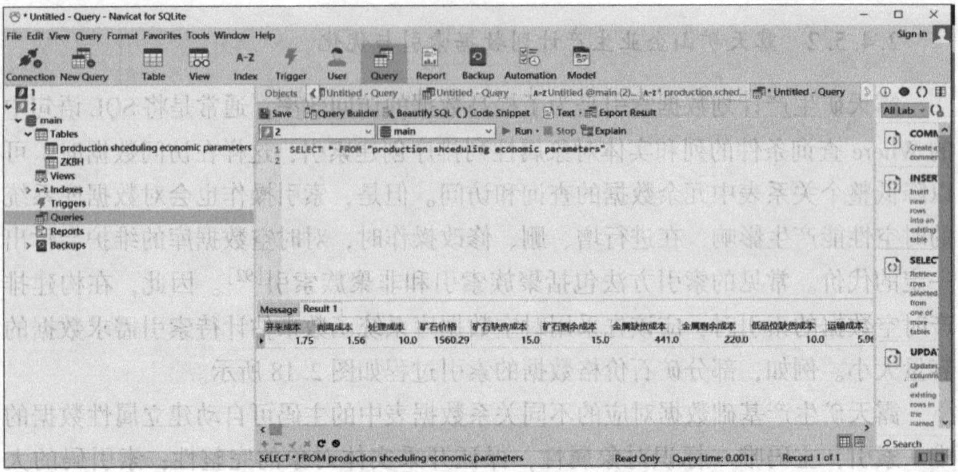

图 2.19　生产计划经济参数查询结果

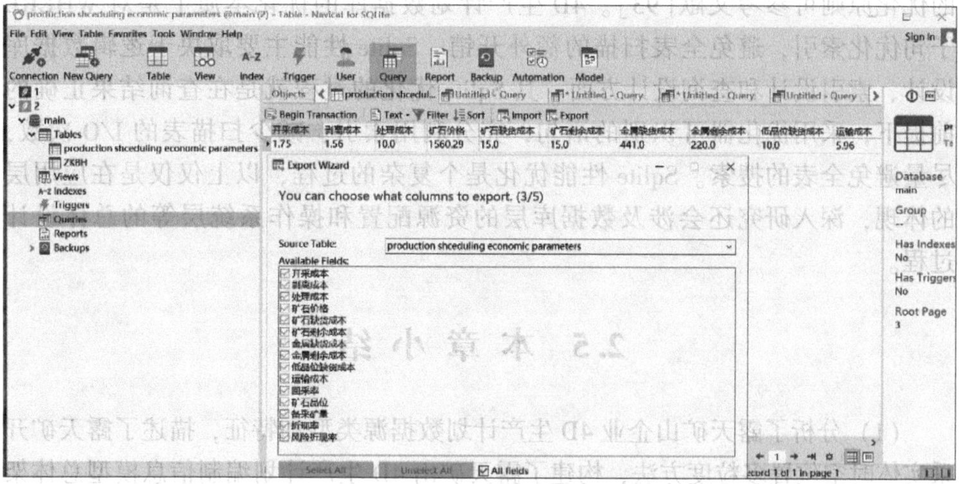

图 2.20 生产计划经济参数导入仿真平台结果

(1) 长期生产计划的经济参数查询。如果在长期生产计划优化计算中，查询基本的经济参数，并将其结果导入仿真软件平台，则查询如下：

Select 矿石价格，处理成本，销售成本，平均品位 from 经济参数表，技术指标数据表

Result be inserted into matlabimportdatatable；

(2) 基于开采位置变化信息。如果查询开采对象在整个时期内的状态，可从矿体对象生存期表中获得该对象的产生与消亡的时间信息，然后从新增开采对象时态索引中根据产生的时间信息查询该对象在数据库中的基态位置，查询开采块体对象在某个时段 $[T_1, T_2]$ 内的变化过程：

Select 块体体积变化标识，台阶形状 . 基态位置 *from* 块体数据表 *where* 块体变化位置表 . 开采过程标识=开采过程标识 *and* 块体数据表 . 起止时间 *between* 开始时间（'T_1'，'*yyyy-mm-dd*'）*and* 结束时间（'T_2'，'*yyyy-mm-dd*'）

Result be inserted into 块体数据表

Select 块体体积变化标识 *from* 块体数据表 *where* 块体体积变化标识. 开采过程标识=块体变化位置表. 开采过程标识

(3) 开采台阶与块体之间的关系。对于发生基于台阶对象划分、多个开采对象同时开采等事件，如 *A*、*B* 两层台阶对象在 t_i 时刻合为一个 *C* 对象，则可从开采对象变化表中直接查询 *C* 对象：

Select 台阶 . *OID*，块体数据表 . 开采顺序 . *OID from* 台阶数据表 *where* 台阶数据表 . 起止时间=块体数据表 . 起止时间 *and* 块体体积变化时间=t_i

SQL 语句的查询使用对于数据库系统产生很大的影响，关于优化 SQL 语句

的优化原则可参考文献[93]。4D生产计划数据库的优化本质上是对WHERE子句优化索引，避免全表扫描的额外开销。Sqlite性能主要取决于逻辑数据库设计、索引设计和查询设计方面。其Sqlite优化的过程就是在查询结果正确的前提下，采用优化器可识别的语句，充分利用索引，减少扫描表的I/O次数，尽量避免全表的搜索。Sqlite性能优化是个复杂的过程，以上仅仅是在应用层的体现，深入研究还会涉及数据库层的资源配置和操作系统层等的总体设计过程。

2.5　本章小结

(1) 分析了露天矿山企业4D生产计划数据源类型和特征，描述了露天矿开采实体时空位置多粒度方法，构建了露天矿山4D生产计划编制信息模型总体架构，探讨了露天矿4D生产计划信息模型的构建原则以及矿体开采属性的变化过程，为露天矿山4D生产计划信息模型的模拟实现奠定了基础。

(2) 根据露天矿开采体时空位置多粒度方法和多基态变粒度时空数据模型理论，综合考虑矿山开采对象的时空属性变化过程，构建了矿山开采对象的时空存储结构、块体位置的存储结构以及新增开采对象存储结构；并针对4D生产计划信息模型与数学模型之间的时间粒度关系，深入探讨了模型中时间粒度的划分方法，为露天矿山企业生产计划模型的开采对象和开采时间划分提供了条件。

(3) 根据对象关系数据库理论，构建了4D生产计划时空数据库模型，实现了数据库的优化应用，为下一章的露天矿山企业长期、短期和生产作业计划模型优化计算提供标准的数据源奠定基础。

3 露天矿山企业长期生产计划问题建模与优化算法

露天矿山长期生产计划是整个矿山企业规划设计与指导生产的核心问题之一，探讨适合露天矿山企业长期生产计划模型与优化方法也是亟待解决的关键理论问题。长期生产计划自从指导企业生产过程管理时期就获得了诸多学者的广泛关注，并从不同角度研究了露天矿山企业长期生产计划问题，但大多以净现值最大为研究目标[42,43,45,49~51]，以复杂的生产环境、技术经济参数和消耗资源分配为约束[44,53,54]。解决露天矿山企业长期生产计划的算法主要有启发式算法[35,60]、数学规划[41~44]、群智能优化算法[61~69]等，而且露天矿长期生产计划的编制和优化也受到矿产品价格、矿石品位和开采成本等不确定性因素的影响，在统一组织的4D生产计划数据与数学模型求解过程中，能够同步考虑这些不确定性要素，可极大地增强模型的实用性。目前现有文献研究的生产计划模型将这些不确定性因素作为常量或独立加入计划编制过程，没有充分将这些不确定性因素全部纳入生产计划编制过程。另外，当前文献研究中只是采用单一的智能优化算法，这无法凸显算法本身的参数优化性能和计算速度。基于此，本章提出了露天矿山企业长期生产计划模型与优化算法，试图从矿石品位波动、矿产品价格波动、开采处理成本和低品位矿石处理策略的角度，以生产计划周期内的块体净现值最大为目标，研究长期生产计划优化和编制问题，综合考虑了企业开采处理能力、块体空间开采顺序、开采深度位置、矿石品位波动、矿产资源回收率和随机规划等约束条件。由于标准粒子群算法求解速度慢，收敛能力弱，提出改进鸽群搜索算子的粒子群优化算法对长期生产计划模型进行优化计算，然后采用随机概率搜索策略和低品位矿石处理策略，分别对矿坑内部的块体开采深度位置和矿石品位小于指定值的回采率进行优化计算，最后以某大型铜金属露天矿山企业为案例进行验证，为露天矿山企业长期生产计划优化编制提供指导。

3.1 长期生产计划问题描述

3.1.1 长期生产计划问题概况

露天矿山企业长期生产计划的编制常常受到开采地质环境、矿产品市场环境以及开采生产工艺等多种复杂因素的影响。传统的露天矿长期生产计划方法往往将价格和品位数据作为固定的常数，进而对长期生产计划进行优化求解，另外，长期计划数学模型的构建主要采用整数规划模型，矿山地质模型主要以单个矿体模型为基础，该模型受到市场价格、金属地质品位的波动时，难以准确计算企业的经济效益。因此，露天矿长期生产计划模型是以整个矿床进行划分的多层块体空间信息模型为基础，如图 3.1 所示，在整个露天矿山开采周期内，长期生产计划模型的目标是确定哪些价值最大的块体应该开采、开采起止时间，并要满足开采生产约束条件，以便获得工程项目的净现值最大化方案。长期生产计划问题主要包括两类子优化问题：

(1) 矿产品市场价格波动问题。在长期生产计划周期内，矿产品价格与矿床块体的开采价值、开采处理成本以及矿产资源利用率等密切相关，在优化计算长期生产计划模型时，需要对开采时期内的矿产品市场价格数据进行收集和处理，从而真实反映露天矿山企业长期生产计划的时效性。

(2) 低品位矿石回采处理问题。在长期生产计划周期内，对于矿石品位低于指定指标时，需要进行配矿或重新计算回采率，从而计算生产时期内块体价值对净现值的影响效果。

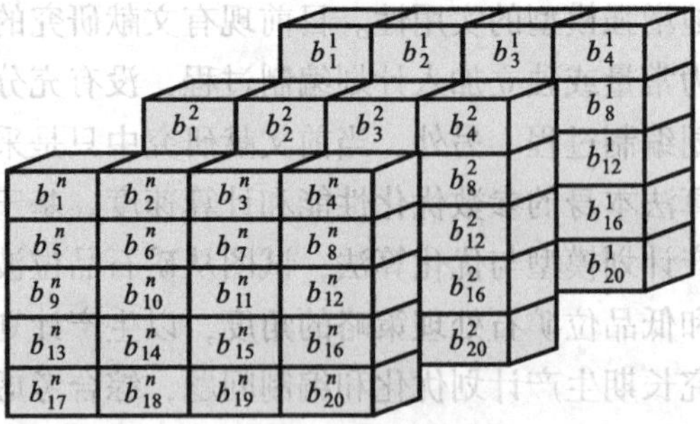

图 3.1　多层块体空间模型示意图

3.1.2　参数定义与变量说明

为了准确表达长期生产计划模型的目标函数与约束条件之间的关系，首先对模型中设计的变量符号与参数含义进行说明：

(1) t 表示开采时间，$t=1, 2, \cdots, T$；T 表示开采周期总数（单位：个）。

(2) R_Q 表示矿块数量（单位：个）。

(3) g_n 表示品位（单位：%）。

(4) re 表示矿石回采率（单位：%）。

(5) sp_t 表示矿产品的单位销售价格（单位：万元/万吨）。

(6) sc_t 表示矿产品的单位销售成本（单位：万元/万吨）。

(7) pc_t 表示矿石开采处理成本（单位：万元/万吨）。

(8) MC 表示开采废石的成本（单位：万元/万吨）。

(9) R_{ow} 表示矿石废石的总数量（单位：万吨）。

(10) R_o 表示矿石块体数量（单位：个）。

(11) R_w 表示废石块体数量（单位：个）。

(12) v_{xyz} 表示块体经济价值（单位：元）。

(13) i 表示折现率（单位:%）。

(14) S 表示矿块模型数量（单位：个）。

(15) x，y，z 表示块体的空间位置。

(16) N 表示块体的总数量（单位：个）。

(17) x_n^t 表示在开采时期 t 块体 n 是否开采的决策变量，如果开采，则为 1，否则为 0。

(18) W_n 表示第 n 个矿石块体的质量（单位：万吨）。

(19) $MC_{\min}^t$，$MC_{\max}^t$ 表示在开采时期 t，开采能力的上下限（单位：万吨）。

(20) M_n 表示第 n 个废石块体的质量（单位：万吨）。

(21) O_n 表示开采的第 n 个块体是矿块还是岩块。

(22) $PC_{\min}^t$，$PC_{\max}^t$ 表示在开采时期 t，预定处理能力的上下限（单位：万吨）。

(23) A 是块体集合（a，b）的序列，即块体 a 是块体 b 开采前的邻接块体。

(24) N_t 表示第 t 个开采时期的块体数量（单位：个）。

(25) g_n 表示第 n 个块体的平均品位（单位:%）。

(26) $G_{\min}^t$，$G_{\max}^t$ 表示第 t 个开采时期的矿石平均品位的上下限（单位：万吨）。

(27) δ_i 表示矿石回采率（单位:%）。

(28) $\min\delta_i$，$\max\delta_i$ 表示矿石回采率的上下限（单位：万吨）。

(29) O_{ns} 表示矿床模型中第 n 个块体是矿体还是岩体，如果是矿体，则$O_{ns}=1$，如果是岩体，则 $O_{ns}=0$。

(30) d_{ts}^{0-}，d_{ts}^{0+} 表示在开采时期 t 矿石的短缺和过剩数量（单位：万吨）。

(31) d_{ts}^{m-}，d_{ts}^{m+} 表示在开采时期 t 岩石的短缺和过剩数量（单位：万吨）。

(32) d_{ts}^{g-} 表示在开采时期 t 低品位矿石的短缺数量（单位：万吨）。

3.1.3 长期生产计划的编制条件

露天矿山企业长期生产计划实质上是在矿山服役年限内的最优开采境界范围

中，将研究的矿床对象划分为等尺度的矿块，将每个矿块可划分至不同的开采时期，其不同时期块体之间的采剥顺序、块体价值以及矿产资源利用效率均会对矿山企业的经济效益产生影响。另外，长期生产计划优化编制效果直接对后期的短期生产计划优化编制、生产作业计划优化编制过程产生显著影响。因此，为了使构建的长期生产计划模型更为符合现实的需求，本书从规划设计、技术经济和能力需求等多个角度出发，制定出长期生产计划编制的基本条件：（1）从整体规划设计角度讲，露天矿山企业长期生产计划是以整个矿床为对象，在编制开采生产计划前，需求完成矿床的钻孔、数据取样、矿块的三维尺度划分、开采深度勘测等工作，并选取不同开采时期的大尺度矿岩体之间的采剥顺序。（2）从块体开采空间顺序角度看，在同一开采时期，矿体的开采顺序应满足空间块体的几何分布结构，然后以块体价值最大作为开采的依据。（3）从技术经济角度上看，1）露天矿山长期生产计划是以矿床为对象，将其划分为大尺度矿块，并将不同矿块按照矿山服役年限划分至不同的开采时期，从而确定每个开采时期上矿块的净现值；2）在不同的开采时期，矿石的平均品位应满足选厂的处理要求，否则，需进一步采用配矿技术，实现矿产资源高低品位的均衡需求；3）在不同开采时期，整个矿床内的备采矿石总量应该介于年开采总量的范围内；4）在不同开采时期，矿床内的单个块体只能开采一次且仅一次；5）在每个开采时期，确定矿床的边坡角为45°，且当前开采块体的前序块体必须开采完成。

3.2 长期生产计划模型构建

3.2.1 块体的经济价值计算

露天矿山企业长期生产计划编制与优化主要以空间块体模型为对象，开采块体的利润取决于块体价值和开采处理成本。块体开采成本是一个空间位置函数，该空间位置具有块体距离地表的深度和堆矿场的距离特征。根据块体距离地表的位置特性，空间位置因素可以作为每个块体开采成本的调整因子。每个块体的经济价值数学模型如下：

$$v_{xyz} = (sp_t - sc_t) \times g_n \times re \times R_Q - (R_Q \times pc_t) - (R_{ow} \times MC),\ n = 1,\ \cdots,\ N_{ow} \tag{3.1}$$

假设已知块体开采序列，则最优境界内的目标函数是实现整个开采生产周期内的块体价值最大化，该目标包含开采作业的空间位置特性。另外，每个块体的折扣经济价值考虑了矿山的开采时间要素。其块体的折扣经济价值数学模型如下：

$$x_n^t = \sum_{x=1}^{nr} \sum_{y=1}^{nc} \sum_{z=1}^{nl} \sum_{n=1}^{N} \sum_{t=1}^{T} \frac{v_{xyz}}{(1+i)^t} \tag{3.2}$$

露天矿山企业长期生产计划是用于安排空间块体开采顺序和分配一个时间属性表达块体的开采周期。块体的经济价值是有关时间属性相关的折现值。

3.2.2 目标函数

块体作为矿山企业开采生产和经济价值计算的基本单元，假设在生产计划周期 T 内，某个块体的开采决策变量为 x_n^t ，其中上下标 n，t 表示第 n 个块体的开采时间 t ，且 $n = 1, 2, \cdots, N$；$t = 1, 2, \cdots, T$ ；其块体在不同的开采位置和开采时期内的净现值不同，基于长期生产计划问题描述和编制条件，为实现空间矿床块体开采计划的优化与编制研究，建立露天矿山企业长期生产计划的数学模型如下：

$$f(x) = \max \frac{1}{S}\left\{\sum_{x=1}^{nr}\sum_{y=1}^{nc}\sum_{z=1}^{nl}\sum_{s=1}^{S}\sum_{n=1}^{N}\sum_{t=1}^{T} x_n^t\right\} \tag{3.3}$$

3.2.3 约束条件

露天矿山企业长期生产计划的研究需要以诸多假设条件为约束，其选取要能够真实反映长期生产计划编制和开采作业管理的要求。

(1) 开采能力约束。在不同的开采时期 t ，所要开采的矿岩量应该介于年开采总量的范围内，建立的数学表达式为：

$$MC_{\min}^t \leqslant \sum_{n=1}^{N} W_n \cdot x_n^t \leqslant MC_{\max}^t,\ t = 1, 2, \cdots, T \tag{3.4}$$

(2) 处理能力约束。在不同开采时期 t ，矿石处理总量应该介于预定处理能力的范围内，建立的数学表达式为：

$$PC_{\min}^t \leqslant \sum_{n=1}^{N} O_n \cdot M_n \cdot x_n^t \leqslant PC_{\max}^t,\ t = 1, 2, \cdots, T \tag{3.5}$$

(3) 开采储量约束。在矿山地质块体模型中，任何一个块体只能开采一次，建立的数学表达式为：

$$\sum_{t=1}^{T} x_n^t \leqslant 1,\ n = 1, 2, \cdots, N \tag{3.6}$$

(4) 开采序列约束。在开采时期 t ，块体 b 在开采完成之前，需要将覆盖在块体 b 上面和周围的所有块体 a 全部采出，建立的数学表达式为：

$$\sum_{l=1}^{t} (x_{lb} - x_{la}) \geqslant 0,\ t = 1, \cdots, T,\ (a, b) \in A \tag{3.7}$$

(5) 生产设备可达性约束。在开采 t 时期，允许开采设备进入与移动受到开采空间 D 的制约。假设块体 i 和块体 j 的空间坐标分别为 (x, y, z_1)、(x, y, z_2)，而且 $z_1 < z_2$，$z_2 - z_1 > D$ ，则块体 i 和块体 j 需要在不同时间开采，建立的数学表达式为：

$$\sum_{n=1}^{N} x_n^t \leqslant \sum_{n=1}^{N} x_n^{t-1},\ t=1,\ \cdots,\ T \tag{3.8}$$

（6）平均品位约束。在开采时期 t，开采矿石的平均品位应该满足选矿厂的入选品位的要求，建立的数学表达式为：

$$G_{\min}^t \leqslant \frac{1}{N_t}\sum_{n=1}^{N} g_n \times x_n^t \leqslant G_{\max}^t \tag{3.9}$$

（7）矿产资源回收利用约束。在矿石资源数量限制下，资源回采率是决定矿石资源回收效率和延长矿山服役年限的关键指标，建立的数学表达式为：

$$\min \delta_i \leqslant \frac{\sum_{i=1}^{n} \delta_i x_i}{\sum_{i=1}^{n} x_i} \leqslant \max\delta_i \tag{3.10}$$

（8）随机规划约束。在品位和成本不确性参数的影响下，通过增加随机变量来提高模型的稳定性，降低模型的求解难度，建立的数学表达式为：

$$\begin{aligned} & MC_{\min}^t \leqslant \sum_{n=1}^{N} O_{ns} \times W_n \times x_n^t \pm d_{ts}^{o\pm} \leqslant MC_{\max}^t, \\ & t=1,\ \cdots,\ T,\ s=1,\ \cdots,\ S \end{aligned} \tag{3.11}$$

$$\begin{aligned} & PC_{\min}^t \leqslant \sum_{n=1}^{N} O_{ns} \times M_n \times x_n^t \pm d_{ts}^{m\pm} \leqslant PC_{\max}^t, \\ & t=1,\ \cdots,\ T,\ s=1,\ \cdots,\ S \end{aligned} \tag{3.12}$$

$$\begin{aligned} & G_{\min}^t \leqslant \sum_{n=1}^{N} O_{ns} \times M_n \times x_n^t \pm d_{ts}^{g\pm} \leqslant G_{\max}^t, \\ & t=1,\ \cdots,\ T,\ s=1,\ \cdots,\ S \end{aligned} \tag{3.13}$$

$$\begin{aligned} & x_n^t = 0 \text{ or } 1,\ n=1,\ \cdots,\ N,\ t=1,\ \cdots,\ T \\ & d_{ts}^{0-},\ d_{ts}^{0+},\ d_{ts}^{m-},\ d_{ts}^{m+} \geqslant 0,\ t=1,\ \cdots,\ T,\ s=1,\ \cdots,\ S \end{aligned} \tag{3.14}$$

其中，上述模型从理论上来讲，为了尽可能满足露天矿开采生产时空顺序和经济参数要求，长期生产计划建模属于随机整数规划模型，该目标函数受到矿产品销售价格、生产处理成本、品位指标以及块体的折现价值等参数的影响，使得长期计划的决策变量在不同开采时期能够获得唯一最优解。由于模型本身的复杂性和开采生产条件的制约性，模型本身难以简化为线性规划模型，后续只能通过罚函数方法，将复杂的约束条件与目标函数进行关联，并将惩罚因子在合理的区间范围内取值，进而减少模型之间的偏差，通过改进鸽群搜索算子的粒子群优化算法进行反复迭代计算，实现长期生产计划理论值与实际误差最小。

3.3 算法设计与计划编制方法

露天矿山企业长期生产计划是一个复杂的随机整数规划模型，该模型具有复杂的决策变量和求解约束条件特点，因此利用提出的改进鸽群搜索算子的粒子群优化算法（search operator of improved pigeon-inspired particle swarm optimization, SOIPPSO）[94]实现长期生产计划的优化求解。该算法将鸽群算法中两个独立运行的搜索算子进行融合和改进，以文献［95］和［96］中的线性变异策略和非线性变异策略对鸽群算法中的地图罗盘因子进行改进。其中，线性变异策略是指通过设置地图罗盘因子的上下限和变异概率，对鸽群算法中的地图罗盘因子进行优化；而非线性变异策略是指通过设置地图罗盘因子的上下限和非线性变异规则，对鸽群算法中的动态变化的地图罗盘算子进行优化，然后采用改进鸽群算法中的两个组合搜索算子对基本粒子群算法进行改进，并提出了 Beta 反向学习粒子种群初始化策略，进而增加算法的求解速度和收敛计算性能。

3.3.1 长期生产计划混合优化算法

3.3.1.1 粒子群种群初始化策略

传统粒子群算法主要采用随机方法产生种群的初始解，这是因为缺乏先验信息的指引而导致种群中初始粒子处于随机均匀状态，这种状态不利于种群边界上粒子向最优解靠拢，也不利于粒子向最优解快速形成合围态势。而近年来，学者们提出了 Beta 分布[97]初始化策略和基于反向学习[98]的初始化策略，且均获得了较好的效果。本书充分利用这两种初始化种群策略的优势，提出了一种新型的贝塔反向学习融合初始化种群策略，该策略的主要优点是：（1）该策略对粒子群初始种群边界同时进行了动态选取，避免单个策略选取导致个别优秀粒子的逃逸；（2）利用反向学习策略拉近了个体粒子向最优解靠近，再利用 Beta 分布加固最优解的包围状态。粒子种群初始化策略的伪代码如表 3.1 所示。

表 3.1 粒子群初始化策略

1）设置种群规模为 S，优化空间为 D 维，候选解为 x_i；
{Beta 分布阶段}
2）for i=1 to S do
3）for i=1 to D do
4）随机产生 $\beta(a,\ b) \in (0,\ 1)$
5）$X_{ij} = x_{\min,\ j} + (x_{\max,\ j} - x_{\min,\ j}) \times \mathrm{betarand}(a,\ b,\ 1,\ 1)$

续表 3.1

6) end for
7) end for
{反向学习阶段}
8) for $i = 1$ to S
9) for = $j = 1$ to D do
10) $OX_{ij} = x_{\min, j} + x_{\max, j} - x_{i, j}$
11) end for
12) end for
13) 将分布在 $\{X(S) \cup OX(S)\}$ 中的多个粒子根据最佳适应度进行选择，并将适应度最好 S 个粒子作为算法的初始种群。

3.3.1.2 改进鸽群搜索算子的粒子群优化算法

在标准 PSO 算法中，由于种群的随机初始化使该算法在后期寻优过程中收敛速度变慢、也易于出现早熟等问题，这些问题严重影响了算法的搜索计算性能。改进粒子群算法的基本思路是：首先采用线性变异和非线性变异策略对鸽群算法中的地图罗盘因子 R 进行修正，然后将鸽群算法中分段执行的改进地图罗盘算子与地标算子进行优化组合，最后在标准 PSO 算法的迭代计算中，采用改进鸽群组合搜索的新算子对粒子群算法中的速度和位置进行更新，这可以使新的搜索算子快速地搜索到整个粒子种群的历史最优位置 $p_g^k(k = 1, 2, \cdots, S)$，进而避免早熟问题。同时，为了增强 SOIPPSO 算法在不同参数组合选取策略下的可靠性，已将该算法与多种不同类型的粒子群算法进行了仿真测试[94]，从而提高了 SOIPPSO 算法的可靠性。算法的伪代码如表 3.2 所示。

表 3.2 改进鸽群搜索算子的粒子群优化算法

1) 初始化；设定认知参数 c_1 和社会参数 c_2，惯性权重 ω，最大函数评价次数值；
2) 在初始化解空间中，采用贝塔反向学习的初始化方法形成 S 个粒子构成初始种群 x_i^k 和初始速度 v_i^k，$i = 1, 2, \cdots, S$；
3) 计算 S 个粒子的最佳适应度函数值，并更新各粒子的局部最优值 p_{id}^k 和全局最优值 p_{gd}^k；
4) while 算法的终止条件不满足 do
5) for $i=1$ to S do
6) for $i=1$ to D do
7) 更新粒子的速度向量 v_i^k；
8) 更新粒子的位置向量 x_i^k；
9) end for
10) if $f(v_i^k) < f(p_i^k)$ do
11) $p_i^k = v_i^k$

续表 3.2

12) end if

13) for $i = 1$ to S do

14) for $j = 1$ to D do

15) 采用式（3.19）或式（3.20）在 p_{id}^k 周围搜索候选解 z_{gd}^k

16) if $f(z_{id}^t) < f(p_i^k)$ do

17) $p_i^k = z_{id}^t$；$x_i^k = z_{id}^t$

18) end if

19) end for

20) end for

21) if $f(p_i^k) < f(p_g^k)$ do

22) $p_g^k = p_i^k$

23) end if

24) end for

25) end while

26) 输出最优值及最优解

注：本书将引入改进鸽群搜索算子的粒子群算法，分别记为：SOIPPSO-1 算法表示采用搜索算子（3.19），SOIPPSO-2 算法表示采用搜索算子（3.20）。

3.3.1.3 算法参数优化

为了说明 SOIPPSO 算法的基本原理，关于 PSO 算法和 PIO 算法分别参考文献［99］和文献［100］或书中相关基础理论。在 PIO 算法中，在地图罗盘算子阶段，首先对鸽子的位置和速度进行初始化，并迭代更新；然后在地标算子阶段，每次迭代都会使鸽子数量减少一半，对于远离目标的鸽子被舍弃，将剩余鸽子的中心位置作为飞行参考方向。该算法经过两个独立阶段的迭代计算后，具有全局搜索能力强、计算速度快和避免早熟收敛等特点。下面只对改进的地图罗盘算子进行介绍。

A 改进的地图罗盘算子

地图罗盘因子 R 是均衡算法搜索速度和开发能力的关键因子。其文献［99］的研究表明 R 越小，搜索能力越强，开发潜力越大。为解决鸽群算法的开发和探索能力均衡发展问题，采用线性变异策略[101]与非线性变异策略[102]分别对地图罗盘因子 R 进行改进。采用线性变异策略改进后的地图罗盘因子 R 的数学表达式为：

$$R = \left(R_{\min} + R_{\max} \times \frac{n}{t_{\max}}\right) \times [1 + p_{\mathrm{r}} \times (\mathrm{rand} - 1)] \tag{3.15}$$

式中，$R_{\min}$ 与 $R_{\max}$ 分别表示最大的地图罗盘因子值与最小的地图罗盘因子值；p_{r}

表示变异概率。

采用非线性变异策略改进后的地图罗盘因子 R 的数学表达式：

$$R = \left(R_{\min} + R_{\max} \times \frac{4n^{\frac{3}{2}}}{3t_{\max}\sqrt{\pi}}\right) \times [1 + p_r \times (\text{rand} - 1)] \tag{3.16}$$

式中，$R_{\min}$、$R_{\max}$、p_r 的含义与式（3.15）中相同；rand( ) 表示在 0 ~ 1 之间取值的随机数；分数部分表达了探索适合地图罗盘因子 R 非线性变量的方法。

B 鸽群算法的组合搜索新算子

在 PSO 算法中，p_{id}^k 表示第 i 个粒子历史最优的第 d 维位置值，算法经过 k 次迭代运算后，不同粒子的当前最优位置值会逐渐形成历史最优位置值，这些历史最优位置值关联后形成一条局部最优位置值的轨迹链。当局部搜索区域聚集的粒子数较多时，容易使算法出现早熟现象，如何快速逃逸局部最优的能力，这是优化算法性能的关键。因此，本书将改进的地图罗盘算子与地标算子进行组合，然后对 PSO 算法的位置和速度进行更新计算。这主要是取决 QIU 等[103] 人受 PSO 算法的启发，提出了以下 PIO 组合搜索算子：

$$\begin{aligned} z_{id}^t = {} & v_{id}^{t-1} \times e^{-R \cdot t} - \delta \times [(\text{rand}_2 - \text{rand}_1) \times \lg_{t_{\max}}^t + \text{rand}_1] \times x_{id}^{t-1} + \\ & \text{rand}_1 \times \delta \times (1 - \lg_{t_{\max}}^t) \times x_{g\text{best}} + \text{rand}_2 \times \delta \times \lg_{t_{\max}}^t \times x_{\text{center}}^{t-1} \end{aligned} \tag{3.17}$$

$$\begin{aligned} z_{id}^t = {} & v_{id}^{t-1} \times e^{-R \cdot t} + \{1 - \delta \times [(\text{rand}_2 - \text{rand}_1) \times \lg_{t_{\max}}^t + \text{rand}_1]\} \times \\ & x_{id}^{t-1} + \text{rand}_1 \times \delta \times (1 - \lg_{t_{\max}}^t) \times x_{g\text{best}} + \text{rand}_2 \times \delta \times \lg_{t_{\max}}^t \times x_{\text{center}}^{t-1} \end{aligned} \tag{3.18}$$

式中，δ 为过渡因子，且在 0 ~ 1 之间设定取值；$\text{rand}_1(\,)$、$\text{rand}_2(\,)$ 分别为 0 ~ 1 之间的随机数；v_{id}^{t-1} 为在 $t-1$ 时刻第 i 只鸽子的速度；x_{id}^{t-1} 为在 $t-1$ 时刻第 i 只鸽子的位置；x_{center}^{t-1} 为在 $t-1$ 时刻折半保留下来的鸽子的中心坐标位置；R 表示地图罗盘因子。

为了使改进后的粒子群算法更好地解决复杂的多维单峰、多峰函数以及线性和非线性函数问题，本书将改进后的地图罗盘因子 R 与 PIO 组合搜索算子进行有效组合，提出改进鸽群组合搜索算子：

$$\begin{aligned} z_{id}^t = {} & v_{id}^{t-1} \times e - \left\{\left(R_{\min} + R_{\max} \times \frac{n}{t_{\max}}\right) \times \left[1 + p_r \times (\text{rand} - 1)\right]\right\} \times t - \\ & \delta \times [(\text{rand}_2 - \text{rand}_1) \times \lg_{t_{\max}}^t + \text{rand}_1] \times x_{id}^{t-1} + \text{rand}_1 \times \delta \times \\ & (1 - \lg_{t_{\max}}^t) \times x_{g\text{best}} + \text{rand}_2 \times \delta \times \lg_{t_{\max}}^t \times x_{\text{center}}^{t-1} \end{aligned} \tag{3.19}$$

$$z_{id}^{t}=v_{id}^{t-1}\times \mathrm{e}-\left\{\left(R_{\min}+R_{\max}\times\frac{4n^{\frac{3}{2}}}{3t_{\max}\sqrt{\pi}}\right)\times\left[1+p_{\mathrm{r}}\times(\mathrm{rand}-1)\right]\right\}\times t+$$
$$\{1-\delta\times[(\mathrm{rand}_2-\mathrm{rand}_1)\times \lg_{t_{\max}}^{t}+\mathrm{rand}_1]\}\times x_{id}^{t-1}+\mathrm{rand}_1\times\delta\times$$
$$(1-\lg_{t_{\max}}^{t})\times x_{g\mathrm{best}}+\mathrm{rand}_2\times\delta\times\lg_{t_{\max}}^{t}\times x_{\mathrm{center}}^{t-1} \tag{3.20}$$

式中，参数与变量取值与式（3.17）和式（3.18）一致。

C 惯性权重

在 PSO 中，若在第 d 维空间中粒子的移动速度超过设定的最大迭代速度 $v_{\max,d}^{k}$，粒子飞出最优解范围，收敛能力变弱；另外，算法的迭代速度与解的精度相关，$v_{\max,d}^{k}$ 的值越大，算法结果的精度越低，$v_{\max,d}^{k}$ 的值越小，算法结果的精度越高，则算法的全局搜索能力也会变得越弱。基于上述不足，学者 Russell Eberhart 在粒子的速度中引入惯性权重 ω 法对算法进行改进[104]，其如下：

$$v_{i,d}^{k+1}=\omega\times v_{id}^{k}+c_1\times r_1\times(p_{id}^{k}-x_{id}^{k})+c_2\times r_2\times(p_{g\mathrm{best},d}^{k}-x_{id}^{k}) \tag{3.21}$$

式中，ω 为惯性权重。则经过 k 次迭代计算后，惯性权重 ω 可表示为：

$$\omega_k=(\omega_{\mathrm{start}}-\omega_{\mathrm{end}})\left(\frac{v_{\max}^{k}-k}{v_{\max}^{k}}\right)+\omega_{\mathrm{end}} \tag{3.22}$$

式中，ω_{start}、ω_{end} 分别为惯性权重的初值和终值；$v_{\max}^{k}$ 表示最大迭代次数。

3.3.2 长期生产计划编制方法

3.3.2.1 产生初始可行解

为了产生初始种群可行解，本书采用贝塔反向学习策略，假设当前开采时期的前序块体已经开采完毕，或者前序块体在块体模型中的位置为空。首先需要产生当前开采期的块体列表 x_i^k；然后从当前开采时期 $t(t=1,2,\cdots,T)$ 的未开采块体列表中随机选取块体 B_t，将该块体分配至当前开采时期，且对块体列表进行更新，直到选取的块体 B_t 重量大于等于 $PC^t=(PC_{\min}^t+PC_{\max}^t)/2$ 或当前开采期的块体列表 x_i^k 为空时进入下一个开采时期 $t+1$，且在第 t 个时期迭代过程中未选择的块体作为下一期开采的块体 B_{t+1}。另外，从块体列表 x_i^k 中选取的块体除了满足价值最大化外，还需要满足开采顺序、开采能力约束和开采储量约束，其他的目标和约束均可忽略。该初始可行解是满足非随机约束，而采用反向变换搜索策略可以改进初始可行解。

3.3.2.2 生产计划编码和解码策略

露天矿山企业长期生产计划本质上是在不同开采时期，对地面上的诸多矿坑的叠加排产。同时，诸多块体模型列表中的块体可表达圈定的矿坑，并可确定每个块体的开采深度。因此，任何 4D 矿山开采计划可使用第 t 个时期的矿坑深度位置表达，也可以使用三维矩阵表达不同开采时期的矿坑深度。

露天开采矿坑的深度只是表达了第 t 个时期的地表开采区域的位置，但需要确定第 t 个开采时期的块体对象。因此，在回采变换过程中位于矿坑空间深度 (x, y, z) 和 $(x, y, z-1)$ 的块体需要在第 t 个时期开采，但矿坑地形表面可视为第一个开采时期的矿坑深度。

3.3.2.3　反向变换策略

通过反向变换方案迭代计算后，可确定出待开采块体在开采时期搜索到块体的最优开采深度。其开采块体的最优深度值与每个时期的决策变量相对应，然后使用反向变换策略对深度变量的值进行更新，反向变换策略将块体划分到不同的开采时期，以便搜索到最优解。显然，开采初期没有上限，且在开采优化推进过程中，每个连续开采时期的开采深度之间不存在交叉关系，如图 3.2 和图 3.3 所示。

	1	2	3	4	5	6	7	8	9	10	11	12	13	14	15	16	17	18	19	20
1	0.04	0.05	0.06	0.02	0.02	0.02	0.02	0.02	0.02	0.02	0.01	0.01	0.01	0.01	0.01	0.01	0.01	0.01	0.01	0.02
2	0.04	0.17	0.15	0.14	0.20	0.17	0.17	0.12	0.19	0.22	0.10	0.18	0.05	0.04	0.25	0.17	0.31	0.20	0.16	0.02
3	0.04	0.17	0.11	0.12	0.20	0.20	0.15	0.14	0.28	0.07	0.19	0.28	0.10	0.25	0.25	0.18	0.01	0.38	0.32	0.01
4	0.01	0.13	0.20	0.24	0.39	0.25	0.12	0.14	0.02	0.25	0.29	0.09	0.25	0.23	0.31	0.25	0.02	0.19	0.02	0.02
5	0.01	0.23	0.11	0.26	0.22	0.02	0.13	0.20	0.14	0.17	0.30	0.16	0.13	0.28	0.11	0.22	0.20	0.15	0.03	0.03
6	0.01	0.04	0.20	0.21	0.02	0.29	0.15	0.17	0.30	0.29	0.26	0.32	0.04	0.26	0.41	0.17	0.19	0.21	0.25	0.01
7	0.02	0.17	0.18	0.27	0.24	0.33	0.21	0.08	0.35	0.36	0.17	0.22	0.23	0.17	0.23	0.25	0.18	0.09	0.22	0.01
8	0.03	0.03	0.37	0.18	0.42	0.10	0.25	0.15	0.18	0.16	0.13	0.18	0.16	0.13	0.16	0.15	0.03	0.20	0.09	0.02
9	0.02	0.34	0.12	0.24	0.29	0.38	0.21	0.20	0.16	0.15	0.16	0.16	0.13	0.16	0.13	0.14	0.15	0.17	0.23	0.02
10	0.17	0.12	0.27	0.19	0.23	0.16	0.07	0.04	0.13	0.17	0.18	0.06	0.14	0.06	0.14	0.16	0.32	0.18	0.02	0.02

图 3.2　改进粒子群算法产生的不可行解

3.3.2.4　确定开采深度位置的策略

露天矿山开采位置深度决定了地质块体模型中块体的经济价值和开采空间顺序选取问题，这是构建开采时期内非标准化随机开采面的关键。采用 SOIPPSO 算法优化矿坑的开采位置时，提出一种满足处理成本和品位波动的随机概率搜索策略，该策略需要使用一个莱维飞行准则[105]，将每个粒子 i 的位置作为地质块体模型中每期的开采块体的深度位置，通过使用第 i 个粒子的飞行方向作为不同

	1	2	3	4	5	6	7	8	9	10	11	12	13	14	15	16	17	18	19	20
1	0.04	0.05	0.06	0.02	0.02	0.02	0.02	0.02	0.02	0.02	0.01	0.01	0.01	0.01	0.01	0.01	0.01	0.01	0.01	0.02
2	0.04	0.17	0.15	0.14	0.20	0.17	0.17	0.12	0.19	0.22	0.10	0.18	0.05	0.04	0.25	0.17	0.31	0.20	0.16	0.02
3	0.04	0.17	0.11	0.12	0.20	0.20	0.15	0.14	0.28	0.07	0.19	0.28	0.10	0.25	0.25	0.18	0.01	0.38	0.32	0.01
4	0.01	0.13	0.20	0.24	0.39	0.25	0.12	0.14	0.02	0.25	0.29	0.09	0.23	0.23	0.31	0.25	0.02	0.19	0.02	0.02
5	0.01	0.23	0.11	0.26	0.22	0.02	0.13	0.20	0.14	0.17	0.30	0.16	0.13	0.28	0.11	0.22	0.20	0.15	0.03	0.03
6	0.01	0.04	0.20	0.21	0.02	0.29	0.15	0.17	0.30	0.29	0.26	0.32	0.04	0.26	0.41	0.17	0.19	0.21	0.25	0.01
7	0.02	0.17	0.18	0.27	0.24	0.33	0.21	0.08	0.35	0.36	0.17	0.22	0.23	0.17	0.23	0.25	0.18	0.09	0.22	0.01
8	0.03	0.03	0.37	0.18	0.42	0.10	0.25	0.15	0.18	0.16	0.13	0.18	0.16	0.13	0.16	0.15	0.03	0.20	0.09	0.02
9	0.02	0.34	0.12	0.24	0.29	0.38	0.21	0.20	0.16	0.15	0.16	0.16	0.13	0.16	0.13	0.14	0.15	0.17	0.23	0.02
10	0.17	0.12	0.27	0.19	0.23	0.16	0.07	0.04	0.13	0.17	0.18	0.06	0.14	0.06	0.14	0.16	0.32	0.18	0.02	0.02

图 3.3 改进粒子群算法产生的可行解

深度矿坑中第 n 个块体的分布概率，则当前粒子的位置更新的数学表达式为：

$$X_{g+1,\ i}^{t} = X_{g,\ i}^{t} + \alpha \oplus Levy(\beta) \tag{3.23}$$

式中，$X_{g,\ i}^{t}$ 为第 t 时期 g 代第 i 个粒子的位置；α 为搜索步长因子；$\oplus$ 为点乘积；$Levy(\beta)$ 为块体间的随机搜索顺序，同时也是服从参数为 β 的莱维分布，其数学表达式为：

$$Levy(\beta) \sim \mu = t^{-1-\beta} \tag{3.24}$$

在随机概率搜索策略中，计算莱维随机数的数学表达式为：

$$Levy(\beta) \sim \varnothing \mu / \ |\nu|^{1/\beta} \tag{3.25}$$

式中，μ、ν 服从标准正态分布；β 的取值范围为 $1 \leqslant \beta \leqslant 3$，本书选取 $\beta = 1.5$；

$$\varnothing = \left(\frac{\Gamma(1+\beta)\sin(\pi\beta/2)}{\Gamma(((1+\beta)/2) \times \beta \times 2(\beta-1)/2)} \right)^{1/\beta}$$

式中，Γ 为标准的 Gamma 函数。

通过上述莱维飞行准则可知，莱维飞行对粒子的位置更新方程为：

$$X_{g+1,\ i}^{t} = X_{g,\ i}^{t} + \alpha \frac{\varnothing \mu}{|\nu|^{1/\beta}} (X_{g,i}^{t} - p_g) \tag{3.26}$$

式中，p_g 表示第 n 个块体的价值。

3.3.2.5 生产计划模型处理策略

露天矿山企业长期生产计划中的约束条件是矿山开采生产管控的关键制约要素，在使用 SOIPPSO 算法求解时，需要利用约束处理策略对不同的约束条件进行变换处理，其中，式（3.7）开采顺序约束需要独立应用于矿坑深度位置的选取，从而使其满足开采的边坡角要求。SOIPPSO 算法使用一种特殊的标准化过程，将其开采顺序尽可能转变为满足所有块体开采深度要求。其他约束条件均以违反矿岩数量短缺或过剩生产成本为代价，采用罚函数法[106,107]将其附加至目标函数模型中，由此，露天矿山企业长期生产计划的目标函数可处理如下：

$$f(x) = \max \frac{1}{S}\left\{\begin{array}{l}\sum_{x=1}^{nr}\sum_{y=1}^{nc}\sum_{z=1}^{nl}\sum_{s=1}^{S}\sum_{n=1}^{N}\sum_{t=1}^{T} x_n^t - \\ \sum_{s=1}^{S}\sum_{t=1}^{T}\left(c_t^{0-} d_{ts}^{0-} + c_{ts}^{0+} d_{ts}^{0+} + c_{ts}^{m-} d_{ts}^{m-} + c_{ts}^{m+} d_{ts}^{m+} + c_{ts}^{g-} d_{ts}^{g-}\right)\end{array}\right\} \tag{3.27}$$

式中，S 为矿块模型数量；T 为矿山生产计划周期；x、y、z 为块体的空间位置；N 为块体的总数量；x_n^t 为在开采时期 t 块体 n 是否开采的决策变量，如果开采，则为 1，否则为 0；c_{ts}^{0-}、c_{ts}^{0+} 为矿石的短缺和过剩成本，万元/万吨；c_{ts}^{m-}、c_{ts}^{m+} 为岩石的短缺和过剩成本，万元/万吨；c_{ts}^{g-} 为低品位矿石的短缺成本，万元/万吨；d_{ts}^{0-}、d_{ts}^{0+} 为在开采时期 t 矿石的短缺和过剩数量，万元/万吨；d_{ts}^{m-}、d_{ts}^{m+} 为在开采时期 t 岩石的短缺和过剩数量，万元/万吨；d_{ts}^{g-} 为在开采时期 t 低品位矿石的短缺数量，万元/万吨。其中：

$c_{ts}^{0-} = \dfrac{c^{0-}}{(1+d_2)^t}$ 为在开采时期 t，如果开采矿石的总质量无法满足选矿厂处理能力下限 $PC_{\min}^t$ 时，产生的单位短缺成本；c^{0-} 为单位短缺折扣成本，万元/万吨。

$c_{ts}^{0+} = \dfrac{c^{0+}}{(1+d_2)^t}$ 为在开采时期 t，如果开采矿石的总质量超过选矿厂处理能力上限 $PC_{\max}^t$ 时，产生的单位剩余成本；c^{0+} 为单位剩余折扣成本，万元/万吨。

$c_{ts}^{m-} = \dfrac{c^{m-}}{(1+d_2)^t}$ 为在开采时期 t，如果剥离岩石的总质量无法满足开采能力下限 $MC_{\min}^t$ 时，产生的短缺成本；c^{m-} 为单位短缺折扣成本，万元/万吨。

$c_{ts}^{m+} = \dfrac{c^{m+}}{(1+d_2)^t}$ 为在开采时期 t，如果剥离岩石的总质量超过开采能力上限 $MC_{\max}^t$ 时，产生的剩余成本；c^{m+} 为单位过剩折扣成本，万元/万吨。

$c_{ts}^{g-} = \dfrac{c^{g-}}{(1+d_2)^t}$ 为在开采时期 t，如果平均品位低于选矿厂平均品位要求时，产生的缺货成本，万元/万吨。

3.3.3　价格和地质品位不确定性的处理策略

3.3.3.1　价格不确定性处理策略

传统的露天矿山企业生产计划是以单个块体模型为基础，而考虑矿产品价格不确定性因素的露天矿山随机生产计划常常采用多层块体模型实现计划的编制。其中，矿产品价格波动因素与长期生产计划模型之间的关系表达为：

$$Y = f(X) \tag{3.28}$$

式中，$Y = [y_1, y_2, \cdots, y_m]$ 是长期生产计划模型的输入参数；$X = [x_1, x_2, \cdots, x_m]$ 是金属矿产品市场的销售价格。

为了解算露天矿山企业长期生产随机计划模型，考虑价格经济参数的波动性是求解计算的关键。为此，采用价格概率密度函数（probability density function，PDF）将矿山金属销售价格等概率划分至不同的开采生产周期 T，该方法主要将矿产品价格数据沿着长期生产计划周期（年）进行匹配后，根据开采周期内金属价格的数据与其对应的最佳概率密度关系，利用直方图进行表示，如图 3.4 所示，从而根据直方图上的价格分布结果确定出对应的概率密度，该密度是一个连续函数，将其作为式（3.28）的输入参数。由于金属价格数据的波动性，采用拉丁超级立方体取样方法（Latin hypercube sampling，LHS），如图 3.5 所示，将价格累积概率分布函数划分为 n 个等概率间隔分布数据，并选取价格的样本数据。另外，通过使用销售价格间隔数据的中间值作为矿山企业随机生产计划模型的输入参数[108]。

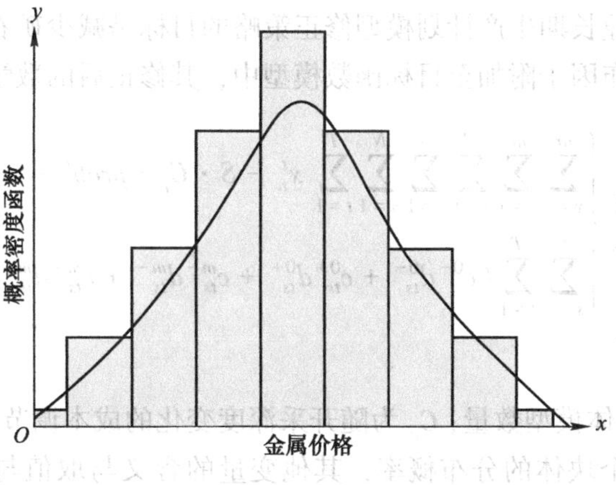

图 3.4 价格概率密度函数分布图

3.3.3.2 地质品位不确定性处理策略

考虑地质品位不确定性的露天矿山企业长期生产计划模型需要满足不同开采时期的贴现流量最大、剥采比最小和边坡安全，开采计划的初始可行解需要在不同开采时期设定初始目标，因此，本书采用考虑地质风险的多层块体模型，将地

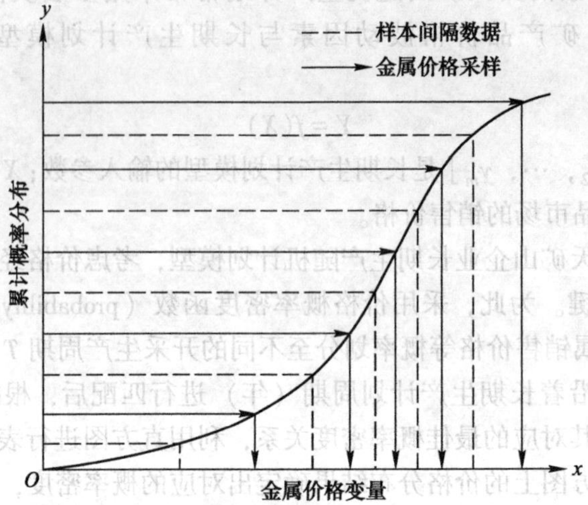

图 3.5 拉丁超级立方体抽样方法

质品位的不确定性因素与长期生产计划模型进行综合集成，由此通过开采时期的块体分布概率确定块体的开采顺序。另外，矿石品位的波动与矿坑内的矿石经济价值之间存在强相关性，采用 SOIPPSO 算法可实现随机整数规划修正模型的优化求解。

露天矿山企业长期生产计划模型修正策略的目标是减少矿石开采数量的平均差异。将概率分布因子附加至目标函数模型中，其修正后的数学表达式为：

$$f(x) = \max \frac{1}{S}\left\{\begin{array}{l}\sum_{x=1}^{nr}\sum_{y=1}^{nc}\sum_{z=1}^{nl}\sum_{s=1}^{S}\sum_{n=1}^{N}\sum_{t=1}^{T} x_n^t - S \cdot C_p \cdot prob_n^t - \\ \sum_{s=1}^{S}\sum_{t=1}^{T}\left(c_t^{0-} d_{ts}^{0-} + c_{ts}^{0+} d_{ts}^{0+} + c_{ts}^{m-} d_{ts}^{m-} + c_{ts}^{m+} d_{ts}^{m+} + c_{ts}^{g-} d_{ts}^{g-}\right)\end{array}\right\} \tag{3.29}$$

式中，S 为总的块体模型数量；C_p 为随开采深度变化的成本调节系数；$prob_n^t$ 为第 t 个时期位于第 n 个块体的分布概率；其他变量的含义与取值与式（3.3）一致；其中，$C_p = 100 - prob_n^t$，$p = 1$，…，100，$C_p < C_{p-1}$。

露天矿山多层地质块体风险模型中的块体分布概率是通过开采时期内第 n 个块体的品位统计次数产生，其数学表达式为：

$$prob_n^t = \frac{100}{S}\sum_{s=1}^{S} x_{n,s}^t \tag{3.30}$$

式中，$x_{n,s}^t$ 表示第 s 个块体模型中第 n 个开采块体的决策变量，其含义与式（3.3）一致。

3.3.4 低品位矿石回收处理策略

通过使用 SOIPPSO 算法中的种群初始化策略产生初始可行解，可减少决策变量失误带来的风险。另外，使用惩罚函数方法对生产计划模型的约束条件处理后，对于惩罚值或无折现成本以及剩余成本处理策略如下：

如果矿石的年开采量小于 $MC^t_{min} = 37$ 万吨，则会导致生产量短缺，并需要增加 10%的间接费用和采矿成本；

如果矿石的年开采量大于 $MC^t_{max} = 46$ 万吨，则会导致生产量过剩，并需要增加 20%的采矿成本；

如果矿石的年处理量小于 $PC^t_{min} = 12$ 万吨，矿石回采量降低，则会导致生产量短缺，并需要增加 10%的间接费用和采矿成本；

如果矿石的年处理量大于 $PC^t_{max} = 14$ 万吨，矿石回收量降低，则会导致生产量过剩，选矿厂能力不足；

由此可知，如果铜矿石的年平均品位 $G^t_{min} = 0.55\%$ 时，选矿厂回采率的变化方法如下：

$$\text{Recovery}(\%) = G_{Cu} \times \frac{R(\%)}{G^t_{min}(\%)} \tag{3.31}$$

式中，G_{Cu} 为铜矿石的年平均品位；R 为矿石回采率。

3.3.5 长期生产计划模型优化流程

根据长期生产计划模型式（3.27）与价格和品位不确定性处理策略、生产计划编码和解码策略，结合价格、品位、经济参数和矿岩采剥生产量，采用 SOIPPSO 算法对长期生产计划进行优化计算，其优化计算流程如图 3.6 所示。

3.4 长期生产计划模型算例仿真计算

3.4.1 仿真算例概况与数据来源

3.4.1.1 金属铜价格数据

为了验证矿产品价格波动对露天矿山企业长期生产计划模型的影响，通过对美联储的经济数据库中 1997~2016 年的金属铜价格数据进行统计和分析（铜金属的销售价格如图 3.7 所示），然后采用拉丁超级立方体抽样方法选取金属铜的年平均销售价格为模型的输入参数，并对铜价格的波动性进行比较，如表 3.3 所示。

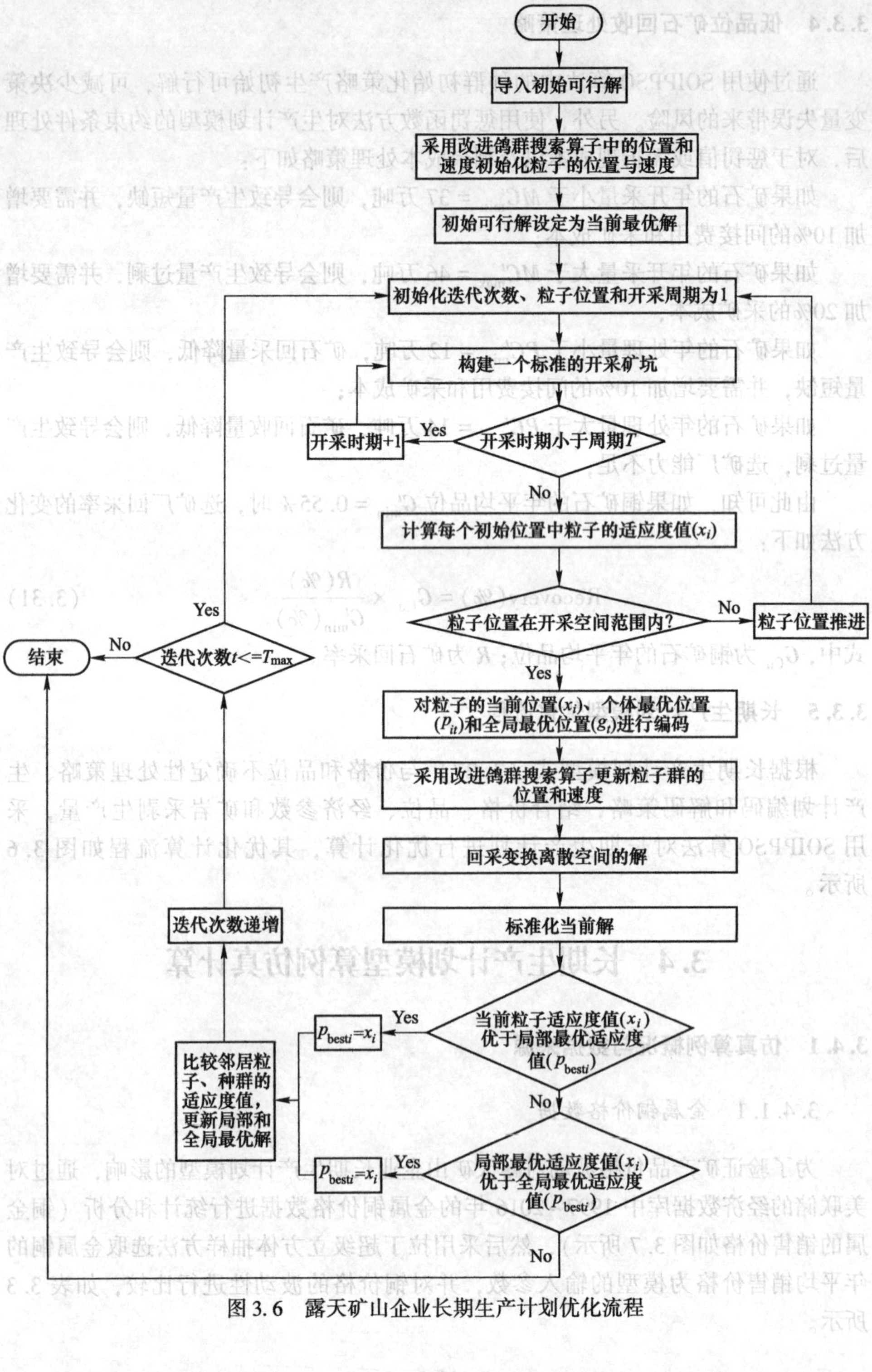

图 3.6　露天矿山企业长期生产计划优化流程

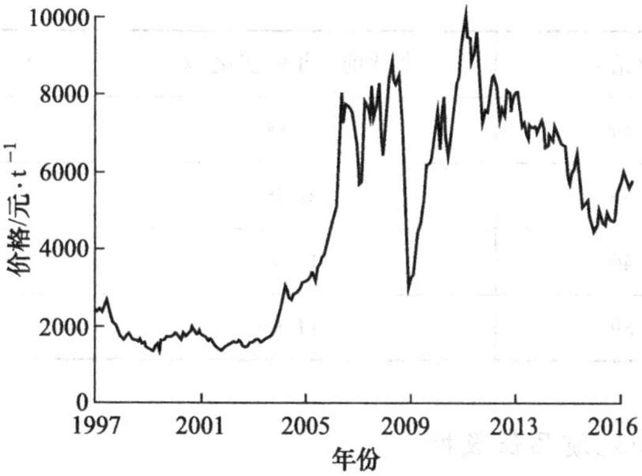

图 3.7 1997~2016 年铜金属销售价格变化曲线

表 3.3 1997~2016 年金属铜价格变化

年份	平均价格/元·t^{-1}	相比前一年的变化/%	与 1997 年相比变化/%
1997	2275.19	0	0
1998	1653.71	-27.32	-27.32
1999	1572.53	-490.89	-30.88
2000	1814.52	15.39	-20.25
2001	1580.17	-12.91	-30.55
2002	1560.29	-1.26	-31.42
2003	1779.36	14.04	-21.79
2004	2863.47	60.92	25.86
2005	3676.49	28.39	28.39
2006	6731.35	83.09	135.08
2007	7131.63	5.95	149.06
2008	6963.48	-2.36	143.18
2009	5165.30	-25.82	80.39
2010	7538.37	45.94	163.26
2011	8823.46	17.05	208.14
2012	7958.93	-9.80	177.95

续表 3.3

年份	平均价格/元·t^{-1}	相比前一年的变化/%	与 1997 年相比变化/%
2013	7331.49	-7.88	156.04
2014	6863.39	-6.38	139.69
2015	5510.46	-19.71	142.19
2016	4867.89	-11.66	113.96

3.4.1.2 矿山地质品位数据

为了说明矿山地质品位波动对露天矿企业长期生产计划模型优化求解的影响，以某大型金属铜矿生产计划周期为 20 年的矿床地质品位数据为例，该矿床模型划分为 10 层开采台阶，块体模型数为 20 个，块体的品位分布如表 3.4 所示。

表 3.4 矿山地质块体品位分布

0.04	0.05	0.06	0.02	0.02	0.02	0.02	0.02	0.02	0.02	0.01	0.01	0.01	0.01	0.01	0.01	0.01	0.01	0.01	0.02
0.04	0.17	0.15	0.14	0.20	0.17	0.17	0.12	0.19	0.22	0.10	0.18	0.05	0.04	0.25	0.17	0.31	0.20	0.16	0.02
0.04	0.17	0.11	0.12	0.20	0.20	0.15	0.14	0.28	0.07	0.19	0.28	0.10	0.25	0.25	0.18	0.01	0.38	0.32	0.01
0.01	0.13	0.20	0.24	0.39	0.25	0.12	0.14	0.02	0.25	0.29	0.09	0.25	0.23	0.31	0.25	0.02	0.19	0.02	0.02
0.01	0.23	0.11	0.26	0.22	0.02	0.13	0.20	0.14	0.17	0.30	0.16	0.13	0.28	0.11	0.22	0.20	0.15	0.03	0.03
0.01	0.04	0.20	0.21	0.02	0.29	0.15	0.17	0.30	0.29	0.26	0.32	0.04	0.26	0.41	0.17	0.19	0.21	0.25	0.01
0.02	0.17	0.18	0.27	0.24	0.33	0.21	0.08	0.35	0.36	0.17	0.22	0.23	0.17	0.23	0.25	0.18	0.09	0.22	0.01
0.03	0.03	0.37	0.18	0.42	0.10	0.25	0.15	0.18	0.16	0.13	0.18	0.16	0.13	0.16	0.15	0.03	0.20	0.09	0.02
0.02	0.34	0.12	0.24	0.29	0.38	0.21	0.20	0.16	0.15	0.16	0.16	0.13	0.16	0.13	0.14	0.15	0.17	0.23	0.02
0.17	0.12	0.27	0.19	0.23	0.16	0.07	0.04	0.13	0.17	0.18	0.06	0.14	0.06	0.14	0.16	0.32	0.18	0.02	0.02

3.4.1.3 生产计划技术经济指标数据

为了验证露天矿山企业长期生产随机规划模型的适用性，以 4D 生产计划时空数据库中的块体数据表、生产计划经济参数表作为模型仿真计算的基础数据源，并以某大型金属铜矿山企业部分确定性的矿床地质数据和经济参数为例，主要经济参数如表 3.5 所示。其中，块体数为 2515968 块，块体模型数为 $S = 20$，铜矿石的平均品位是 0.51%，矿床划分为表外矿和表内矿，表内矿的平均品位 0.62%，年开采矿石量为 1300 万吨，表外矿的平均品位 0.44%，年开采矿石量为 182 万吨，具体的经济指标如表 3.6 所示。

表 3.5 目标函数的经济参数

经济参数	铜金属	经济参数	铜金属
块体尺寸/m^3	20 ×20 ×12	矿石剩余成本（c^{0+}）/万元 · 万吨$^{-1}$	15
块体质量/t	10800	金属缺货成本（c^{m-}）/万元 · 万吨$^{-1}$	441
矿石开采成本/万元 · 万吨$^{-1}$	1.75	金属剩余成本（c^{m+}）/万元 · 万吨$^{-1}$	220
废石剥离成本/万元 · 万吨$^{-1}$	1.56	品位缺货成本（c^{g-}）/万元 · 万吨$^{-1}$	10
处理成本/万元 · 万吨$^{-1}$	10	折现率（i）/%	10
废石处理成本/万元 · 万吨$^{-1}$	69	风险折现率（d_2）/%	10
销售成本/万元 · 万吨$^{-1}$	20	回采率（re）/%	95
矿石缺货成本（c^{0-}）/万元 · 万吨$^{-1}$	15	块体数量/个	2515968

表 3.6 长期生产作业经济指标

周期	平均品位 /%	矿石量 /万吨	岩石量 /万吨	矿废石总量 /万吨	块体折现价值 /万元	决策变量
1	0.51	56.28	390.53	446.18	1231.94	x_1
2	0.62	155.98	1377.68	1533.67	983.76	x_2
3	0.53	237.55	2217.13	2587.30	723.69	x_3
4	0.55	512.26	2808.23	3320.49	793.26	x_4
5	0.62	537.82	3281.98	4043.06	704.44	x_5
6	0.57	917.51	3910.18	4827.69	572.44	x_6
7	0.59	1018.85	4404.91	5423.75	624.47	x_7
8	0.48	926.84	4795.38	5722.21	751.45	x_8
9	0.49	863.01	5181.54	6044.56	897.44	x_9
10	0.41	862.13	5397.00	6259.14	1260.64	x_{10}
11	0.44	870.30	5248.42	6118.72	1303.95	x_{11}
12	0.43	759.34	4960.00	5719.34	1129.02	x_{12}
13	0.46	651.32	4113.06	4764.38	813.39	x_{13}
14	0.47	479.57	2758.89	4309.41	1105.51	x_{14}
15	0.50	466.55	1420.78	1887.32	1258.16	x_{15}
16	0.56	198.61	559.41	758.03	1153.27	x_{16}

续表 3.6

周期	平均品位/%	矿石量/万吨	岩石量/万吨	矿废石总量/万吨	块体折现价值/万元	决策变量
17	0.59	76.62	25.49	102.11	1017.06	x_{17}
18	0.48	72.98	24.52	68.46	702.61	x_{18}
19	0.49	70.56	23.19	20.86	522.23	x_{19}
20	0.52	68.62	22.28	0	444.82	x_{20}
经济指标	0.44~0.62	182~1300	—	—	—	1785~1970

根据某金属铜露天矿山企业中 51 个阶段的矿岩储量分布关系，将空间矿床中的矿岩量划分至 20 个开采时期，20 年的矿岩剥采量分布结果如图 3.8 所示。

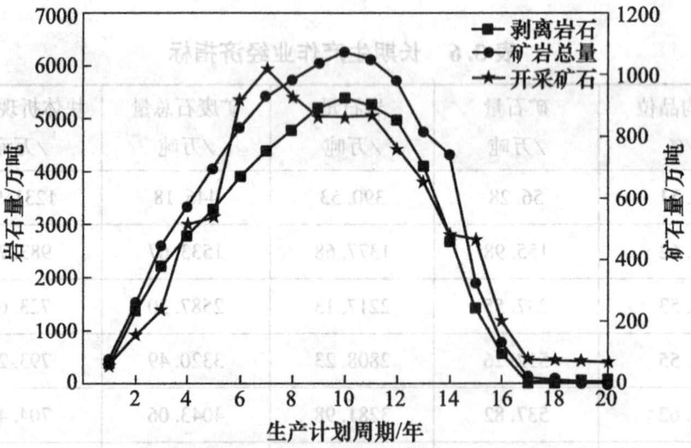

图 3.8　生产计划期内的矿岩采剥生产量分布

根据 20 年计划期内的矿岩剥采量分布结果可知，矿岩总量几乎呈现标准正态分布，即在开采生产的前 3 年，剥离的岩石量要大于开采的矿石量，这是因为开采初期需要将覆盖在矿石上层的岩层全部剥离，方可开采矿石。从第 4 年至第 10 年，开采的矿石量明显多于岩石量，这说明在开采中期的矿石全部暴露出来，加之矿石品位波动较小，致使开采生产的矿石量明显增加。从第 17 年至第 20 年，开采的矿石量处于平稳减少状态，而且矿岩总量和剥离岩石量几乎达到闭坑状态，由此可知，该矿山企业的长期规划设计符合实际工程要求。

为了验证品位波动对长期生产计划的优化结果，选取生产计划周期为 20 年、矿床地质模型为 20 个、矿床台阶为 10 层的块体平均品位，其矿石品位的分布结果如图 3.9 所示。

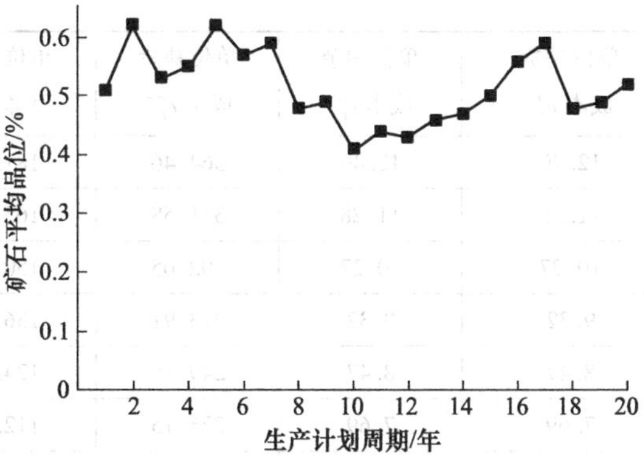

图 3.9 生产计划期内的矿石平均品位分布

3.4.2 仿真运行环境与参数设置

3.4.2.1 系统运行软硬件环境

硬件平台：Windows 7 操作系统，3GB 内存，Corei7，4GHz CPU。

软件平台：Matlab 2017Ra。

3.4.2.2 算法参数设置

PSO 算法的参数设置为：种群规模 $M=300, K=3$，维度 D 取 100，最大迭代计算次数 $t_{\max}=1000, t=100$，惯性权重 ω：$0.9 \to 0.4$，学习因子 $c_1=c_2=2.5$。

PIO 算法的参数设置为：维度 D 取 20，最大迭代计算次数 $t_{\max}=1000$，过渡因子 $\delta=0.9$，罗盘因子 $R=0.9$；变异概率 $p_r=0.2$，收敛计算精度设置为 1×10^{-2}。

3.4.3 模型仿真运算与结果分析

3.4.3.1 价格与品位不确定性的仿真结果分析

根据图 3.8 和图 3.9 的矿石开采量和品位的分布结果，以及表 3.3~表 3.7 的技术经济数据，采用生产计划模型处理策略（式（3.27）），计算获得生产计划期内矿岩生产短缺与过剩数量如表 3.8 所示。

表 3.7 价格和品位波动的生产计划短缺与剩余单位成本

模型数 S	周期 T	单位缺货成本 c_t^{0-}	单位剩余成本 c_t^{0+}	单位缺货成本 c_t^{m-}	单位剩余成本 c_t^{m+}	低品位缺货成本 c_t^{g-}
20	1	13.64	13.64	400.91	200.00	9.09

续表 3.7

模型数 S	周期 T	单位缺货成本 c_t^{0-}	单位剩余成本 c_t^{0+}	单位缺货成本 c_t^{m-}	单位剩余成本 c_t^{m+}	低品位缺货成本 c_t^{g-}
20	2	12.40	12.40	364.46	181.82	8.26
20	3	11.28	11.28	331.58	165.41	7.52
20	4	10.27	10.27	302.05	150.68	6.85
20	5	9.32	9.32	273.91	136.65	6.21
20	6	8.47	8.47	249.15	124.29	5.65
20	7	7.69	7.69	226.15	112.82	5.13
20	8	7.01	7.01	206.07	102.80	4.67
20	9	6.36	6.36	186.86	93.22	4.24
20	10	5.79	5.79	170.27	84.94	3.86
20	11	5.26	5.26	154.74	77.19	3.51
20	12	4.78	4.78	140.45	70.06	3.18
20	13	4.35	4.35	127.83	63.77	2.90
20	14	3.95	3.95	116.05	57.89	2.63
20	15	3.59	3.59	105.50	52.63	2.39
20	16	3.27	3.27	96.08	47.93	2.18
20	17	2.97	2.97	87.33	43.56	1.98
20	18	2.70	2.70	79.32	39.57	1.80
20	19	2.45	2.45	72.06	35.95	1.63
20	20	2.23	2.23	65.53	32.69	1.48

表 3.8 价格和品位波动的矿岩短缺与过剩数量

周期 T	开采矿石的缺货数量 d_{ts}^{0-}	开采矿石的剩余数量 d_{ts}^{0+}	剥离岩石的缺货数量 d_{ts}^{m-}	剥离岩石的剩余数量 d_{ts}^{m+}	低品位缺货数量 d_{ts}^{g-}
1	1885.2	1928.2	1924.4	1937.0	1894.9
2	1942.1	1878.1	1918.1	1958.2	1824.5
3	1841.4	1865.5	1900.0	1949.3	1853.9
4	1883.5	1925.7	1932.8	1908.9	1962.1
5	1962.3	1810.6	1821.6	1837.3	1859.7
6	1891.8	1937.5	1893.2	1939.6	1886.4
7	1929.8	1918.9	1955.2	1834.4	1855.6
8	1885.8	1929.1	1921.5	1946.7	1862.6
9	1946.6	1862.8	1896.2	1943.8	1872.2

续表 3.8

周期 T	开采矿石的缺货数量 d_{ts}^{0-}	开采矿石的剩余数量 d_{ts}^{0+}	剥离岩石的缺货数量 d_{ts}^{m-}	剥离岩石的剩余数量 d_{ts}^{m+}	低品位缺货数量 d_{ts}^{g-}
10	1909.5	1962.9	1808.7	1818.8	1833.3
11	1854.0	1883.6	1925.9	1932.0	1911.5
12	1965.7	1799.3	1805.4	1814.1	1826.6
13	1802.1	1809.4	1819.8	1834.8	1856.1
14	1886.6	1930.1	1917.9	1958.8	1822.3
15	1838.2	1861.0	1893.6	1940.2	1884.3
16	1926.9	1928.6	1923.0	1941.7	1879.4
17	1821.5	1837.1	1859.5	1891.4	1937.0
18	1895.1	1942.4	1877.1	1916.6	1962.9
19	1808.7	1818.9	1833.5	1854.2	1883.9
20	1926.3	1930.7	1915.9	1965.4	1800.4

从图 3.10 块体的折现价值分布曲线可知：在 1999 年，由于铜矿石的平均销售价格下降，且矿石品位低于 0.55%，块体的折现价值明显减少；在 2001~2003 年，受到铜矿石的平均销售价格逐年下降，但矿石品位均大于 0.55%时，块体的折现价值也发生了显著的下降；在 2014~2016 年，由于接近开采生产计划末期，受到矿石备采量的显著减少，其矿石的品位也明显降低，导致块体的折现价值明显减少。由此可知，在 20 年的开采计划期内块体价值变化受到铜金属的销售价格与地质品位波动的影响较大。

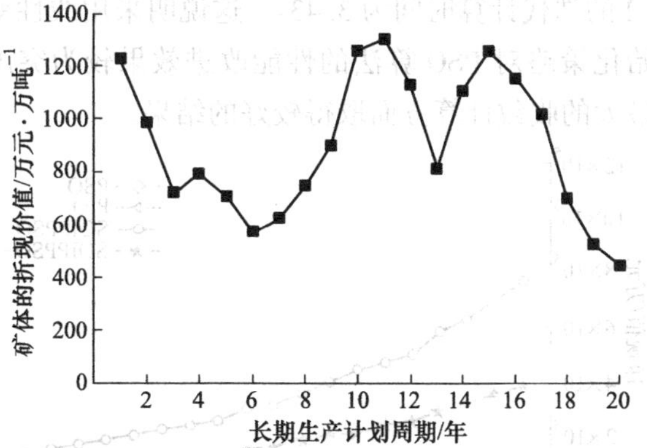

图 3.10 生产计划期内块体的折现价值结果

从图 3.11 的收敛曲线可知，使用两种不同的搜索算子的改进粒子群算法对长期生产计划的净现值进行优化求解，其 SOIPPSO-1 算子的优化结果要比

SOIPPSO-2 的结果好，这是因为采用线性变异策略后，算法在求解复杂多维函数模型时的全局收敛性能较好。另外，长期生产计划的净现值均受到矿产品销售价格、地质品位、块体价值、随机规划约束等要素影响，但从总体上来看，生产计划周期内的净现值波动较小，这是因为在 20 年的开采周期内，利用拉丁超级立方体抽样方法选取矿产品的平均销售价格，并采用多层块体风险概率模型避免矿体品位波动大的影响。

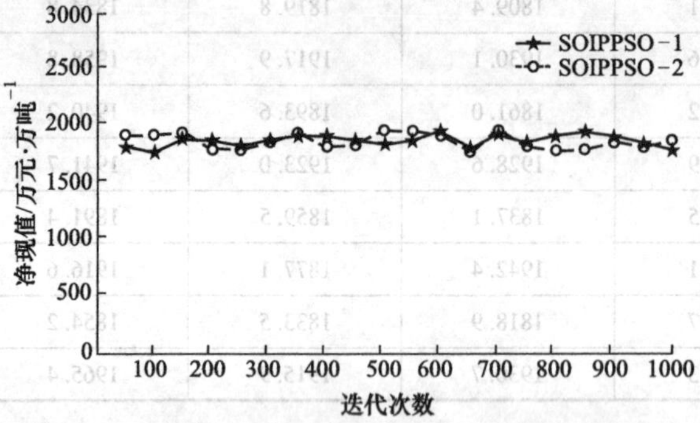

图 3.11 价格和品位波动的长期生产计划净现值结果

为了进一步对比 SOIPPSO 算法的优越性，本书使用 PSO、PIO 与 SOIPPSO 算法对长期生产计划的净现值进行优化计算，其收敛计算结果如图 3.12 所示。

从图 3.12 的结果可以看出，采用 PSO 和 PIO 算法的计算结果基本一致，但 PSO 算法的迭代计算时间为 173.02s，PIO 算法的迭代计算时间为 3.62s；而采用 SOIPPSO-1 算法的计算效果要比 SOIPPSO-2 好，且 SOIPPSO-1 的迭代计算时间为 3.12s。SOIPPSO-2 的迭代计算时间为 3.43s。这说明采用线性变异策略和贝塔反向学习的种群初始化策略对 PSO 算法的性能改进效果较为突出，且能够在长期生产计划净现值最大的收敛计算方面取得较好的结果。

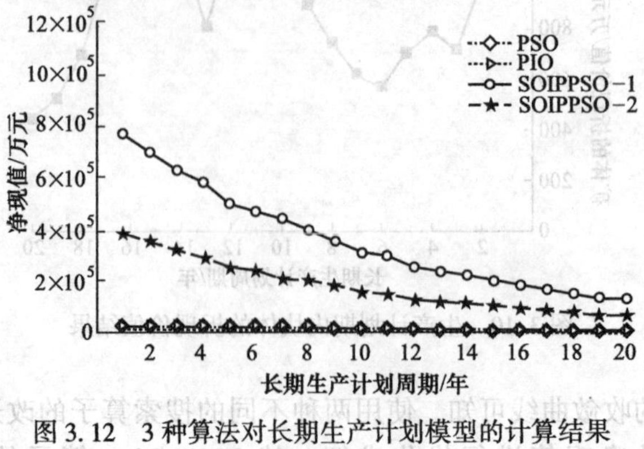

图 3.12 3 种算法对长期生产计划模型的计算结果

3.4.3.2 低品位处理的仿真结果分析

为了说明低品位矿石对长期生产计划编制的影响，将开采生产周期内的矿石平均品位低于0.55%的块体品位采用3.3.4节的低品位矿石回收处理策略，分别对1997年、1999年、2004~2011年、2014~2016年的低品位块体矿石品位的回采率重新进行计算后，其块体的折现价值、生产作业成本、长期生产计划的净现值、随机规划约束变量值均发生了显著的变化。当低品位块体的价值和随机约束变量值发生变化时，采剥生产矿岩量也发生变化，其计算结果如表3.9、图3.13所示。

表3.9 低品位矿石波动的生产作业短缺与过剩数量

周期 T	开采矿石的缺货数量 d_{ts}^{0-}	开采矿石的剩余数量 d_{ts}^{0+}	剥离岩石的缺货数量 d_{ts}^{m-}	剥离岩石的剩余数量 d_{ts}^{m+}	低品位缺货数量 d_{ts}^{g-}
1	1885.4	1928.4	1923.8	1939.0	1888.3
2	1932.6	1909.6	1963.1	1808.1	1818.0
3	1832.2	1852.4	1881.4	1922.6	1942.9
4	1875.5	1914.3	1969.7	1786.1	1786.5
5	1890.6	1935.8	1898.9	1947.7	1859.3
6	1891.2	1936.7	1896.1	1943.7	1872.8
7	1910.4	1964.1	1804.7	1813.1	1825.1
8	1842.3	1866.9	1902.0	1952.1	1844.8
9	1812.4	1824.2	1841.0	1865.0	1899.3
10	1948.2	1857.6	1888.7	1933.1	1907.9
11	1960.6	1816.3	1829.7	1848.9	1876.3
12	1915.4	1967.0	1794.8	1799.0	1805.1
13	1952.0	1845.1	1870.8	1907.6	1960.2
14	1817.8	1831.8	1851.9	1880.5	1921.5
15	1946.8	1862.4	1895.5	1942.9	1875.4
16	1914.1	1969.5	1786.7	1787.5	1788.5
17	1925.1	1934.6	1903.1	1953.7	1839.2
18	1862.5	1895.7	1943.1	1874.5	1912.9
19	1967.7	1792.8	1796.1	1800.8	1807.6
20	1817.3	1831.1	1850.9	1879.1	1919.5

从图3.13的收敛曲线可知，使用SOIPPSO算法所得的开采生产计划期内品位低于0.55%矿石的净现值要比图3.11的计算结果的波动性小，而在2001年净

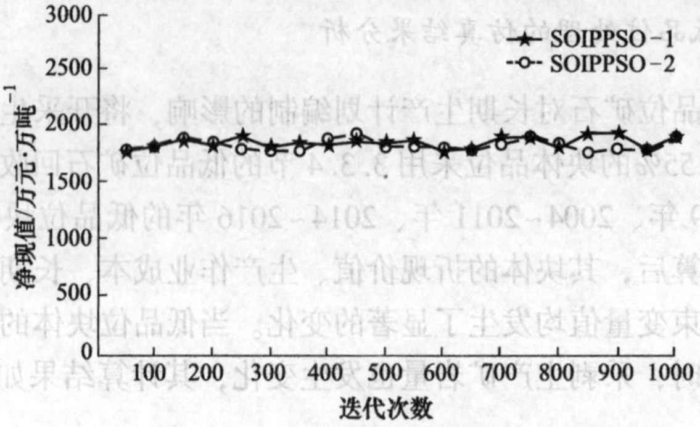

图 3.13　低品位矿石波动的生产计划净现值结果

现值有明显的差异，这是因为矿石品位虽然较高，但矿产品的销售价格较低，导致块体的净现值存在明显差异。2013 年、2014 年的销售价格较高，但在接近开采生产周期尾声，矿石品位发生明显变化，由此导致块体的净现值也存在明显差异。另外，采用 SOIPPSO-1 的迭代计算时间为 3.29s，SOIPPSO-2 的迭代计算时间为 3.49s，说明采用 SOIPPSO-1 算法的计算效果要比 SOIPPSO-2 更好。

从图 3.14 的结果可以看出，使用 PSO、PIO 以及 SOIPPSO 算法解算获得矿石品位低于 0.55%的生产计划净现值的计算结果要比图 3.12 矿石平均品位不变的计算结果要稳定，且三种算法的收敛计算结果基本差异较小，这说明品位的波动差异对生产计划净现值的影响较大。但三种算法的计算时间分别为 65.33s、3.39s、3.16s 及 3.19s，这充分说明采用 SOIPPSO 算法对长期生产计划优化速度明显减少。另外，也说明了低品位矿石的回收量越多，对于企业的长期生产计划的净现值的影响较小。

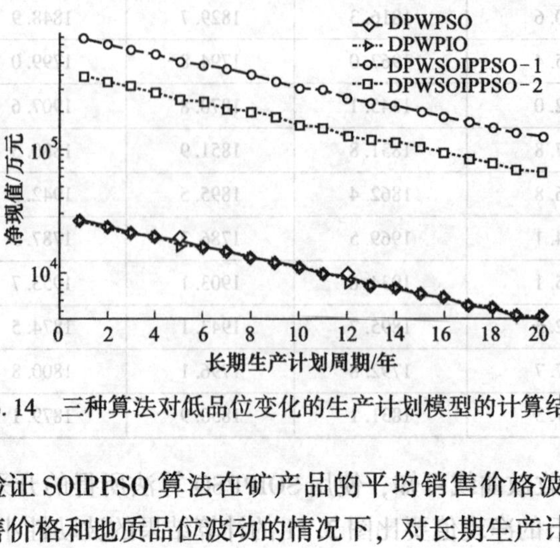

图 3.14　三种算法对低品位变化的生产计划模型的计算结果

为了进一步验证 SOIPPSO 算法在矿产品的平均销售价格波动、平均地质品位不变、平均销售价格和地质品位波动的情况下，对长期生产计划的净现值收敛计算结果的比较和分析，分别采用PSO、PIO以及SOIPPSO算法对不同变化情况下的净现值进行了求解计算，其计算结果如图3.15所示。

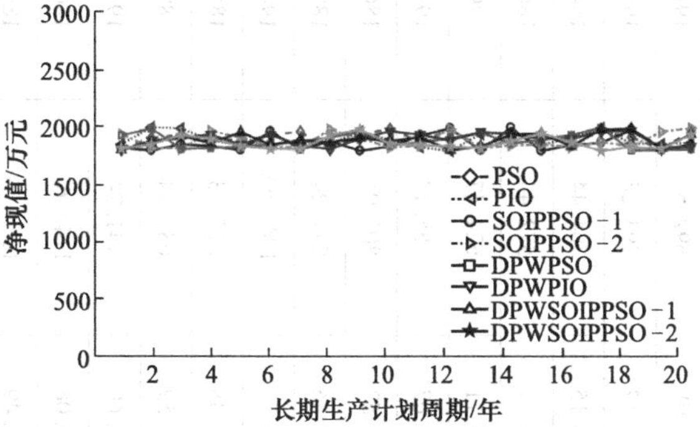

图3.15 长期生产计划的净现值收敛图

从图3.15的收敛曲线可以看出，通过使用PSO算法、PIO算法和SOIPPSO算法，分别对矿山地质品位和矿产品平均销售价格的波动以及低品位矿石波动影响下的长期生产计划的净现值进行优化计算，其净现值基本在1800万~2000万元之间发生波动，最大净现值为1968.7万元。当价格和品位波动时，采用三种算法求解计算的长期生产计划净现值波动相对较大，这是因为在不同的开采时期，矿产品的销售价格发生了明显的变化，同时矿石品位波动也产生了明显的作用。另外，采用低品位矿石回收处理策略后，由于矿石回收利用数量较大，采用PSO算法和PIO算法进行优化计算时，长期生产计划的净现值波动依然要比SOIPPSO算法的计算结果明显，而采用SOIPPSO算法求解计算的长期生产计划净现值相对要平稳，其净现值最大为1948.5万元，这充分说明了SOIPPSO算法对于长期生产计划的优化求解的可行性。

对生产计划周期为20年的矿产品销售价格与地质品位正常波动下的矿体折现价值和净现值（称为原始）与低品位矿石处理后的块体折现价值和净现值进行比较，其比较计算结果如表3.10所示。

从表3.10的计算结果可知，在不考虑低品位矿石波动的影响下，即以回采率为95%的块体价值较大，这是因为开采的矿石品位普遍较高；特别是在1997~2004年期间，受到矿产品的销售价格和块体品位分布不均的影响，块体的价值发生明显的变化。另外，在相同的折现率下，矿体的净现值也受到销售价格和地质品位的波动而存在着明显的变化。在考虑低品位矿石处理策略后，在整个生产计划期内的块体价值明显要比未处理前减少，但是块体的净现值基本保持平稳状态，这说明采用低品位处理策略后，矿石资源利用率显著提高，矿石开采量明显增加，销售价格影响较小，导致整个整体计划期内的块体净现值向着稳定状态转变，从而更好地表现出矿石资源回收利用的动态价值。

表 3.10 价格和品位波动以及低品位处理后的生产计划模型结果比较

周期	销售价格/万元	平均波动品位/%	变化回采率/%	原始块体价值/万元	原始块体折现价值/万元	原始净现值/万元	低品位块体价值/万元	低品位块体折现价值/万元	低品位净现值/万元
1	2275.19	0.51	0.88	1355.14	1231.94	1887.2	1253.86	1139.87	1850.9
2	1653.71	0.62	0.95	1190.37	983.76	1931.0	1190.37	983.76	1879.1
3	1572.53	0.53	0.91	962.51	723.69	1914.9	921.10	692.56	1919.5
4	1814.52	0.55	0.95	1158.17	793.26	1968.7	1158.17	793.26	1953.4
5	1580.17	0.62	0.95	1134.15	704.44	1789.3	1134.15	704.44	1840.3
6	1560.29	0.57	0.95	1013.21	572.44	1791.2	1013.21	572.44	1864.0
7	1779.36	0.59	0.95	1217.71	624.47	1793.8	1217.71	624.47	1897.9
8	2863.47	0.48	0.83	1608.11	751.45	1797.6	1402.07	655.17	1946.3
9	3676.49	0.49	0.85	2117.96	897.44	1803.0	1892.57	801.94	1864.1
10	6731.35	0.41	0.71	3265.06	1260.64	1810.8	2453.36	947.24	1897.9
11	7131.63	0.44	0.76	3716.26	1303.95	1821.8	2968.35	1041.52	1946.3
12	6963.48	0.43	0.74	3545.13	1129.02	1837.6	2756.38	877.83	1863.9
13	5165.30	0.46	0.80	2806.20	813.39	1860.1	2359.59	683.94	1897.7
14	7538.37	0.47	0.81	4200.93	1105.51	1892.3	3578.60	941.74	1946.0
15	8823.45	0.50	0.87	5259.12	1258.16	1938.3	4797.06	1147.62	1865.1
16	7958.92	0.56	0.95	5293.49	1153.27	1890.7	5293.49	1153.27	1899.5
17	7331.49	0.59	0.95	5136.17	1017.06	1936.0	5136.17	1017.06	1948.5
18	6863.39	0.48	0.83	3906.52	702.61	1898.2	3410.65	613.43	1856.6
19	5510.46	0.49	0.85	3196.07	522.23	1946.7	2857.63	466.93	1887.3
20	4867.89	0.52	0.90	2993.61	444.82	1862.8	2835.05	421.26	1931.1

3.5 本章小结

（1）针对露天矿山企业长期生产计划问题，分析当前长期生产计划的研究现状，采用数学规划方法，将露天矿长期生产计划问题抽象为复杂的随机规划模型，综合考虑了企业开采处理能力、块体空间开采顺序、开采深度位置、矿石品位波动、矿产资源回收率和随机规划等约束条件，构建了价格和品位波动、基于低品位处理的露天矿山企业长期生产计划数学模型，实现了长期生产计划的抽象描述。

（2）针对所构建的长期生产计划数学模型的求解问题，基于时空数据库理论将长期生产计划编制数据、技术经济参数、生产过程参数等组织为基础数据源；提出了SOIPPSO优化算法，提高了模型的求解速度和计算精度。

（3）针对矿坑内部的块体开采深度位置和矿石品位小于指定值的回采率问题，提出随机概率搜索策略和低品位矿石处理策略，解决了确定块体开采深度位置和低品位矿石波动的问题。

（4）通过以某大型铜金属露天矿山企业生产计划编制为案例，采用SOIPPSO算法仿真验证了多种不确定性参数影响下的长期生产计划优化和编制问题，拓展了该类算法在露天矿山生产管理领域的理论应用。本章露天矿山长期生产计划建模理论、SOIPPSO算法求解思想以及矿岩量数据源为进一步研究短期生产计划的月矿岩采剥生产量的通用数学模型和求解方法提供研究基础。

4 露天矿山企业短期生产计划问题建模与优化算法

露天矿山企业短期生产计划是对长期生产计划逐渐细分、分时段实施的关键，其主要的研究问题是以长期生产计划中不同的年开采时期内块体净现值最大为基础，将长期生产计划中的年开采周期逐渐划分为月开采时期，进而对以月为单位的开采周期内采场中每个台阶矿石开采量和品位进行优化计算，本质上是长期生产计划向短期生产计划渐进过渡和协同优化过程。目前已有研究成果基本上将露天矿长期生产计划与短期计划问题进行分类研究，多数利用简单的智能优化算法[59~61]，只有较少的研究成果考虑了长期与短期生产计划问题，但主要是采用短期生产计划优化结果去弥补或消除长期生产计划结果的误差问题[109~111]，甚至根本就是短期生产计划[74]，而且只是采用复杂的数学规划软件进行求解，这容易导致长期-短期生产计划规划、模型构建和优化求解严重脱节，计算时间较长等问题。基于此，本章在前述露天矿山企业长期生产计划净现值最大的基础上，通过矿石品位严格控制约束，求解以年为单位的矿石开采量和品位值最大为目标，综合考虑台阶上的开采条带、块体时空顺序、开采数量、开采质量、关键块体价值开采区域以及开采时段等约束条件，构建了露天矿山企业短期生产计划模型与优化算法，研究了长期生产计划渐进过渡至短期整体生产计划编制和任务细分问题。由于传统狼群算法的搜索计算速度慢、收敛能力弱，提出了元胞量子狼群进化算法，利用二进制编码方式和元胞演化规则，同时提出双策略量子位初始化方法和滑模交叉头狼选取方法，对算法的参数进行优化，提高了算法的全局收敛速度和避免局部最优问题。最后，以 4D 生产计划时空数据库中的台阶数据表与矿岩量统计数据表作为模型仿真计算的基础数据源，以长期生产计划中的年开采周期内的台阶矿石数量和品位波动为例，对模型进行验证。结果表明，提出的模型和优化算法可以有效地为露天矿山企业短期计划采剥生产量控制提供参考。

4.1 短期生产计划问题描述

4.1.1 短期生产计划问题概况

前文研究的露天矿山企业长期生产计划模型，主要是在多层块体信息模型和矿产品销售价格、地质品位波动的基础上，对整个矿山服役年限内计划周期为20年的矿床块体价值和企业净现值进行优化计算。这只是以年为单位对整个矿床划分为不同的计划期，并对整个计划期内的低品位矿石回采率和矿岩开采深度进行计算，以减少矿石品位波动对企业经济效益的影响，而对于开采台阶上的矿块起止位置、矿块的时空演变和矿岩剥采量和品位问题的研究还未涉及。因此，露天矿山企业短期生产计划解决的主要问题是根据矿山采剥时空演变过程，确定采场台阶空间坐标位置 (i, j, k) 内的矿块在什么时段 $(t = 1, 2, \cdots, T)$ 开采较为合适，以及确定开采时段内台阶上的每月矿石量和品位是多少。另外，从短期生产计划编制原则可以看出，若要判断什么时段开采，可用变量 x_{ijkt} 表达空间位置 (i, j, k) 的开采时段，其中 $x_{ijkt} \in (1, 2, \cdots, T + 1)$，当开采时段为 n 时，表示在空间位置 (i, j, k) 内矿体先行开采，当开采时段为 $T + 1$ 时，表示在空间位置 (i, j, k) 内矿体后续开采，从其描述来看，这属于 0-1 整数规划问题。但是采用变量 x_{ijkt} 无法准确反应各阶段开采完成的产量和矿石质量的约束条件，这只能通过添加额外的变量来求解每月的计划或采用 0-1 整数规划方法按时段顺序求解各月的生产计划。假设 0-1 整数变量 x_{ijkt} 表示在空间坐标 (i, j, k) 的第 t 时段是否开采；开采时，$x_{ijkt} = 1$；不开采时，$x_{ijkt} = 0$。从第 $t = 1$ 个时段开始，逐个计算各个时段台阶上的各个块体在该时段是否开采。

4.1.2 参数定义与变量说明

在露天矿山企业长期生产年计划已经完成的基础上，为了准确地表达短期生产计划模型的目标函数与约束条件之间的关系，首先对模型中设计的变量符号与参数含义进行说明：

(1) a 表示台阶数（单位：个）。

(2) b_i 表示第 i 个台阶划分的条带数（单位：个）。

(3) c_{ij} 表示第 $i(i = 1, 2, \cdots, a)$ 个台阶第 $j(j = 1, 2, \cdots, b_i)$ 个条带上划分的块体数量 $k(k = 1, 2, \cdots, c_{ij})$（单位：个），台阶、条带和块体的时空顺序可参见图 2.11 和 3.2.1 节块体的经济价值计算。

(4) M_{ijk} 表示空间坐标位置上 (i, j, k) 的开采矿量（单位：万吨或m^3）。

(5) R_{ijk} 表示空间坐标位置上 (i, j, k) 的剥离岩石量（单位：万吨或m^3）。

(6) Q 表示矿质指标数量（单位：个）。

(7) A_{ijk-d} 表示空间坐标 (i, j, k) 上第 $d(d = 1, 2, \cdots, Q)$ 个矿质指标数量（单位：个）。

(8) T 表示短期计划的时段数（单位：个）。

(9) M_t^1，M_t^2 表示第 t 个时段计划开采量的上下限（单位：万吨或m^3）。

(10) R_t^1，R_t^2 表示第 t 个时段计划剥离量的上下限（单位：万吨或m^3）。

(11) A_{n-b}^{1}，A_{n-b}^{2} 表示第 n 个时段第 d 个矿质指标的上下限（单位:%）。

(12) n_1，n_2 表示相邻两个台阶的超前开采或滞后开采的条带数量（单位：个），通常 $n_2 > n_1$。

(13) a_{Q_1}，a_{Q_2} 表示关键价值区域的开采台阶起止编号。

(14) t_1，t_2 表示块体价值大的开采区域的起止时间段。

(15) K_n^1，K_n^2 表示关键价值区域开采量的上下限（单位：万吨）。

4.1.3 短期生产计划的编制条件

露天矿山企业短期生产计划是以矿床、台阶作为排产的基本空间对象，在编制开采生产计划之前，需要先完成勘探、测量、采准等工作，然后以开采的时空顺序为基础，尽可能使开采期内采场中台阶上的矿石开采量和品位值最大。由此，露天矿山企业短期生产计划的基本编制条件是：（1）露天矿山开采是以采场内的台阶、条带和块体的逐级划分为开采单元，块体作为开采的基本单元，具有开采的起止时间、空间坐标位置和矿岩量、品位等属性特征；（2）相同台阶上的条带开采具有空间顺序性，即前序条带开采完毕，才可开采后续条带；（3）相同条带上的块体开采具有空间演变顺序，相邻块体之间也属于串行开采；（4）分层台阶结构之间具有超前性，即上下两层相邻的台阶之间的开采距离不能小于最小的工作平盘宽度；（5）分层台阶结构之间具有一定的滞后性，即上下两层相邻台阶的条带距离不能超过最大开采距离，否则会大于最小工作平盘宽度而产生超前开采距离太大，底层开采成本增加；（6）每个时段开采矿量必须达到生产任务规定的出矿量，矿石品位必须达到选厂的入选品位要求；（7）长期生产计划中块体价值大的关键区域的采剥生产量必须设定在一定范围内，否则，高品位矿石开采完毕后，剩余低品位矿石会产生较大的生产处理成本；（8）每个块体只能在指定的开采时段开采。

4.2 短期生产计划模型建立

4.2.1 目标函数

针对露天矿山企业长期生产计划与短期生产计划逐步递进的要求，按照文献［112］的分析问题、抽象建模和解决方法，在矿石品位严格控制的条件下，以确定短期生产计划时期内台阶上的矿石开采生产量和品位为目标，其数学表达式为：

$$f(x) = \max \sum_{i=a-1}^{a} \sum_{j=1}^{b_i} \sum_{k=1}^{c_{ij}} \sum_{t=1}^{T} [(A_{n-b}\, x_{i,j,k,t}) / x_{i,j,k,t} + M_{ijk}\, x_{i,j,k,t}] \tag{4.1}$$

4.2.2 约束条件

短期生产计划是以长期生产计划的年开采时期内台阶上块体净现值最大为基础，结合短期生产计划编制条件和图 2.11 的台阶和块体的开采变化图，综合考虑采场台阶、条带和块体之间的时空发展关系，其约束条件的选取要能真实反映短期开采生产目标的要求。

（1）台阶的超前开采约束：

$$\sum_{t=1}^{T} x_{i,j+n_1,k_{i,j+n_1},t} - \sum_{t=1}^{T} x_{i+1,\ j,1,t} \geqslant 0$$

$$(i=1,\ 2,\ \cdots,\ a-1;\ j=1,\ 2\cdots,\ b_i-1;\ t=1,\ 2,\ \cdots,\ T) \tag{4.2}$$

（2）台阶的滞后开采约束：

$$\sum_{t=1}^{T} x_{i,j+n_2,1,t} - \sum_{t=1}^{T} x_{i+1,j,k_{i+1},t} \leqslant 0$$

$$(i=1,\ 2,\ \cdots,\ a-1;\ j=1,\ 2\cdots,\ b_i-1;\ t=1,\ 2,\ \cdots,\ T) \tag{4.3}$$

（3）条带时空演变顺序约束：

$$\sum_{t=1}^{T} x_{i,j,k_{ij},t} - \sum_{t=1}^{T} x_{i,j+1,t} \geqslant 0$$

$$(i=1,\ 2,\ \cdots,\ a-1;\ j=1,\ 2\cdots,\ a_i-1;\ t=1,\ 2,\ \cdots,\ T) \tag{4.4}$$

（4）块体的时空演变顺序约束：

$$\sum_{t=1}^{T} x_{i,j,k,t} - \sum_{t=1}^{T} x_{i,j,k+1,t} \geqslant 0$$

$$(i=1,\ 2,\ \cdots,\ a-1;\ j=1,\ 2\cdots,\ b_i-1;\ t=1,\ 2,\ \cdots,\ T) \tag{4.5}$$

（5）矿岩开采数量约束：

$$M_t^1 \leqslant \sum_{i=1}^{a}\sum_{j=1}^{b_i}\sum_{k=1}^{c_{ij}} (M_{ijk}\ x_{i,j,k,t}) \leqslant M_t^2 \quad (t=1,\ 2,\ \cdots,\ T) \tag{4.6}$$

$$R_t^1 \leqslant \sum_{i=1}^{a}\sum_{j=1}^{b_i}\sum_{k=1}^{c_{ij}} (R_{ijk}\ x_{i,j,k,t}) \leqslant R_t^2 \quad (t=1,\ 2,\ \cdots,\ T) \tag{4.7}$$

（6）开采质量约束：

$$\sum_{i=1}^{a}\sum_{j=1}^{b_i}\sum_{k=1}^{c_{ij}} [(A_{ijk-d} - A_{dt}^1) \times M_{ijk} \times x_{i,j,k,t}] \geqslant 0$$

$$(d=1,\ 2,\ \cdots,\ Q;\ t=1,\ 2,\ \cdots,\ T) \tag{4.8}$$

$$\sum_{i=1}^{a}\sum_{j=1}^{b_i}\sum_{k=1}^{c_{ij}} [(A_{ijk-d} - A_{dt}^2) \times M_{ijk} \times x_{i,j,k,t}] \leqslant 0$$

$$(d=1,\ 2,\ \cdots,\ Q;\ t=1,\ 2,\ \cdots,\ T) \tag{4.9}$$

（7）关键块体价值区域开采约束：

$$K_n^1 \leqslant \sum_{i=a_{Q_1}}^{a_{Q_2}} \sum_{j=1}^{b_i} \sum_{k=1}^{c_{ij}} \sum_{t=t_1}^{t_2} (M_{i,j,k} + R_{i,j,k}) \times x_{i,j,k,t} \leqslant K_n^2 \tag{4.10}$$

（8）开采时段选择约束：

$$\sum_{t=1}^{T} x_{i,j,k,t} = 1 \quad (i = 1,\ 2,\ \cdots,\ a;\ j = 1,\ 2\cdots,\ b_i;\ k = 1,\ 2,\ \cdots,\ c_{ij}) \tag{4.11}$$

其中，上述模型从理论上来讲，为了使短期生产计划模型能够更好地适应长期生产计划模型的动态变化特性，利用 0-1 整数规划方法，构建出符合露天矿短期生产计划模型，解决了按时段顺序依次求解每月的计划。该模型的目标是实现某个时段内矿石开采量和开采品位值最大，并根据实际矿体开采台阶的划分、条带、块体的时空开采顺序、开采矿量和时段选择等约束条件，抽象表达出开采生产的整数规划模型，进而利用书中提出的优化算法进行计算。

4.3 短期生产计划的优化算法与编制方法

露天矿山企业短期生产计划模型是在长期生产计划模型制约下，采用 0-1 整数规划方法构建的数学模型。该模型具有复杂的决策变量和求解约束条件，而且采场空间的矿岩台阶和块体的搜索计算是一个组合优化问题。因此，为了使量子狼群算法适应矿床台阶采剥搜索空间寻优问题，受二进制编码量子粒子群演化算法[113]的启示，在量子狼群演化算法中引入二进制编码，融合元胞自动机演化规则，提出了元胞量子狼群演化算法（cellular and quantum-behaved wolf pack evolutionary algorithm，CQWPEA）[114,115]，求解计算露天矿山企业短期生产计划模型。

4.3.1 短期生产计划的混合优化方法

4.3.1.1 量子狼群优化算法

A 量子狼群编码

在量子狼群优化算法中，人工狼编码是以一组量子位和二进制表示，每个量子位的状态可为[115,116,128]：

$$|\mu\rangle = \alpha|0\rangle + \beta|1\rangle \tag{4.12}$$

式中，α 与 β 为量子位对应状态的概率幅[116]。

人工狼当前位置的编码可通过量子位的概率幅表示，考虑到狼群初始化时编码的随机性，假设采用量子方式编码的个体 p_i，则编码方式为[117]：

$$p = \begin{bmatrix} \alpha_1 & \alpha_2 & \cdots & \alpha_d \\ \beta_1 & \beta_2 & \cdots & \beta_d \end{bmatrix} \tag{4.13}$$

式中，$|\alpha|^2$ 为量子态被观测为 $|0\rangle$ 态概率，$|\beta|^2$ 为量子态被观测为 $|1\rangle$ 态概率，满足 $|\alpha_i|^2+|\beta_i|^2=1$；$i=1,2,\cdots,d$；$d$ 为编码位数[115~117]。

由此可知，量子狼群可表示为 $Q(q)=(q_1^g,q_2^g,\cdots,q_n^g)$，其中，$g$ 为进化代数；n 为个体狼数量；$q_i^g(i=1,2,\cdots,n)$ 为第 g 代狼群中第 i 只狼，即：

$$q_i^g=\begin{bmatrix}\alpha_{i1}^g & \alpha_{i2}^g & \cdots & \alpha_{id}^g\\ \beta_{i1}^g & \beta_{i2}^g & \cdots & \beta_{id}^g\end{bmatrix} \tag{4.14}$$

最后通过对 $Q(q)$ 进行量子测量，获得一组确定的解 $p(g)=(x_1^g,x_2^g,\cdots,x_n^g)$，其中 $x_i^g(i=1,2,\cdots,n)$ 为一匹狼通过量子测量坍缩到确定状态的二进制序列，若该二进制序列的位数为 d，那么 x_i^g 可以表示为 $x_i^g=(x_{i1}^g,x_{i2}^g,\cdots,x_{id}^g)$。

B 双策略的初始量子位生成过程

在初始化狼群进化过程中，可采用 Logistic 混沌映射产生狼群中每匹狼位置的所有量子位对应态的概率幅，其产生的基本过程为[115,117]：

(1) 设狼群规模为 n，个体狼位置编码的长度为 d；

(2) 利用随机初始化方法，对 d 个混沌变量的初始值 $x_i^j(i=1,2\cdots,d)$ 进行初始化；

(3) 对式 (4.15) 采用迭代计算获得相应的混沌变量序列 $x_k^j(k=1,2,\cdots,n,j=1,2,\cdots,d)$，用这 n 个混沌变量来初始化狼群：

$$x_{k+1}^j=\mu x_k^j(1-x_k^j),\ k=0,1,\cdots,n \tag{4.15}$$

式中，μ 为混沌因子，$0\leqslant\mu\leqslant4$；k 为迭代次数；当 $\mu=4$，$x_k^j\in(0,1)$ 时，Logistic 映射处于混沌状态。

(4) 采用两种策略将式 (4.14) 中的 α_i^j、β_i^j 分别初始化为 $\cos(2x_k^j\pi)$、$\sin(2x_k^j\pi)$ 和 x_k^j、$\sqrt{1-(x_k^j)^2}$，由此获得 2^n 个全部个体。

(5) 计算全部 2^n 个个体的适应度值并进行排序，选取 n 个适应度值高的个体狼构成初始狼群。

C 头狼产生规则

在初始解空间中，将最接近猎物资源（或最优目标函数）的个体狼视为头狼，头狼直接进入迭代过程[116]。通过比较每匹人工狼的量子位状态 s_j，获得当前狼群迭代过程中的最优个体狼作为头狼，最终求解得到头狼的位置和最佳适应度。第 j 个位上的量子位状态可表示为[116,117]：

$$s_j=\begin{cases}0, & \text{rand}[0,1]>|\alpha_j|^2\\ 1, & \text{rand}[0,1]\leqslant|\alpha_j|^2\end{cases} \tag{4.16}$$

式中，$(s_1,s_2,\cdots,s_j)$ 表示量子状态位对应于人工狼的二进制表示形式，

rand[0, 1] 表示在 [0, 1] 之间的随机数，$j = 1, 2, \cdots, d$。

头狼的产生遵循进化论规则，与遗传算法中的“轮盘赌”规则不同。文献提出了一种基于滑模原理的交叉量子位遗传进化方法[116]，将候选头狼集合 Z^{od} 中的个体头狼按优秀程度降序排序，然后从染色体右端低量子位开始与头狼染色体按照滑模方式交叉，式（4.17）和式（4.18）表示交叉参数 ω_i 呈高斯分布[116]，随着候选个体头狼逐渐陷入局部解，如图 4.1 所示，交叉点滑模时，按照式（4.19）向左移动，用于分别与新一代头狼迭代进化，产生更优秀后代头狼。

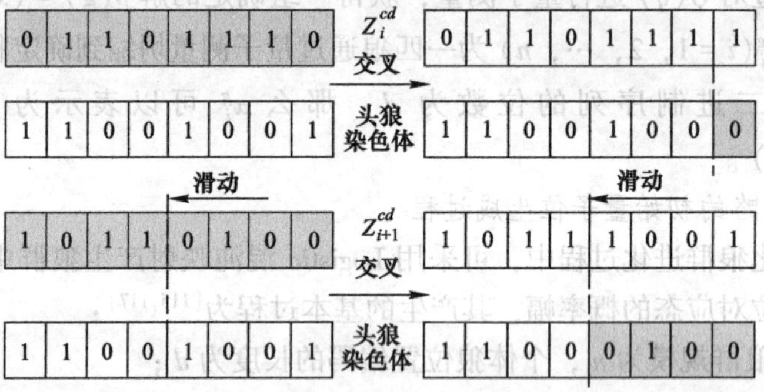

图 4.1　候选头狼染色体量子位滑模交叉方法

交叉权值分布函数：

$$f_{gs}(e_i) = \frac{1}{\sqrt{2\pi\sigma}}\exp\left(-\frac{(e_i-\mu)^2}{2\sigma^2}\right) \tag{4.17}$$

式中，$Z_i^{od} = (Z_{i,1}^{od}, Z_{i,2}^{od}, \cdots, Z_{i,L}^{od})$，$j \in L$ 表示第 i 匹候选头狼染色体量子位 j 从最优至次优串排列，其中，$i = 1, 2, \cdots, N$，$j = 1, 2, \cdots, d$。

交叉权值为：

$$\begin{cases} \omega_i = \int_{\frac{i}{I}\sigma}^{\frac{i+1}{I}\sigma} f_{gs}(e_i)\,de_i,\ i \in I \\ \sum_{i=1}^{I}\omega_i = 1 \end{cases} \tag{4.18}$$

式中，I 为当前候选头狼数量。

滑模位置为：

$$j_i^{sl} = \begin{cases} L,\ \omega_i \in [0,\ I^{-1}) \\ \lfloor L \times (1-\omega_i) \rfloor,\ \omega_i \in (I^{-1},\ (I-2)\times I^{-1}) \\ 2,\ \omega_i \in ((I-2)\times I^{-1},\ 1) \end{cases} \tag{4.19}$$

式中，j_i^{sl} 表示滑模交叉结束量子位。可见，候选头狼为最优解时，ω_i 参数最小，滑模位置交叉得到的新解空间越邻近现有值；反之，ω_i 参数最大，滑模位置交叉得到的新解空间变化越大[115~117]。

D 狼群位置更新

在量子狼群进化算法中，当滑模交叉结束后，采用上次迭代过程中的最优解对狼群中的每一个量子位进行量子旋转门更新，更新过程见式（4.20）。

$$\begin{bmatrix}\cos(\theta_{ij}^{t+1})\\ \sin(\theta_{ij}^{t+1})\end{bmatrix}=\begin{bmatrix}\cos(\Delta\theta_{ij}^{t+1}) & -\sin(\Delta\theta_{ij}^{t+1})\\ \sin(\Delta\theta_{ij}^{t+1}) & \cos(\Delta\theta_{ij}^{t+1})\end{bmatrix}\times\begin{bmatrix}\cos(\theta_{ij}^{t})\\ \sin(\theta_{ij}^{t})\end{bmatrix}\tag{4.20}$$

式中，$\cos(\theta_{ij}^{t+1})$ 和 $\sin(\theta_{ij}^{t+1})$ 为第 $t+1$ 次第 j 个量子位概率幅；$\Delta\theta_{ij}^{t+1}$ 为第 j 个量子位旋转角度，$i=1, 2, \cdots, N$，$j=1, 2, \cdots, d$。

E 量子狼群变异

为了避免算法陷入局部最优解状态，维持狼群的多样性，以平衡 d 维猎场空间内随机分布的人工狼和决策变量可行域为基础，实施智能猎杀行为后，基于优胜劣汰的生存法则，会有 R 匹人工狼被淘汰，并会有新的 R 匹人工狼存活下来，但存活与淘汰的人工狼数量要相等，这样既可维持狼群规模数量，也可避免算法的过早收敛和全局搜索能力差的问题。因此，狼群中个体狼的变异过程采用量子非门实现，其表达形式为：

$$\begin{bmatrix}0 & 1\\ 1 & 1\end{bmatrix}\begin{bmatrix}\cos(\theta_{ij})\\ \sin(\theta_{ij})\end{bmatrix}=\begin{bmatrix}\cos(\pi/2-\theta_{ij})\\ \sin(\pi/2-\theta_{ij})\end{bmatrix}\tag{4.21}$$

式中，θ_{ij} 为量子旋转角，$i=1, 2, \cdots, N$；$j=1, 2, \cdots, d$。

假设变异概率为 p_m，每个人工狼在（0，1）之间给定一个随机数 random，如果 random $< p_m$，则随机选择若干个量子比特，用量子非门交换两个概率幅，而其旋转角度向量保持不变。

4.3.1.2 元胞量子狼群优化算法

在 CQWPEA 算法中，为了准确表达头狼与猎物（目标函数）之间的距离关系，将元胞空间作为算法搜索空间，并采用扩展 Moore 邻居类型对量子狼群中的探狼、猛狼搜索到的局部最优解和全局最优解分别作为元胞空间内的一个元胞，其元胞量子狼群算法的形式化描述为：

定义 1 设以 $N\times m$ 维欧式空间作为量子狼群演化算法的搜索空间，人工狼的位置为：

$$X_i=\{x_{i1}, x_{i2}, \cdots, x_{im} \mid i\in\{1, 2, \cdots, N;\ j\in 1, 2, \cdots, m\}\}\tag{4.22}$$

式中，N 为人工狼总数；m 为编码长度；x_{ij} 为人工狼的第 X_i 个位置的第 j 个编码位置，通过反置赋值操作且只能取 0、1。

头狼 p 和猎物资源 q 之间的曼哈顿距离可表示为：

$$L(p,\ q)=\sum_{j=1}^{m}\left|x_{pj}-x_{qj}\right|,\ p,\ q\in\{1,\ 2,\ \cdots,\ N\} \tag{4.23}$$

定义 2　移动算子[118]，设人工狼 i 的位置为：

$$X_i=\{x_{i1},\ x_{i2},\ \cdots,\ x_{ij},\ \cdots,\ x_{im}\}$$

该算子的具体操作如下：M 为非空的反置编码位，即表达了人工狼的位置；r 为非空的反置编码位数，即游走步长；运动算子 $\theta(X_i,\ M,\ r)$ 为在人工狼 i 的位置 X_i 中，从 M 个编码位中随机选择 r 个编码位并对其进行反置操作。例如，$X_i=\{1,\ 0,\ 0,\ 1,\ 0,\ 0\}$，$M=\{2,\ 5\}$，$r=1$。则：$\theta(X_i,\ M,\ r)=\{1,\ 1,\ 0,\ 1,\ 0,\ 0\}$ 或 $\theta(X_i,\ M,\ r)=\{1,\ 0,\ 0,\ 1,\ 1,\ 0\}$。

定义 3　$C=(c_1,\ \cdots,\ c_i,\ \cdots,\ c_n)$，$c_i\in\{0,\ 1\}$，$c_i$ 的排列组合构成元胞空间，其具体形式为：

$$L=\{\mathrm{Cell}X=(c_1,\ c_2,\ \cdots,\ c_i,\ \cdots,\ c_n)\mid c_i\in\{0,\ 1\}\} \tag{4.24}$$

定义 4　Moore 邻居类型的扩展：

$$N_{\mathrm{moore}}=\{\mathrm{Cell}Y\mid \mathrm{diff}(\mathrm{cell}Y-\mathrm{cell}X)\leqslant r,\ \mathrm{cell}X,\ \mathrm{cell}Y\in L\} \tag{4.25}$$

式中，任意两个 c_i，c_{i+1} 的排序组合的差异度为 $\mathrm{diff}(\mathrm{cell}Y-\mathrm{cell}X)\leqslant r$，$r$ 为差异度，本书取 $r=2$。

元胞量子狼群优化算法的核心思想：探狼朝着猎物遗留的气味浓度和环境信息方向进行嗅探，一旦发现猎物，需要判断自身与头狼距离猎物资源的位置，如果探狼与猎物的量子位置旋转角比头狼与猎物的量子位置旋转角大，则探狼代替头狼发起嚎叫召唤行为，否则向头狼报告猎物的位置信息。猛狼收到嚎叫召唤信号后，猛狼迅速向头狼所在位置或猎物所在位置靠拢，同时对猎场的周围环境进行探测，量子狼群进化算法中的人工狼之间以嚎叫信息实现相互通信，并通过元胞机中的局部演化规则不断调整人工狼的位置旋转角度，更好地调节人工狼群的搜索范围和定位猎物的位置，加快局部寻优速度。随着局部搜索过程的不断推进，人工狼群向着全局最优解逼近，最终通过计算头狼与猎物的平均最优位置来实现目标函数的优化求解。

4.3.1.3　算法参数优化

A　个体狼位置的二进制编码策略

在二进制编码的元胞量子狼群算法中，为了精确表达头狼和猎物资源之间的距离，根据定义 1，假设头狼和猎物的位置为 $(X_1,\ X_2)$，它们分别有两个决策变量 $(X_{11},\ X_{12})$，$(X_{21},\ X_{22})$，采用 6 位二进制编码表示每个决策变量，如图 4.2 所示。

在 CQWPEA 算法中，定义头狼与猎物（目标函数）含有决策变量的个数即为元胞空间的维数。例如，X_{id} 表示狼群中第 i 匹头狼的 d 个决策变量，X_i，X_{id} 的二进制编码长度分别用 l 和 l_d 表示，则：

	X_{11}					X_1			X_{12}		
1	1	0	1	0	1	1	0	0	0	1	0

	X_{21}					X_2				X_{22}	
0	1	0	1	1	0	1	1	0	1	1	1

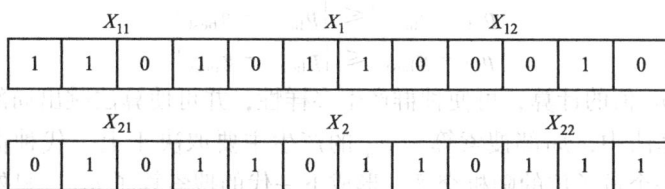

图 4.2　头狼与猎物位置的二进制编码

$$l = \sum_{i=1}^{d} l_i,\ d = 1,\ 2,\ \cdots,\ D \tag{4.26}$$

根据量子狼群进化算法，通过修改算法中的头狼和猎物之间的平均最优位置 m_{best} 的值，生成 CQWPEA 中的 m_{best}，并用二进制位串表示种群中全部最优个体狼位置，通过概率统计方法[119]，记录二进制编码位中 0，1 出现的概率次数，如果 0 出现的次数多，则 m_{best} 对应的值为 0，否则为 1，如图 4.3 所示。

p_{best1}	1	1	0	1	0	1	1	0	0	0	1	0
p_{best2}	0	1	0	1	1	0	1	1	0	1	1	1
p_{best3}	1	0	0	0	1	1	1	0	1	0	0	1
p_{best4}	0	0	1	0	1	1	0	1	0	1	0	0
p_{best5}	1	0	1	0	1	0	0	1	1	0	0	1
m_{best}	1	0	0	0	1	1	1	1	0	0	0	1

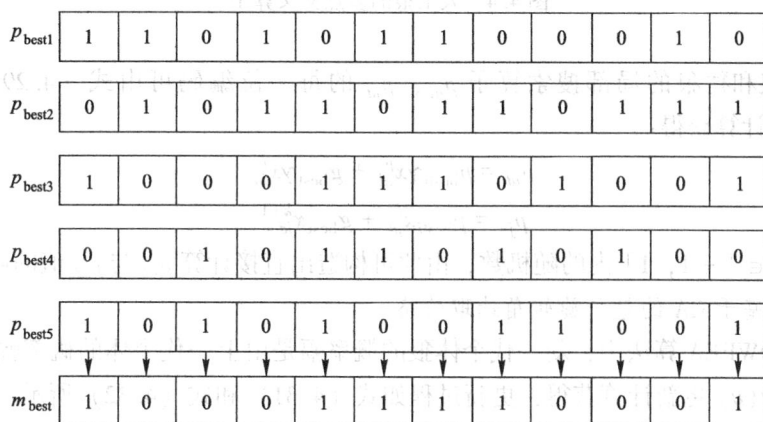

图 4.3　人工狼与猎物之间的平均最优位置值

从图 4.3 中可知，狼群中有 5 个最优位置值，每个个体狼当前的最优个体信息分别为 p_{best1}、p_{best2}、p_{best3}、p_{best4}、p_{best5}，其第 1 列对应的二进制位值为 1，0，1，0，1，依据概率统计方法，则 m_{best} 对应的第 1 列二进制值为 1，以此类推。由此获得的 m_{best} 的值为 1000011110001。特别地，如果对应每一列中的二进制位数中出现相同的 0 或 1，则 m_{best} 随机选择 0 或 1，可构造出 CQWPEA 算法中获取 m_{best} 的函数值。

在 QWPEA 算法中，四处游走行为和嚎叫召唤行为分别表示探狼和猛狼在整个搜索空间的局部位置信息，其值表示了局部搜索算子 p_{id}，$p_{id} \in (p_{\text{best}i},\ g_{\text{best}id})$，$p_{id} = \{p_{i1},\ p_{i2},\ \cdots,\ p_{iD}\}$ 位于（$p_{\text{best}i}$，g_{best}）之间的对角线两端的超矩形中，p_{id} 到 $p_{\text{best}i}$，g_{best} 的距离需小于对角线的长度，即

$$|p_{id}-p_{\text{best}i}|\leqslant|p_{\text{best}i}-g_{\text{best}}| \tag{4.27}$$

$$|p_{id}-g_{\text{best}}|\leqslant|p_{\text{best}i}-g_{\text{best}}| \tag{4.28}$$

通过对 p_{id} 值的计算，可使种群产生多样性，并可使算法跳出局部搜索空间。在 QWPEA 算法中，局部搜索算子 p_{id} 的产生主要取决于上一代种群的 $p_{\text{best}i}$ 和 g_{best} 中的每一个量子位的随机交叉，形成下一代的搜索算子 p_{id}，显然 p_{id} 满足定义 1 的曼哈顿距离，如图 4.4 所示。

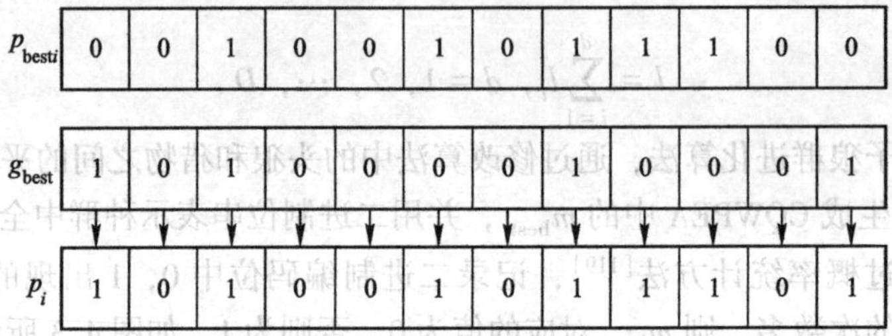

图 4.4 人工狼的多点交叉算子

探狼和猛狼的局部搜索算子 p_{di}、p_{jd} 的每一位编码可由式（4.29）与式（4.30）计算获得：

$$p_{id}=p_{\text{best}i}\gamma x_{id}^{p}+g_{\text{best}}\gamma x_{id}^{p} \tag{4.29}$$

$$p_{jd}=p_{\text{best}i}x_{jd}^{k}+g_{\text{best}}x_{jd}^{k+1} \tag{4.30}$$

式中，$\gamma\in[-1,1]$ 内的随机数，由此可构造出直接计算 p_{id} 与 p_{jd} 值的函数。

B 基于 CA 的量子旋转角选取策略

在 QWPEA 算法中，新一代个体狼的概率幅是由上一代个体的概率幅与量子旋转门 $U(\theta)$ 更新计算获得，更新过程如式（4.31）和式（4.32）所示：

$$U(\theta)=\begin{bmatrix}\cos(\Delta\theta_{ij}^{t+1}) & -\sin(\Delta\theta_{ij}^{t+1})\\ \sin(\Delta\theta_{ij}^{t+1}) & \cos(\Delta\theta_{ij}^{t+1})\end{bmatrix} \tag{4.31}$$

$$\begin{bmatrix}\alpha_i'\\ \beta_i'\end{bmatrix}=U(\theta)\begin{bmatrix}\alpha_i\\ \beta_i\end{bmatrix} \tag{4.32}$$

在量子狼群的旋转变异过程中，量子旋转角 θ 可通过查表获得[120]。但查表操作需要多次比较，运算耗费时间长。因此，采用元胞自动机进化规则对量子旋转角进行快速调整，将量子狼群视为 CA 模型，每匹狼视为 1 个元胞个体，并将其放入二维空间区域内[121]，然后采用元胞邻居结构，对元胞邻域范围内的每匹狼的最优解代替子自身最优解。

设每匹狼 i 的 $n-1$ 个邻居构成的集合为 $S_i(t)=\{x_1(t),x_2(t),\cdots,x_n(t)\}$。在解算个体狼的邻居集合最优解时引入以下演化规则[122]：

$$\begin{cases} S^t = 1, & \text{则 } S^{t+1} = \begin{cases} 1, & s = 2, 3 \\ 0, & s \neq 2, 3 \end{cases} \\ S^t = 0, & \text{则 } S^{t+1} = \begin{cases} 1, & s = 3 \\ 0, & s \neq 3 \end{cases} \end{cases} \tag{4.33}$$

式中，S^t 与 S^{t+1} 分别为 t 与 $t+1$ 时刻元胞状态；s 为元胞邻居集合中状态为 1 的元胞个数。设第 g 代狼群当前解集 $x_i^g = (x_{i1}^g, x_{i2}^g, \cdots, x_{id}^g)(i = 1, 2, \cdots, n)$，第 i 匹狼的局部最优解为 $P_i^g = (p_{i1}^g, p_{i2}^g, \cdots, p_{id}^g)(i = 1, 2, \cdots, n)$，狼群的全局最优解为 $P_g^g = (p_{g1}^g, p_{g2}^g, \cdots, p_{gd}^g)$，则量子门旋转角的更新策略如式（4.34）所示：

$$\Delta\theta_{ij}^{g+1} = \Delta\theta(c_1(p_{ij}^g - x_{ij}^g) + c_2(p_{gj}^g - x_{ij}^g)) \tag{4.34}$$

式中，g、$g+1$ 为迭代次数；p_{ij}^g 为第 i 匹人工狼第 j 位在第 g 代邻居集合的局部最优解；j 为整体狼群第 j 位在第 g 代的全局最优解；x_{ij}^g 为第 i 匹人工狼第 j 位在第 g 代的当前解；c_1 和 c_2 为搜索速度系数，通常取 $c_1 = 1$，$c_2 = 2$；$\Delta\theta$ 为量子旋转角，该角度根据式（4.35）计算，可从 0.04π~0.01π 动态减小。

$$\Delta\theta = 0.04\pi - (0.04\pi - 0.01\pi)T/T_{max} \tag{4.35}$$

式中，T 与 T_{max} 分别表示当前迭代次数和最大进化迭代次数。

为了增强量子狼群演化算法搜索范围，将量子旋转角进一步扩展到 $[-\lambda, +\lambda]$，使狼群遍历范围呈现双向性，因此按式（4.36）进行取值：

$$\Delta\theta_{ij}^{g+1} = \{0, \pm\Delta\theta, \pm 2\Delta\theta, 3\Delta\theta\} \tag{4.36}$$

由式（4.36）可知，算法中的量子旋转角扩大了 3 倍，呈现双向性，避免了混沌序列的迭代计算和多次比较的查表操作，节省了运算时间。

4.3.2 短期生产计划的编制方法

露天矿山企业短期生产计划是一个带有复杂约束条件的函数优化问题，多种复杂约束条件的有效处理，对于目标函数优化求解效果和求解速度具有决定性作用。因此采用惩罚函数方法[106,107,123]，将约束条件式（4.2）~式（4.11）构造出某种“惩罚”项，然后将其惩罚项加载到目标函数模型中，如式（4.38）所示。根据罚函数策略，短期生产计划的目标函数和约束条件处理后的数学模型为：

$$\begin{cases} \max F(x) = \{f(x), vio(x)\} \\ vio(x) = \sum_{i=a-1}^{a}\sum_{j=1}^{b_i}\sum_{k=1}^{c_{ij}} \max\{0, \varphi_i(x)\} + \sum_{t=1}^{T} \max\{0, \varphi(x)\} \end{cases} \tag{4.37}$$

式中，$vio(x)$ 为约束违反度函数。其中，当 $vio(x) = 0$ 时，表示当前搜索到的最优解能满足约束条件；当 $vio(x) \neq 0$ 时，表示当前搜索到最优解不能满足约束条件，但整个种群搜索到的最优解可满足约束条件。

$$
\begin{cases}
\varphi_1(x) = -\sum\limits_{t=1}^{T} x_{i,j+n_1,k_{i,j+n_1},t} + \sum\limits_{t=1}^{T} x_{i+1,j,1,t} \leqslant 0 \\
(i = 1, 2, \cdots, a-1;\ j = 1, 2\cdots, b_i - 1;\ t = 1, 2, \cdots, T) \\
\varphi(x) = \left| \sum\limits_{t=1}^{T} x_{i,j+n_2,1,t} - \sum\limits_{t=1}^{T} x_{i+1,j,k_{i+1},t} \right| - \mu \leqslant 0 \\
(i = 1, 2, \cdots, a-1;\ j = 1, 2\cdots, b_i - 1;\ t = 1, 2, \cdots, T) \\
\varphi_3(x) = -\sum\limits_{t=1}^{T} x_{i,j,k_{ij},t} + \sum\limits_{t=1}^{T} x_{i,j+1,t} \leqslant 0 \\
(i = 1, 2, \cdots, a-1;\ j = 1, 2\cdots, b_i - 1;\ t = 1, 2, \cdots, T) \\
\varphi_4(x) = -\sum\limits_{t=1}^{T} x_{i,j,k,t} + \sum\limits_{t=1}^{T} x_{i,j,k+1,t} \leqslant 0 \\
(i = 1, 2, \cdots, B-1;\ j = 1, 2\cdots, j_i - 1;\ t = 1, 2, \cdots, T) \\
\varphi_5(x) = \sum\limits_{i=1}^{a}\sum\limits_{j=1}^{b_i}\sum\limits_{k=1}^{c_{ij}} (M_{ijk} \times x_{i,j,k,t}) - M_t^2 \leqslant 0 \quad (t = 1, 2, \cdots, T) \\
\varphi_6(x) = -\sum\limits_{i=1}^{a}\sum\limits_{j=1}^{b_i}\sum\limits_{k=1}^{c_{ij}} (M_{ijk} \times x_{i,j,k,t}) + M_t^1 \leqslant 0 \quad (t = 1, 2, \cdots, T) \\
\varphi_7(x) = \sum\limits_{i=1}^{a}\sum\limits_{j=1}^{b_i}\sum\limits_{k=1}^{c_{ij}} (M_{ijk} \times x_{i,j,k,t}) - R_t^2 \leqslant 0 \quad (t = 1, 2, \cdots, T) \\
\varphi_8(x) = -\sum\limits_{i=1}^{a}\sum\limits_{j=1}^{b_i}\sum\limits_{k=1}^{c_{ij}} (M_{ijk} \times x_{i,j,k,t}) - R_t^1 \leqslant 0 \quad (t = 1, 2, \cdots, T) \\
\varphi_9(x) = -\sum\limits_{i=1}^{a}\sum\limits_{j=1}^{b_i}\sum\limits_{k=1}^{c_{ij}} (A_{ijk-b} \times M_{ijk} \times x_{i,j,k,t}) + \sum\limits_{i=1}^{a}\sum\limits_{j=1}^{b_i}\sum\limits_{k=1}^{c_{ij}} (A_{bt}^1 \times M_{ijk} \times x_{i,j,k,t}) \leqslant 0 \\
(d = 1, 2, \cdots, Q;\ t = 1, 2, \cdots, T) \\
\varphi_{10}(x) = -\sum\limits_{i=1}^{a}\sum\limits_{j=1}^{b_i}\sum\limits_{k=1}^{c_{ij}} (A_{ijk-b} \times M_{ijk} \times x_{i,j,k,t}) + \sum\limits_{i=1}^{a}\sum\limits_{j=1}^{b_i}\sum\limits_{k=1}^{c_{ij}} (A_{bt}^2 \times M_{ijk} \times x_{i,j,k,t}) \leqslant 0 \\
(d = 1, 2, \cdots, Q;\ t = 1, 2, \cdots, T) \\
\varphi_{11}(x) = \sum\limits_{i=a_{Q_1}}^{a_{Q_1}}\sum\limits_{j=1}^{b_i}\sum\limits_{k=1}^{c_{ij}}\sum\limits_{t=t_1}^{t_2} (M_{i,j,k} + R_{i,j,k}) \times x_{i,j,k,t} - K_n^2 \leqslant 0 \\
\varphi_{12}(x) = -\sum\limits_{i=a_{Q_1}}^{a_{Q_1}}\sum\limits_{j=1}^{b_i}\sum\limits_{k=1}^{c_{ij}}\sum\limits_{t=t_1}^{t_2} (M_{i,j,k} + R_{i,j,k}) \times x_{i,j,k,t} + K_n^1 \leqslant 0
\end{cases}
\tag{4.38}
$$

式中，$\varphi_i(x)$ 为短期生产计划模型中约束条件的不等式项；$\varphi(x)$ 为短期生产计划模型中约束条件的等式项；μ 为模型变换的罚函数因子，说明某个时期某个台阶的最大采剥量值应允许在 $[-\mu, \mu]$ 范围内波动，通常 μ 取很小的值。

4.3.3 短期生产计划模型解算过程

根据露天矿山企业短期生产计划模型式（4.38）的描述，结合各开采块体空间位置（i，j，k）的变量 $x_{i,j,k,t}$，由此来抽象表达整体生产计划优化求解问题[123]：$f(x) = \max\{f(x),\ x_{i,j,k} \in (0,\ 1)\}$，探狼的搜索结果表示某个开采面的采剥生产计划的局部优化方案，猛狼实施攻击行为后的结果表示短期生产计划问题的全局最优方案，个体狼的数目表示台阶个数，种群维数表示某个开采台阶上的开采矿量，将短期生产计划模型中的目标函数作为适应度函数，模型的解算过程为[124]：

（1）初始化参数。根据 4.3.1 节的双策略对量子狼群的初始量子位进行初始化，并采用二进制位串的形式初始化狼群中的个体狼位置 x_{id}^k，使 $p_{\text{best}} = x_{id}^k$，计算初始狼群个体的适应度值，同时对算法的基本参数进行初始化操作，对目标函数中的变量参数（台阶、块体数量、产量、质量指标、起止月份已经时段数）进行初始化设置和赋值操作。

（2）确定 T 时段的开采起止状态、产量计划、质量计划和关键价值开采区域以及块体数。

（3）根据 m_{best} 函数计算人工狼与猎物资源之间的平均最优位置值 m_{best}。

（4）根据方程式（4.29）、式（4.30）计算局部搜索算子 p_{id}、p_{jd} 的值。

（5）根据初始狼群的适应度函数值计算种群中每个个体狼位置值，并与上一次迭代的局部最优值进行比较。如果适应度值 $fit(X_i) < f(p_{\text{best}i})$，则用 $p_{\text{best}i} = X_i$ 更新局部最优位置；反之，则不更新。

（6）量子人工狼按照式（4.31）~式（4.36）进行元胞邻域搜索，并计算狼群体中新的适应度值。将狼群的全局最优位置值 $g_{\text{best}id}$ 与上一次的全局最优位置值 $g_{\text{best}id-1}$ 进行比较。如果 $f(g_{\text{best}id}) < f(g_{\text{best}id-1})$，则替换原最优位置值；反之，不更新。另外在量子旋转角中，如果 $\Delta\theta = 0$，对狼群的量子编码位进行交叉，交换量子位概率幅 α 与 β。

（7）按头狼产生规则和猎物气息元胞邻居空间的演化规则对头狼位置 p_d 进行更新，邻域搜索同步骤（4）。

（8）将局部搜索算子 p_{id}、p_{jd} 的值转换为全局最优位置值。

（9）判断是否满足迭代次数 $k_{\max}$ 要求，如果满足，则输出头狼的位置 p_d，即所求解问题的最优解，否则转入步骤（2）。

（10）输出日前的矿石开采量和品位的最优值。

4.4　短期生产计划模型算例仿真计算

4.4.1　开采台阶划分过程与数据来源

为了验证 CQWPEA 算法对露天矿山企业短期生产计划模型的适用性，以第 3 章长期生产计划实例中的表 3.6 矿岩采剥工程量作为本章的基础数据源，采用确定方向线和推进线的方式划分矿体模型，方向线与 y 轴平行，推进线与 x 轴平行。

假设采掘推进距离为 80m，推进的台阶高程为 15m，台阶的宽度为 80m，台阶的坡面角为45°，并设置比重属性为铜，指定矿石为铜。当推进线方向偏移 60m 时，继续对矿体进行划分，生成不同时段的矿体采掘面，第一次没有对矿体进行台阶的划分，则不会生成采掘面，只有开采阶段的地质实体。在进行第二次矿体划分时形成基础生产数据，该数据包含各阶段的矿石量和累计开采量、剥离的岩石体积和累计剥离量、每个阶段的生产采剥比和累计的采剥比等数据。

矿体台阶划分阶段：第一次划分生成 00～34 阶段，第二次划分生成 00～45 阶段。第一次对矿体划分后生成的 00 阶段没有划分到块体，第一次生成 31～34 阶段与第二次生成 00～04 阶段进行组合，第二次划分生成 22～45 阶段也没有划分到块体。本节为了使用 CQWPEA 算法对短期生产计划的优化求解，并与文献［125］的研究成果形成鲜明对比，通过选取第一次划分生成的 01～30 阶段，第二次划分生成 01～21 阶段，共计是 51 个开采阶段作为本章仿真的基础数据源。其获取过程如下：

首先，对首次开采区域的多层块体模型进行量化，选择金属铜进行累积计算，比重选为 1，以岩性作为分类标准，以各阶段的地质实体作为内部约束，解算出各阶段的矿石量、矿体的总体积、岩石体积和剥离量。

其次，计算矿体内部开采的矿石和岩石体积，解算出阶段矿岩采剥的总体积。

最后，通过不同阶段的矿岩体积，解算出各阶段开采的矿石总量、剥离总体积、采剥比和累计采剥比等参数。由于篇幅限制，其部分详细数据如表 4.1 所示。

表 4.1　台阶划分量与采剥量统计表

阶段	剥岩量/m^3	开采矿量/t	累计剥岩量/m^3	累计开采矿量/t	采剥比/$m^3 \cdot t^{-1}$	累计采剥比/$m^3 \cdot t^{-1}$
1	2846000	0	2846000	0	—	—
2	13433558.94	1011928.97	16279558.94	1011928.97	13.27519948	16.08764985

续表 4.1

阶段	剥岩量/m^3	开采矿量/t	累计剥岩量/m^3	累计开采矿量/t	采剥比/$m^3 \cdot t^{-1}$	累计采剥比/$m^3 \cdot t^{-1}$
3	22773779.33	4615904.67	39053338.27	5627833.64	4.933762926	6.939319953
4	34028535.54	4961610.4	73081873.81	10589444.04	6.858365086	6.901389113
5	46061765.09	4890950.27	119143638.9	15480394.31	9.417753718	7.696421455
6	57678027.98	5745809.79	176821666.9	21226204.1	10.0382766	8.330348001
7	66883070.04	8345571.21	243704736.9	29531775.31	8.05279593	8.252288741
8	73306372.36	13936268.07	317011109.3	43468043.38	5.260114974	7.292969378
9	81523574.35	14735155.29	398534683.6	58203198.67	5.532590105	6.847298649
10	90631617.28	11065989	489166300.9	69269187.67	8.190105492	7.061816622
11	94788123.23	15514614.18	583954424.1	84783801.85	6.109602348	6.887570637
12	95403313.87	24645599.04	679357738	109429400.9	3.871008114	6.208182924
13	101395193.6	26051166.16	780752931.6	135510567.1	3.887678679	5.761564934
14	109562279.3	25250077.03	890315210.9	160760644.1	4.339086933	5.538141601
15	117240259.7	24806827.96	1007555471	185567472	4.726128624	5.429590974
⋮	⋮	⋮	⋮	⋮	⋮	⋮
45	34940190.46	14595624.65	5226570764	967110012.4	2.393881132	5.40431874
46	27309602.64	8740782.86	5253880366	975850795.3	3.124388636	5.383897202
47	18810904.18	5035671.69	5272691270	980886467	3.7355303	5.375434821
48	9820937.291	6084649.64	5282512208	986971116.6	1.614051403	5.352245997
49	2473876.764	5744112.51	5284986085	992715229	0.430680416	5.323768519
50	75017.27559	1820904.06	5285061102	994536133.2	0.041197819	5.314096618
51	636.2913386	96727.91	5285061738	994632861.1	0.006578157	5.313580462

4.4.2 仿真运行环境与参数设置

4.4.2.1 系统运算软硬件环境

硬件平台：Windows 7 操作系统，3GB 内存，4GHz CPU。

软件平台：Matlab2017Ra。

4.4.2.2 算法参数设置

A CQEA 算法参数设置

QEA 的量子位长度表达了算法寻优空间的大小，元胞空间作为算法的搜索空间，元胞状态表达了采剥空间内台阶进尺状态，局部演化规则表达了台阶进尺演变过程，邻居表达了相邻台阶、条带和块体之间的位置关系。因此，考虑使用量子位长度来设置 QEA 的参数。结合实验仿真测试，参数设置为：当量子位长度为 50 时，量子种群规模取 1，观测次数取 5，最大迭代进化次数取 500；当量子位长度为 50~100 时，量子种群规模取 2，观测次数取 5，最大迭代进化次数取 1000；当量子位长度大于 100 时，如书中的短期生产计划算例中，取量子位长度为 50，量子种群规模取 2，最大迭代次数取 4000，控制参数 $\gamma=0.6$，量子旋转角 $\Delta\theta=0.05$。

B　WPEA 算法参数设置

狼群规模均为 $m=500$，最大迭代次数为 500 次，判定因子 $\omega=500$，步长因子 $S=1000$，更新因子 $\beta=6$，最大游走次数 $T_{max}=20$，探狼比例因子 $\delta=4$，滑模交叉 $\mu=0.2$, $\sigma=0.3$, $I=8$, $k_{max}=500$。狼群规模大小与块体数有关，最大迭代次数与模型的变量数有关。因此，当算例中的变量数较多时，会使种群规模和迭代次数设置过大，导致算法的计算时间太长而降低算法的求解速度和精度。

4.4.3　仿真运算与结果分析

针对上述露天矿山实例的数学模型式（4.38）和算法参数的设置，再以 4D 生产计划时空数据库中的台阶数据表、矿岩量统计数据表以及长期生产计划的台阶数、条带数和块体数量、矿岩采剥量和采剥比数据作为模型仿真和算法求解的输入参数，如表 4.1 所示。采用元胞量子狼群算法，计算获得露天矿山企业短期生产计划模型的求解迭代收敛计算结果，如图 4.5 所示。同时，将本书提出的算法与狼群算法和量子狼群算法进行比较分析，如图 4.6 所示。为了进一步说明本书算法的计算速度和优越性，将 CQWPEA 算法的计算时间与文献［78］中的 Lingo 软件、CPLEX 软件的计算时间进行比较和分析，如表 4.3 和图 4.6 所示。

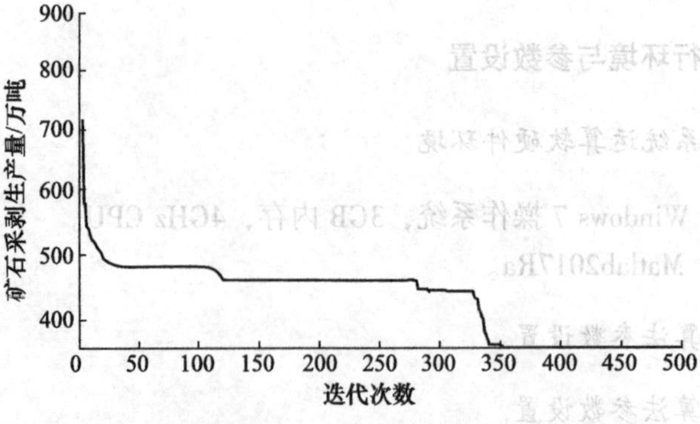

图 4.5　元胞量子狼群进化算法解算迭代收敛曲线图

由图 4.5 的收敛计算曲线可知，使用 51 个阶段的矿岩采剥量，将 51 个阶段划分为 12 个台阶，每个台阶划分为 8 个条带，每个条带划分为 86 个块体数。其中，超前条带数为 1，滞后条带数为 3，共计采用 4 个时段将 12 个台阶开采完毕。将一年 12 个月使用 3 个时段进行划分，每个时段的块体数为 1000 个，经过使用元胞量子狼群优化算法的应用求解，51 个阶段的矿岩总量为 3957.9850 万吨，这比文献［78］计算的 3736.0950 万吨的矿岩总量要多 221.18900 万吨，这是因为在长期生产计划中采用低品位矿石处理策略，使得品位较低的矿石经过重新优化计算后，矿石开采总量明显增加，从而体现出智能优化算法在矿山生产计划优化求解的优点。另外，根据短期生产计划模型的目标，51 个阶段的矿岩剥采总量平均划分到每个月后，其月采剥矿岩量为（3957.9850/1000）×12 = 4749.58 万吨。

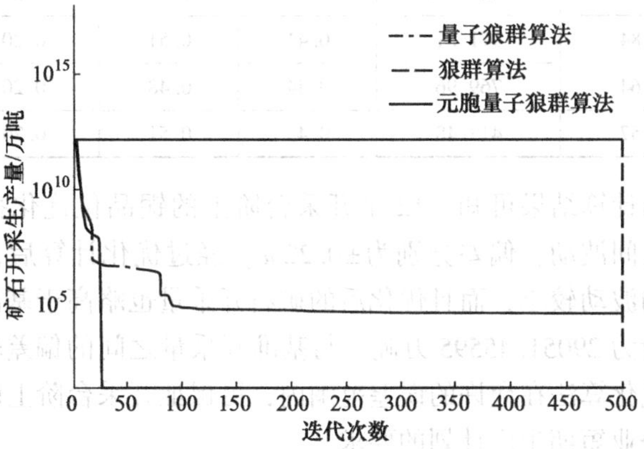

图 4.6　三种进化算法对短期生产计划的计算结果

根据图 4.6 的三种进化算法的收敛结果可知，采用 CQWPEA 算法对露天矿山企业长期生产计划模型进行优化计算后，其要比其他两种算法更好，计算时间为 76.32s，而量子狼群算法的计算时间为 80.18s，狼群算法的计算时间为 102.90s。这说明利用本书算法对露天矿山企业长期生产计划模型的计算具有一定的优越性。

根据表 4.2 的优化结果可知，将 51 个开采阶段划分为 12 个台阶后，以开采任务量和指定品位指标为基础，通过使用元胞量子狼群优化算法对模型式（4.1）求解计算后，获得每个台阶上的开采量均要比规定的任务量多，这是因为长期生产中使用低品位矿石处理策略后，使得台阶上的矿石量明显增加；另外，优化后的矿石平均品位总体上比入选品位指标要高，只有台阶 2、4 ~ 7 上的品位略低一些，因为这些台阶上的矿石量相对较少，而且受到地质结构的影响较大。

表 4.2 短期计划的计算结果比较

台阶数	开采任务量/万吨	开采量优化/万吨	品位指标/%	平均品位/%	开采量对比/%	品位值对比/%
1	1058.94	1270.73	0.51	0.57	0.20	10.78
2	3291.86	3950.23	0.62	0.54	0.20	8.71
3	15247.42	18296.90	0.53	0.60	0.20	12.26
4	7665.82	9198.98	0.55	0.54	0.20	9.73
5	1342.88	1611.45	0.62	0.45	0.20	7.26
6	1266.75	1520.10	0.57	0.44	0.20	7.63
7	1143.15	1371.78	0.59	0.47	0.20	7.88
8	1180.94	1417.13	0.48	0.53	0.20	10.42
9	1030.69	1236.84	0.49	0.54	0.20	9.18
10	809.84	971.81	0.41	0.51	0.20	23.17
11	641.64	769.96	0.44	0.48	0.20	9.09
12	344.57	413.48	0.43	0.51	0.20	16.28

从图 4.7 的计算结果可知，12 个开采台阶上的铜品位优化指标比值基本在 7.25%~9.5%之间波动，偏差分别为±0.22%，经过优化计算后，铜品位指标与入选品位指标的波动较小，而且优化后的矿石开采量也略高于基准任务量，每个台阶上的开采量为 29051.45595 万吨，与基准开采量之间的偏差较小，说明该模型处理策略与优化算法在允许的误差范围内，可保证开采台阶上的矿石量和品位波动符合矿山企业短期生产计划的要求。

由图 4.8 的优化结果以及表 4.3 中的对比结果可知，将本书算法与文献［77］、文献［78］以及文献［79］的结果进行比较，文献［77］与文献［78］属于三维空间变量的求解，其变量数相对较少，但其求解方式不同、迭代求解次数较多、计算速度相对较慢、问题的求解结果不确定，且均属于分段优化方式；文献［79］属于在三维矿床地质模型的基础上考虑了开采时段的求解计算，虽然变量数较多、求解速度慢，且求解的问题有解，但所获得的解不一定是最优解，而且求解次数较少，属于整体性优化；虽然本书模型存在求解变量数较多，但使用指定阶段的决策变量设为 1，其他阶段决策变量暂时设为 0 的 0-1 整数规划方法，再采用元胞量子狼群算法本身的优势及算法参数的优化效果，使得模型中的无关决策变量数减少，且求解次数较少、求解的问题存在最优解，属于整体优化过程。此外，从图 4.5 的元胞量子狼群进化算法的收敛曲线也可清晰地看出，将 51 个阶段划分为 12 个台阶，每个台阶划分为 8 个条带，每个条带划分为 86 个块体数，并将一年 12 个月使用 3 个时段进行划分，对于长短整体优化模型，采用元胞量子狼群优化算法后，当迭代次数在 1 至 340 之间时，求解计算的

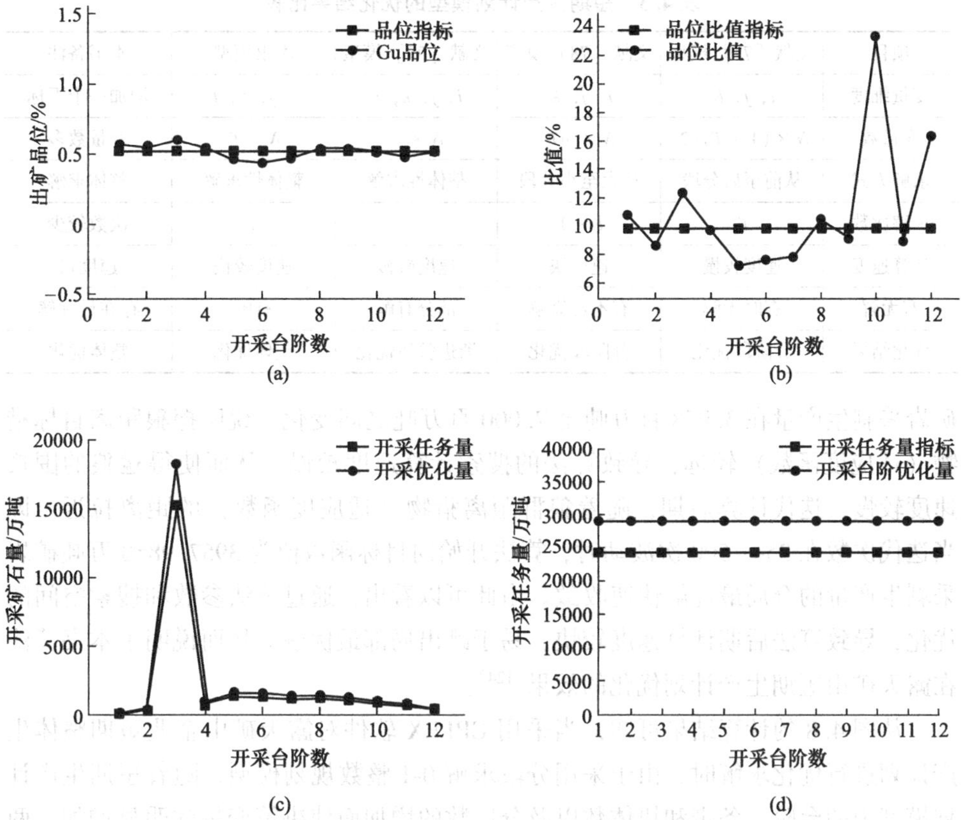

图 4.7 开采台阶矿石量与品位指标比较结果

(a) 开采台阶品位分布；(b) 铜品位比值；

(c) 台阶开采任务量优化结果；(d) 台阶开采任务量指标对比结果

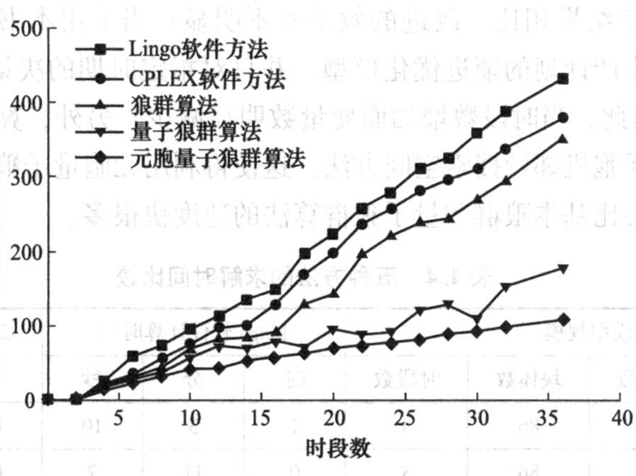

图 4.8 开采时段数与决策变量数的关系

表 4.3　短期生产计划模型的优化结果比较

项目	文献 [77] 模型	文献 [78] 模型	文献 [79] 模型	本书模型	本书备注
变量维度	i, j, k	i, j, k	i, j, k, t	i, j, k, t	增加一个下标
变量数	$N \times (1+T)/2$	$N \times \ln T$	$N \times T$	$N \times T$	变量数多
求解方式	从前至后分段	从大至小分段	整体性求解	整体性求解	整体求解
求解次数	T	$T-1$	1	1	次数较少
计算速度	速度较慢	速度快	速度较慢	速度较快	速度快
有无解	有时无解	有不可靠解	部分有解	有解	存在最优解
优化结果	分阶段优化	分阶段优化	渐进整体优化	整体优化	整体优化

矿岩采剥生产量在 3.958 百万吨至 7.000 百万吨之间变化，说明探狼距离目标猎物（适应度函数）较远，导致算法的搜索计算速度较慢，从而使得猛狼的围攻速度较慢，迭代计算后期，随着狼群距离猎物（适应度函数）的距离拉近，即当迭代次数在 350~500 次波动时，算法开始向目标函数值为 3957.9850 万吨矿岩采剥生产量的全局最优解快速收敛。由此可以看出，通过算法参数和搜索空间的优化，导致算法后期计算速度较快，易于跳出局部最优解，从而说明了本书算法在露天矿山短期生产计划优化的效果[124]。

从图 4.8 的计算结果可知，当采用 CPLEX 软件对露天矿山企业短期整体生产计划进行优化求解时，由于采用分段求解 0-1 整数规划模型，随着短期生产计划模型中的台阶、条带和块体数以及分段数的增加而使决策变量数明显增加，两者之间几乎呈现线性递增的关系；当采用文献 [77]~[79] 中的 Lingo 软件进行求解时，由于是长期向短期生产计划渐进求解的 0-1 整数规划模型，随着决策变量的增加，在相同的时段数下求解该模型所产生的变量数也在线性递增，与 CPLEX 软件求解结果相比，改进的效果并不明显；当采用本书算法时，由于采用长期向短期生产计划的渐进优化模型，并只对指定时期的决策变量赋予 1，其余变量为 0，由此，当时段数增加而变量数明显减少。另外，算法中通过引入量子进化算法和元胞机邻域搜索空间方法，这使得利用元胞量子狼群算法对模型的求解速度明显要比基本狼群和量子狼群算法的速度快很多。

表 4.4　五种方法的求解时间比较

模型规模				Lingo 软件计算时间			CPLEX 软件计算时间		
台阶数	条带数	块体数	时段数	时	分	秒	时	分	秒
12	8	86	3	1	3	10	0	32	57
12	8	86	3	0	11	7	0	1	59
12	8	86	3	2	3	46	0	15	30

续表 4.4

模型规模				Lingo 软件计算时间			CPLEX 软件计算时间		
台阶数	条带数	块体数	时段数	时	分	秒	时	分	秒
12	8	86	3	0	26	17	0	2	25
12	8	86	3	5	8	26	0	5	19
12	8	86	3	2	26	4	0	14	25
12	8	86	3	2	5	19	0	2	32
12	8	86	3	7	21	27	1	2	44

WPEA 算法计算时间			QWPEA 算法计算时间			CQWPEA 算法计算时间		
时	分	秒	时	分	秒	时	分	秒
0	3	6	0	2	18	0	1	22
0	8	17	0	8	14	0	6	13
0	4	33	0	3	47	0	1	52
0	5	28	0	2	32	0	1	36
0	7	12	0	6	19	0	4	17
0	14	58	0	15	20	0	12	23
0	5	21	0	4	28	0	2	19
0	29	16	0	25	26	0	16	22

由表 4.4 中采用五种方法对模型的计算时间可知，在相同的台阶数、条带数和块体数规模下，采用 Lingo 软件所耗费的时间要比 CPLEX 软件多，而采用本书算法渐进求解模型所耗费的时间要比这两种软件、狼群算法和量子狼群算法的时间少很多，这主要是因为在相同的变量数条件下，采用量子进化算法对狼群算法进行改进后，使算法的计算速度大幅度提高（60%左右）。另外，从图 4.8 可知，采用本书方法所得的计算时间明显优于上述两种软件和基本狼群算法。

4.5 本章小结

(1) 针对如何将露天矿山长期生产计划中的年开采期内的块体净现值最大向每月矿石开采生产量最大过渡问题，采用 0-1 整数规划方法，综合考虑台阶上要开采的条带、块体时空顺序，开采数量，开采品位，关键块体价值开采区域以及开采时段等约束条件，构建露天矿山企业短期生产计划模型，实现了长期计划中的年开采时期的块体净现值目标向短期生产计划的月矿石开采量和品位值最大目标逐渐细化过程。

(2) 针对露天矿山企业短期生产计划模型中决策变量多、搜索计算速度慢的问题，基于 4D 生产计划时空数据库技术，将长期生产计划编制数据、计划期内的矿岩数据、短期生产计划的技术经济参数和生产过程参数等进行组织，作为模型求解的输入数据参数，提出了元胞量子狼群进化算法，并利用二进制编码方式和元胞自动机中的演化规则，对量子狼群算法的参数进行优化，同时提出一种量子位滑模交叉方法，提高了头狼的产生速度和算法的全局收敛计算速度。

（3）通过以某大型铜金属露天矿山企业长期生产计划的部分矿岩开采工程为案例，利用元胞量子狼群进化算法对短期生产计划模型进行优化计算，为扩展混合智能优化算法在露天矿山生产计划优化应用理论奠定了基础。本章露天矿山企业短期生产计划建模理论、CQWPEA 算法求解思想以及矿石量数据源为进一步研究生产作业计划的矿石开采和运输成本的数学模型和求解方法提供研究基础。

5 露天矿山企业生产作业计划问题建模与优化算法

露天矿山企业生产作业计划是对短期生产计划期内采场台阶上的日开采矿石量的开采和运输单位成本进行优化计算，本质上是短期生产计划的逐步细化和具体实施过程。目前研究成果只是对采矿作业的总成本进行研究[80]，并采用基本智能优化算法[83~85]和数学规划方法[80~82]求解生产作业成本，但对于不同开采时期内的每月矿石量开采成本和运输成本的精细化研究较少，这容易造成矿山生产计划编制的片面性，脱离矿山企业生产管理的金字塔模式；另外，采用基本的智能优化算法求解生产作业计划模型的时间较长、精度较低。基于此，本章在前述露天矿山企业短期生产计划的月开采矿石量和品位值最大的基础上，以每日的矿石开采和运输作业单位成本最小为目标，综合考虑了矿石品位波动、矿石开采量、采场出矿总量以及资源利用率等约束条件，构建了露天矿山企业生产作业计划模型，研究了矿山生产作业计划编制问题。由于传统粒子群算法的收敛性能弱，计算精度不理想等，针对模型的特点，提出了改进的量子粒子群进化算法优化计算模型，利用进化速度和聚集度因子优化算法的基本参数，增强全局收敛性能，最后以 4D 生产计划时空数据库中的经济参数关系表和短期生产计划中的矿石开采量作为模型的输入参数，对短期生产计划模型进行求解验证。结果表明，提出的生产作业计划模型与优化算法可以实现露天矿山企业日常生产作业的精细化管控。

5.1 生产作业计划问题描述

5.1.1 生产作业计划问题概况

前文露天矿长期生产计划主要采用改进鸽群搜索算子的粒子群优化算法，对矿山开采周期内不同开采时段（年）的矿床块体价值和企业净现值进行计算，而短期生产计划用元胞量子狼群优化算法求解，不同开采时段内的当前采场中开采台阶面的矿石开采量和品位值最大；但采场中的这些采剥矿岩量常包含多种金属元素，如何将富含不同金属元素的矿石量从多个出矿点或采场运输至不同的卸矿点（或堆场)，使开采和运输作业单位成本最小化的问题还未解决。因此，本章解决的主要问题是在生产计划周期内，在品位波动、矿石开采量、出矿总量和矿产资源回收利用等约束下，如何确定每个采场中台阶上日或周矿石开采和运输作业单位成本最小化的问题。

5.1.2　参数定义与变量说明

为了准确表达露天矿山企业生产作业计划模型的目标函数与约束条件之间的关系，首先对模型中涉及的变量符号与参数含义描述如下：

(1) T 表示在计划水平内的总开采周期数（单位：个）。

(2) x_i 表示采场内的开采量，其中下标 i 表示第 i 采场，且 $i = 1, 2, \cdots, n$（单位：万吨）。

(3) c_i 表示第 i 个采场内的开采和运输单位成本（单位：元/t）。

(4) k 表示矿石元素类型。

(5) G_i^k 表示第 i 个采场开采的第 k 种矿石。

(6) $\max G_i^k$ 表示第 i 个采场开采的第 k 种矿石的品位上限范围（单位：万吨）。

(7) $\min G_i^k$ 表示第 i 个采场开采的第 k 种矿石的品位上限范围（单位：万吨）。

(8) $Q_{\min}$，$Q_{\max}$ 表示每个采场允许开采矿石量的界限（单位：万吨）。

(9) Q 表示作业计划期内全部采场的出矿总量范围（单位：万吨）。

(10) δ_i 表示第 i 采场的矿石回采率（单位：%）。

(11) $\min\delta_i$，$\max\delta_i$ 表示回收利用率的上下限值（单位：%）。

5.1.3　生产作业计划的编制条件

通常采场作为矿山生产作业活动的基本场所，在开采矿石之前，需要做探矿、钻孔、爆破等准备工作，然后通过回采作业完成矿石的开采和运输，编制计划的目的是使短期生产计划中的矿石开采量的日或周开采和运输成本最小，产生尽可能大的经济效益。基于上述目标，露天矿山企业生产作业计划编制的基本条件为：（1）生产作业能力均衡配置。随着矿山作业进尺深度的推进，不同的采场或出矿点与破碎站的距离逐渐增大，再加上采矿方法、采场作业方式、人员设备资源的约束差异，每个采场的出矿能力均会受到不同程度的影响，导致作业工期延误、出矿量少等情况，因此在编制露天矿山企业生产作业计划时需要综合考虑生产任务量与作业能力间的均衡平稳，保证作业期内各工序准时完成。(2) 开采量与出矿总量的合理分配。露天矿山企业的生产任务量是由年度、季度、月度以及日任务量构成，它们之间是由上而下逐级细分、由下而上逐级实现，为了保证采场均匀出矿和连续作业的要求，必须保证月生产计划期内各采场的采掘量和出矿总量的分配制约关系。(3) 矿产资源开采利用。露天矿山企业的目标是实现投入产出比持续增加，因为日或周出矿量、品位和回采率等均会制约企业的经济效益。

5.2 生产作业计划模型构建

5.2.1 目标函数

露天矿山企业生产作业过程是对短期生产计划月矿石开采量的采运成本进行计算，由于露天矿山每日或每周的开采生产会在多个采场同时进行，而不同的采场受到矿床地质赋存条件和矿岩结构的影响，其矿岩富含的矿物元素不同，由此需要利用铲运机或卡车将富含不同元素的矿石从采场运输到堆矿场，方便后续选矿厂的选矿需要。但在开采进尺深度的影响下，出矿场与堆矿场之间的距离会出现差异，运输矿石的费用也根据运距的差异而不同，由此构建生产作业计划的目标函数为[124]：

$$f(x) = \min(\sum_{i=1}^{n} c_i x_i) \tag{5.1}$$

5.2.2 约束条件

(1) 矿石品位约束。由于矿床赋存条件的差异，不同采场开采的矿石品位会产生一定的波动性，应该通过配矿等手段来满足选矿厂入选的品位指标需要，否则开采的矿石作为废石被排岩处理。建立数学表达式为：

$$\min G_i^k \leqslant \frac{\sum_{i=1}^{n} G_i^k x_i}{\sum_{i=1}^{n} x_i} \leqslant \max G_i^k \tag{5.2}$$

(2) 矿石开采量约束。在短期开采生产计划期内，多个采场并行开采的矿石量应该与矿山企业配套的生产设备、运输设备以及材料供给以及备采矿量保持平衡，否则会出现设备的超负荷运作或采场矿石堆积现象，建立的数学表达式为：

$$Q_{\min} \leqslant \sum_{i=1}^{n} x_i \leqslant Q_{\max} \tag{5.3}$$

(3) 矿石采出量约束。在短期开采生产计划期内，每月开采的矿石数量任务是根据年开采生产计划任务的划分来确定的，多个采场开采矿石量必须在规定的开采总量范围内，否则会出现超量开采而影响下一期的计划实施，建立的数学表达式为：

$$\sum_{i=1}^{n} \delta_i x_i \leqslant Q \tag{5.4}$$

（4）资源开采效率约束。在矿产资源储量和开采境界范围内，通过使用回采率经济指标来确定矿产资源的合理利用效果，进而增加矿山的服役期，这对矿山开采生产投入成本、企业生产利润以及生态环境都产生一定的影响，建立的数学表达式为：

$$\min\delta_i \leqslant \frac{\sum_{i=1}^{n} \delta_i x_i}{\sum_{i=1}^{n} x_i} \leqslant \max\delta_i \tag{5.5}$$

其中，从理论上来看，上述模型主要利用整数规划方法，从短期生产计划渐进过渡至日常作业计划进行抽象，构建出整数规划模型，并以日常作业采运成本最小为目标。该模型从矿石品位波动、开采量、开采效率等范围作为限制条件，进而利用改进的量子粒子群算法对模型进行优化计算。

5.3 优化算法设计与计划编制方法

露天矿山企业生产作业计划是以短期生产计划的矿岩采剥生产量为基础，实现每日矿石开采和运输单位成本的优化。该模型具有目标的精细化和约束条件的复杂性，由此，为了实现模型的精确计算，利用量子粒子群算法（quantum-behaved particle swarm optimization，QPSO）算法对模型进行优化解算，并为了最大限度地发挥算法本身的性能，利用文献[126,127]中的进化速度因子和聚集度因子对算法的参数进行优化，并提出了双可行域吸引子搜索策略来尽可能增加模型目标的可行解。

5.3.1 生产作业计划优化算法

5.3.1.1 优化算法设计

在标准的粒子群算法中，某个粒子 i 的飞行方向和聚集位置是由该粒子的个体最优位置 $p_{i,t}$ 和群体全局最优位置 $p_{g,t}$ 两个参数共同决定，主要是将这两个参数进行加权平均后的位置 $S_{i,t}=\{s_{i,t}^1, s_{i,t}^2, \cdots, s_{i,t}^D\}$ 作为种群聚集的吸引子，该吸引子的位置计算方法如下：

$$s_{i,t}^j = \frac{c_1 r_{1,i,t}^j p_{i,t}^j + c_2 r_{2,i,t}^j p_{g,t}^j}{c_1 r_{1,i,t}^j + c_2 r_{2,i,t}^j} \tag{5.6}$$

PSO 算法中，通常取 $c_1 = c_2$，因此，式（5.6）可变为如下形式：

$$s_{i,t}^{j} = \varphi_{i,t}^{j} p_{i,t}^{j} + (1 - \varphi_{i,t}^{j}) p_{g,t}^{j} \tag{5.7}$$

式中，$\varphi_{i,t}^{j} = r_{1,i,t}^{j}/(r_{1,i,t}^{j} + r_{2,i,t}^{j})$。

根据传统粒子群算法的位置和速度更新模型可知，粒子的飞行轨迹主要通过经验判断来实现，而量子粒子群算法中的粒子飞行轨迹是由学者 SUN[128] 利用量子测不准原理来实现，如果表达粒子 i 的 δ 势阱运动，则粒子在第 t 时刻 j 维空间内以点 $s_{i,t}^{j}$ 为中心的运动状态可利用波函数 $\psi(x, t)$ 表达为：

$$\psi(x_{i,t+1}^{j}) = \frac{1}{\sqrt{L_{i,t}^{j}}}\exp\left(-\frac{\left|x_{i,t+1}^{j} - s_{i,t}^{j}\right|}{L_{i,t}^{j}}\right) \tag{5.8}$$

式中，$L_{i,t}^{j}$ 为 δ 势阱的特征值长度。

在量子粒子群算法中，通常利用薛定谔波动方程式和蒙特卡罗随机模拟方法来计算某个粒子 i 在第 j 维搜索空间中的概率分布与位置更新，其数学模型分别为式（5.9）和式（5.10）：

$$\psi(x_{i,t+1}^{j}) = \frac{1}{L_{i,t}^{j}}\exp\left(-\frac{2\left|x_{i,t+1}^{j} - s_{i,t}^{j}\right|}{L_{i,t}^{j}}\right) \tag{5.9}$$

$$x_{i,t+1}^{j} = s_{i,t}^{j} \pm \frac{L_{i,t}^{j}}{2}\ln\left(\frac{1}{\mu_{i,t}^{j}}\right) \tag{5.10}$$

式中，$\mu_{i,t}^{j} \sim U(0, 1)$；$t$ 为迭代次数；$s_{i,t}^{j}$ 为粒子的个体最优位置 $p_{i,t}^{j}$ 与全局最优位置 $p_{g,t}^{j}$ 之间的一个随机位置；$L_{i,t}^{j} = 2\omega\left|C_t^{j} - x_{i,t+1}^{j}\right|$。

由上述量子粒子群的基本数学模型可知，该算法的进化过程计算为：

$$x_{i,t+1}^{j} = s_{i,t}^{j} \pm \omega\left|C_t^{j} - x_{i,t+1}^{j}\right|\ln\left(\frac{1}{\mu_{i,t}^{j}}\right) \tag{5.11}$$

式中，ω 表示惯性权重参数，该参数可利用文献［134］和［135］中的进化速度和聚集因子进行优化改进。

5.3.1.2 算法参数优化

A 进化速度因子和聚集度因子

在标准的量子粒子群算法中，算法本身具有较快的计算速度和精确的求解精度等特点外，该算法针对实际的工程案例应用问题还会存在诸多不足，特别是对于模型目标函数的最大或最小化问题的计算差异，可利用不同形式的进化速度和聚集度因子[124,126,127]对粒子群算法中的惯性权重参数进行改进。如果实际应用中的目标函数是求解最大化问题，可采用式（5.12）的进化速度因子：

$$S_{\mathrm{d}} = \frac{F(p_{g,t-1}^{j})}{F(p_{g,t}^{j})} \tag{5.12}$$

否则，如果实际应用中的目标函数是求解最小化问题时，可采用式（5.13）的进化速度因子：

$$S_{\mathrm{d}} = \frac{F(p_{g,t}^{j})}{F(p_{g,t-1}^{j})} \tag{5.13}$$

式中，$F(p_{g,t}^{j})$ 为当前全局最优位置值；$F(p_{g,t-1}^{j})$ 为前一次的全局最优位置值；$S_{\mathrm{d}} \in [0,\ 1]$。

在标准的量子粒子群算法中，算法求解计算问题的全局最优解时，种群内的粒子同样会向某个可行解区域不断靠拢，但靠拢的粒子数量多寡决定了问题求解的可行性，因此，利用聚集度因子来改变算法中的惯性权重参数是衡量算法收敛性能的重点。一般而言，粒子群算法中的全局最优位置值 $F(p_{g,t}^{j})$ 要比粒子的当前最优位置值 $F(p_{i,t}^{j})$ 更好，但是将种群内全部粒子的最优位置进行平均计算后，其算法的性能也会得到一定改善，其计算所有粒子当前最优位置的方式如下：

$$M_{t} = \frac{1}{N}\sum_{i=1}^{N} F(p_{i,t}^{j}) \tag{5.14}$$

同样，量子粒子群算法针对问题目标函数的求解类型不同，可利用不同的聚集度因子来改进惯性权重参数的大小，如果实际应用中的目标函数是求解最小化问题，即 $F(p_{i,\ t}^{j}) \leqslant M_{t}$，可采用式（5.15）的聚集度因子：

$$J_{\mathrm{d}} = \frac{F(p_{g,t}^{j})}{M_{t}} \tag{5.15}$$

否则，如果实际应用中的目标函数是求解最小化问题时，即 $F(p_{i,t}^{j}) \geqslant M_{t}$，可采用式（5.16）的聚集度因子：

$$J_{\mathrm{d}} = \frac{M_{t}}{F(p_{g,t}^{j})} \tag{5.16}$$

式中，$J_{\mathrm{d}} \in (0,\ 1]$，$J_{\mathrm{d}}$ 值的大小，决定粒子的聚集程度。

B　惯性权重参数调整

在量子粒子群算法中，惯性权重参数 ω 依然是决定算法求解计算速度和精度的关键参数，文中为了使用该算法精准计算露天矿生产作业计划中的成本问题，利用上述的进化速度因子和聚集度因子对该参数进行改进和应用。通常，针对具有自适应机制的量子粒子群算法而言，惯性权重参数 ω 的增大，会使种群中的粒子向当前最优值位置靠拢；反之，惯性权重参数 ω 的减小，会使算法的收敛速度增加。因此，为了综合权衡惯性权重参数 ω 的合理取值，对该参数的调整方式为[124,126,127]：

$$\omega = f(S_{\mathrm{d}},\ J_{\mathrm{d}}) = \omega_{0} - \omega_{1}S_{\mathrm{d}} + \omega_{2}J_{\mathrm{d}} \tag{5.17}$$

式中，ω_0 表示对惯性权重 ω 的初始化，取 $\omega_0 = 1$；ω_1 表示赋予进化速度因子 S_d 的权重值；ω_2 表示赋予聚集度因子 J_d 的权重值，研究表明，$\omega_1 = 0.9$，$\omega_2 = 0.4$；$0 < S_d \leqslant 1$，$0 < J_d \leqslant 1$，$\omega_0 - \omega_1 \leqslant \omega \leqslant \omega_0 + \omega_2$。

5.3.2 生产作业计划的编制策略

5.3.2.1 模型处理策略

在露天矿山企业短期生产计划模型优化计算的基础上，根据矿山企业金字塔模式的精细化管理要求，构建以矿石开采和运输单位成本最小为目标的生产作业计划模型。该模型是一个具有品位、储量和开采率等严格约束的复杂模型，为了算法求解的便利性，利用惩罚函数的方法[106,107]，将模型中的所有约束条件进行惩罚处理，处理后的约束条件模型如下：

$$
\begin{cases}
\varphi_1(x) = \dfrac{\sum\limits_{i=1}^{n} x_i G_i^k}{\sum\limits_{i=1}^{n} x_i} - \max G_i^k \leqslant 0 \\
\varphi_2(x) = -\dfrac{\sum\limits_{i=1}^{n} x_i G_i^k}{\sum\limits_{i=1}^{n} x_i} + \min G_i^k \leqslant 0 \\
\varphi_3(x) = - x_i + Q_{\max} \leqslant 0 \\
\varphi_4(x) = - x_i + Q_{\min} \leqslant 0 \\
\varphi(x) = \left| \sum\limits_{i=1}^{n} \delta_i x_i - Q \right| - \mu \leqslant 0 \\
\varphi_5(x) = \dfrac{\sum\limits_{i=1}^{n} \delta_i x_i}{\sum\limits_{i=1}^{n} x_i} - \delta_{\max} \leqslant 0 \\
\varphi_6(x) = -\dfrac{\sum\limits_{i=1}^{n} \delta_i x_i}{\sum\limits_{i=1}^{n} x_i} + \delta_{\min} \leqslant 0
\end{cases}
\tag{5.18}
$$

式中，$\varphi_i(x)$ 为原有约束条件模型中的不等式项处理结果；$\varphi(x)$ 为原有约束条件模型中的等式项处理结果；μ 为惩罚因子；$\mu \in [-\mu, \mu]$。

5.3.2.2　粒子空间搜索的策略

传统量子粒子群算法的粒子引导搜索方向主要利用种群内个体粒子的历史最佳位置 $p_{i,t}$ 与群体历史最优位置 $p_{g,t}$ 两个参数，将其进行加权平均换算后的位置值 $S_{i,t}$ 作为引导种群内其他粒子的飞行方向的吸引子，该吸引子作为决定整个种群可否进入搜索空间可行域内的关键参数。通常情况下，算法处于初始化或搜索前阶段，$p_{i,t}$ 和 $p_{g,t}$ 上的粒子处于非可行域状态，而且个体粒子的当前最优值 $p_{i,t}$ 还要作为粒子下次迭代的飞行方向，由此可能会将部分粒子朝着可行域以外的方向误导，从而使得可行域内的粒子数量逐渐减少，进而降低了算法的搜索计算精度。因此，为了进一步让搜索空间外的粒子更多地进入可行域内，提升算法的搜索计算能力，提出了具有双可行域吸引子的新型空间搜索策略。该策略的基本思路是种群内的个体粒子在迭代计算过程中，无须参考个体自身的最优位置值 $p_{i,t}$，只需要参考距离该个体粒子最近的可行域内的个体粒子的最优位置值 $p_{i,t}$，记为 $np_{i,t}$，$p_{ni}(t)=(p_{ni1}, p_{ni2}, \cdots, p_{niD})$，目的是将整个种群内的粒子能够快速指引到可行域内进行搜索计算，其原理如图 5.1 所示。

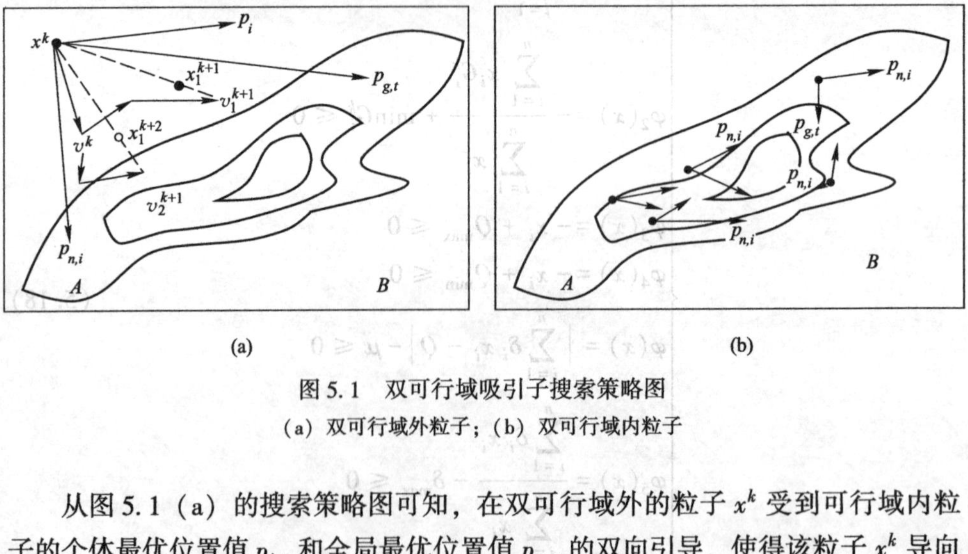

(a)　　(b)

图 5.1　双可行域吸引子搜索策略图

（a）双可行域外粒子；（b）双可行域内粒子

从图 5.1（a）的搜索策略图可知，在双可行域外的粒子 x^k 受到可行域内粒子的个体最优位置值 $p_{i,t}$ 和全局最优位置值 $p_{g,t}$ 的双向引导，使得该粒子 x^k 导向为 x_1^{k+1} 的位置，该粒子还是无法进入可行域内的搜索空间。但是在设计的双可行域吸引子 $p_{g,t}$ 和 p_{ni} 的双重引导下，该粒子 x^k 导向为 x_2^{k+1} 的位置，这是因为算法在迭代计算的前期，只有较少的粒子能够进入可行域，而多数粒子参考了 $np_{i,t}$ 的空间位置信息后，使得可行域外的其他粒子能够迅速向可行域内靠拢。另外，从图 5.1（b）的示意图中可知，算法迭代计算到后期，当可行域内的粒子数量逐渐增多时，算法可较快地逃逸局部最优的搜索境地，从而避免了早熟收敛问题。

5.3.3 生产作业计划模型计算流程

根据露天矿山企业生产作业计划的模型处理策略对该模型进行处理后（式(5.18)），再综合模型中的决策变量 $X=\{x_i,\ i=1,2,\cdots,n\}$，露天矿生产作业计划问题可抽象为 $\min\{f(x),\ x_i\in X\}$ 形式，并且为了更好地说明提出的算法与模型之间的映射关系，假设 QPSO 算法中的个体粒子分别表达了一种求解方案，算法的维数表达为采场的数量，种群规模为 m 表达为每个采场的矿石开采量，目标函数模型表达为算法的适应度函数，利用 QPSO 算法对生产作业计划进行优化计算，其流程为：

（1）初始化算法的参数。将 QPSO 算法中的位置向量 x_i^k、速度向量 v_i^k、全局最优位置值 $p_{g,t}$、个体最优位置值 $p_{i,t}$、进化速度因子 S_d、聚集度因子 J_d 等参数进行赋值初始化，且任意设定种群内的一个粒子的可行解，进入步骤（2）运行。

（2）判断 QPSO 算法中的迭代计算次数 t_{max} 是否达到上限值，如果达到设定的迭代计算次数，则转入步骤（9）运行，否则转入步骤（3）运行。

（3）计算可行域内个体粒子的适应度函数值，并作为生产作业计划模型的目标函数，否则，将可行域外的个体粒子的适应度值设置为∞。

（4）判断种群内粒子的适应度位置值 p_i 的优劣性，并更新 p_i。

（5）选择个体粒子 p_i 距离可行域内最近的粒子作为 $np_{i,t}$，记为 p_{ni}。

（6）判断可行域内粒子的当前适应度值是否优于上一次迭代计算的值，如果优于上次的计算值，则更新种群内粒子的位置和速度，并更新目标函数的适应度值。

（7）基于式（5.12）、式（5.13），式（5.15）、式（5.16）的数学表达式，对惯性权重参数进行优化。

（8）模型迭代求解计算一次完成，迭代次数 $t+1$，重新返回步骤（2）再次判断算法条件。

（9）求解计算结束，输出开采和运输单位成本的最优值。

5.4 生产作业计划模型算例仿真计算

5.4.1 采场概况与数据来源

为了验证 QPSO 算法对露天矿山企业生产作业计划模型优化与编制的有效性，以 4D 生产计划时空数据库中的经济参数关系表和第 4 章短期生产计划案例中部分采场矿岩台阶数作为案例。该采场内矿石元素较为丰富，主要以钨、钼、铜、铁四种矿物质元素为主，这四种矿物成分的品位值分别以白钨矿、辉钼矿、黄铜矿和黄铁矿为基础[124,129]。将短期生产计划周期内的部分生产作业指标进行分析和统计，假设短期生产作业期内有 8 个采场，准备开采的矿石量为 90 万吨，且每种矿石由一个采场采出，具体的生产指标数据和作业计划数据分别见表 5.1 与表 5.2。

表 5.1　矿石品位与经济参数分布

矿物类别	采矿场	开采量/万吨	开采率/%	矿石品位/%			
				钼	钨	铜	铁
1	C2	x_2	94.6	66.51	1.03	1.02	2.52
2	C3	x_3	93.1	67.02	0.32	1.96	2.08
	C6	x_6	95.2				
3	C1	x_1	93.4	64.06	2.54	2.82	3.02
	C4	x_4	96.2				
4	C5	x_5	94.1	61.28	2.32	3.96	5.51
	C7	x_7	96.6				
5	C8	x_8	97.8	66.53	1.03	1.47	2.06
变量范围	—	$x_i \in [5, 20]$	96~97	66~67	≤1.85	≤2.26	≤3.60

表 5.2　矿石开采与运输的单位成本分布

采场	矿物类别	开采成本/元·t^{-1}	运输成本/元·t^{-1}	开采和运输成本/元·t^{-1}
C1	4	2.01	3.55	5.55
C2	1	3.41	3.03	6.44
C3	3	3.32	2.26	5.58
C4	2	2.03	3.96	5.99
C5	3	3.38	1.88	5.26
C6	5	3.33	3.26	6.59
C7	3	3.38	2.56	5.94
C8	1	1.02	1.26	2.28

5.4.2　仿真运行环境与参数设置

5.4.2.1　系统运行软硬件环境

硬件平台：64 位 Windows7 操作系统，3GB 内存，Corei7，4GHzCPU。

软件平台：Matlab2017Ra。

5.4.2.2 算法参数设置

A QEA 算法参数设置

量子种群规模取 2，最大迭代次数取 4000，控制参数 $\gamma = 0.6$，量子旋转角 $\Delta\theta = 0.05$，量子位数为 2。

B PSO 算法参数设置

惯性权重 $\omega_1 = 0.9$，$\omega_2 = 0.4$，迭代次数为 1000 次，种群规模为 50，$S_d = 0.5$，$J_d = 0.5$，收敛计算精度设置为 0.01。

5.4.3 算例运行与结果分析

根据模型处理策略，对生产作业计划模型中的约束条件处理为式（5.18），再结合表 5.1 的矿石品位与经济参数以及表 5.2 的矿石开采与运输单位成本数据，采用 QPSO 算法对生产计划模型进行优化计算，经过计算后 8 个采场的矿石开采数量分布结果为 $x_i = \{20.00, 5.00, 14.13, 5.00, 20.00, 5.00, 5.00, 20.00\}$，而每个采场的日矿石开采和运输的单位成本约为 4.91 元/吨。

由表 5.3 的结果可以清晰地看出，该露天矿山企业在开采时期内的 8 个采场中的矿石开采量为 90 万吨，以作业期内采运的单位成本预计为 5.36 元/吨为参考，分别利用非线性规划方法、标准粒子群优化方法和量子粒子群优化方法对开采和运输单位成本进行优化计算，其计算结果分别为 5.16 元/吨、4.98 元/吨、4.91 元/吨，计算时间分别为 32s、23s、15s。虽然 3 种方法的优化计算结果差异较小，但是优化计算的时间却明显不同，这是因为文中的量子粒子群优化算法经过改进的算法参数和吸引子搜索策略后，使得问题搜索空间内的粒子进入可行域内的机会显著增加。同时，采用 QPSO 算法优化求解的结果误差达到了算法的精度要求，而其他两种算法获得的是目标函数的近似解。另外，通过对采运单位的预计成本与三种算法的计算结果进行比较后发现，开采和运输矿石的单位成本分别相差为 0.2 元/吨、0.38 元/吨、0.45 元/吨，从露天矿山企业长期资金投入的角度来看，这依然会给企业运营生产节约不少成本。

表 5.3 露天矿山企业生产作业计划结果

采场	生产作业计划的经济指标							
	开采矿量/万吨				采运单位成本/元 · t^{-1}			
	基准开采矿量	非线性方法	粒子群	量子粒子群	作业计划指标	非线性	粒子群	量子粒子群
C1	8.00	7.50	9.66	20.00	5.36	5.16	4.98	4.91

续表 5.3

采场	生产作业计划的经济指标							
	开采矿量/万吨				采运单位成本/元·t^{-1}			
	基准开采矿量	非线性方法	粒子群	量子粒子群	作业计划指标	非线性	粒子群	量子粒子群
C2	5.00	4.90	4.95	5.00	—	—	—	—
C3	9.00	8.50	18.00	14.13	—	—	—	—
C4	8.00	8.00	14.75	5.00	—	—	—	—
C5	20.00	20.00	12.95	20.00	—	—	—	—
C6	9.00	12.00	4.90	5.00	—	—	—	—
C7	17.00	20.00	4.89	5.00	—	—	—	—
C8	14.00	14.00	20.00	20.00	—	—	—	—

从表 5.4 的结果可以得知，在露天矿山企业作业计划指标一定的情况下，对富含 4 种矿石元素的品位指标进行优化计算后，利用非线性规划方法和基本粒子群算法优化计算后的入选矿石品位几乎无法满足选厂指定的品位值，只有钨、铜金属品位指标达标。利用量子粒子群优化算法后，达到选矿厂入选的矿石品位指标明显要比计划期内的指标高出很多，而且矿石的开采率也比计划期内的指标高出 1.0%左右，这可以充分说明 QPSO 算法在求解生产作业计划模型的优越性，特别是对于矿产资源的开采利用效果的显著变化，因为在 QPSO 算法中引入双可行吸引子搜索策略后，使得非可行域内的粒子有更多的机会向可行域内靠拢，增强了生产作业计划模型求解的可行性，从而能够获得更多的优化求解结果。

表 5.4 优化后的矿石品位指标比较

矿石品位与开采率	符合选矿厂的品位指标/%			
	作业计划指标	非线性规划的结果	粒子群的计算结果	量子粒子群的计算结果
钼	65.53	64.06	65.00	67.02
钨	1.18	1.50	1.83	2.32
铜	1.96	1.96	2.55	2.62
铁	2.93	2.52	2.81	3.02
开采率/%	95.20	94.18	95.03	96.20

根据图 5.2 的收敛计算曲线分布状态可知，利用参数优化和双可行域吸引子搜索策略对量子粒子群算法进行改进，并利用该算法对生产作业计划模型中的采运的单位成本进行求解时，经过 1000 次的迭代计算，在迭代前 50 次时，开采和

运输的单位成本值在5.1元/吨和5.4元/吨之间曲线波动较为明显，因为在种群规模较大时，迭代计算初期的粒子数量多，收敛速度较慢，鲁棒性较差；迭代到50~280次时，算法开始向开采和运输单位成本的局部最优值5.1元/吨平稳收敛，说明算法依然处于不断的寻优状态；而在300~600次时，算法受到双可行域吸引子策略的影响，可行域外的粒子开始迅速向可行域内的边缘靠拢，开采运输的单位成本从5.1元/吨向4.91元/吨的方向开始收敛，发生了一定的波动现象，但在600次以后，算法在开采运输成本为4.91元/吨的全局最优解上平稳收敛。

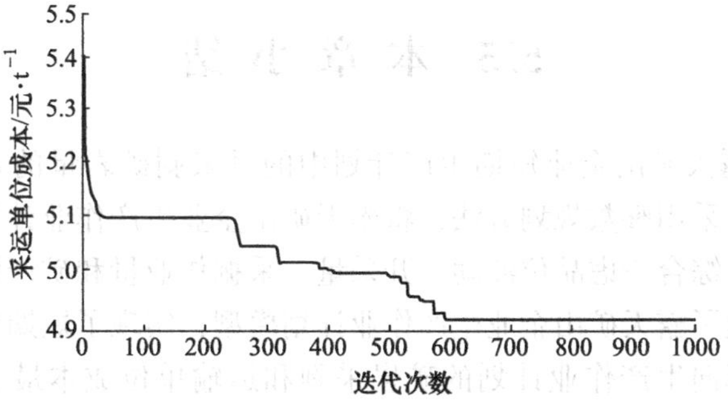

图5.2 生产作业计划模型的收敛计算曲线图

根据图5.3矿石开采量的雷达图清晰可知，以8个采场90万吨的基准开采矿量的初始分布结果为基础，利用三种算法对开采量为90万吨的矿石分布进行计算。采用非线性规划方法计算后，90万吨的矿石分布与基准开采分布结果较

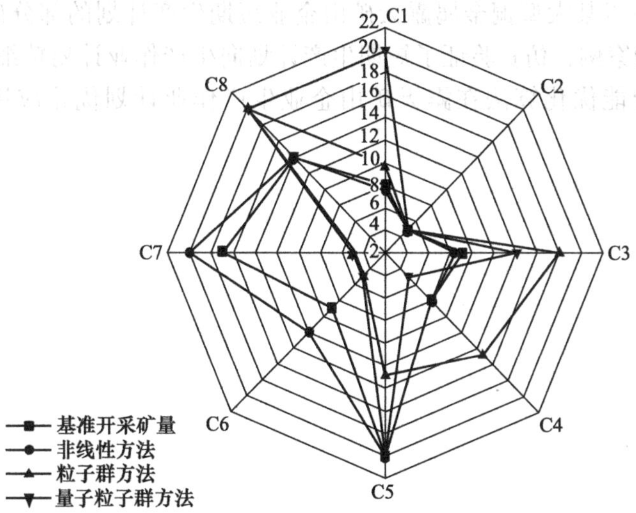

图5.3 8个采场的开采矿量分布图

为接近；采用标准粒子群算法优化计算后，采场 C1、C2 的开采量与基准开采矿量基本相符；而采场 C6、C7 的开采分布要明显低于基准开采矿量，只有在采场 C3、C4 内的开采矿量大于基准开采矿量，说明标准粒子群算法要比非线性规划方法好。但从总体上来看，这两种方法在开采矿量分布的求解结果差值较小。利用 QPSO 算法计算的 8 个采场的开采矿量分布较为均匀，而且开采矿量要比基准矿量明显增多，这是利用惩罚函数策略对模型进行适当处理所带来的误差范围内的结果。并且，由于受到资源开采效率的约束，生产计划期内会尽可能满负荷进行开采作业，从而使得开采矿量增加。

5.5　本 章 小 结

(1) 针对露天矿山企业短期生产计划中的月采剥矿岩量的日开采和运输成本最小化问题，采用整数规划方法，将露天矿山企业生产作业计划问题抽象为复杂的数学模型，综合考虑品位波动、开采量、采掘作业量和矿产资源回收利用等约束条件，构建了露天矿山企业生产作业计划模型，实现了短期生产计划的矿岩采剥量最大目标向生产作业计划的矿岩采剥和运输单位成本最小目标的精细化管理。

(2) 针对生产作业计划模型求解收敛速度慢、早熟问题，基于时空数据库理论将短期生产计划编制数据、计划期内的矿岩数据、生产作业计划的技术经济参数和开采生产数据等进行组织管理，提出量子粒子群算法，提升了算法的收敛速度和避免早熟问题。

(3) 通过以某大型铜金属露天矿山企业短期生产计划的部分矿岩数据和生产作业工程为案例，仿真验证了短期生产计划向生产作业计划精细化管理问题，为拓展混合智能优化算法在露天矿山企业生产作业计划优化应用理论奠定了基础。

6 露天矿山企业4D生产计划的工程应用与评价

露天矿山4D生产计划是在矿山企业4D生产计划信息模型与多源数据组织管理的基础上，将长期生产计划、短期生产计划和生产作业计划三者NP-Hard组合优化问题进行深层次递进研究。4D生产计划是集企业战略规划、战术计划和作业计划于一体的系统管理过程，是从矿山企业宏观战略到微观作业的角度进行总体规划过程。因此，为了进一步验证4D生产计划模型与混合智能算法在金属露天矿生产规划与过程管理中的系统性和普适性，本章以河南某大型钼钨矿山作为研究区域，该矿山作为国内最大的钨钼金属露天矿，拥有翔实的地质勘探、生产数据资料，这为本书研究提供了基础数据来源。4D生产计划模型与优化算法在该钨钼矿山的实例应用过程为：首先通过系统收集该矿山企业的外部数据、内部生产过程数据、地质钻孔数据、技术经济数据等作为多源异质数据，根据2.4节的4D生产计划数据组织方法，将生产过程的确定性数据和不确定性数据分别采用生产计划模型数据结构和动态对象变化数据结构进行异构数据处理和存储，并采用对象关系数据库技术将不同类型的数据进行动态存储、分类索引和优化查询，将符合模型求解条件的对象关系数据表作为4D生产计划模型优化求解提供数据来源；然后根据第3~5章中的生产计划模型与混合智能算法逐级对该钨钼矿山生产计划进行编制，从而实现不同类型、不同时期的企业矿岩采剥生产净现值、矿石开采量和品位值、采剥和运输作业单位成本等生产目标；最后对该矿区的整体生产计划结果与原有初步设计方案的结果进行对比分析和经济评价，提出适合同类矿山企业的生产计划编制与优化对策和建议。

6.1 露天矿山企业生产概况

6.1.1 矿山地质区域概况

位于中国秦岭东部豫西境内的某露天金属钼（钨）矿床属于超大型斑岩-矽卡岩型矿床[130]。其中某金属露天钼钨矿区位于南泥湖钼矿田东部，西与南泥湖钼钨矿区毗邻，北与马圈钼矿相邻，东西长约1.5km，南北宽1km，面积约为2.5km^2，矿体厚大集中，走向长1420m，倾向延深1120m，厚度80~150m，平均厚度 125m，具有埋藏浅、品位高、易选别的特点。保有工业矿石储量 5.9 亿吨，钼金属量 59.5 万吨，平均品位 0.10%；伴生的白钨金属量 40.7 万吨，平均品位 0.12%。如图 6.1 所示。

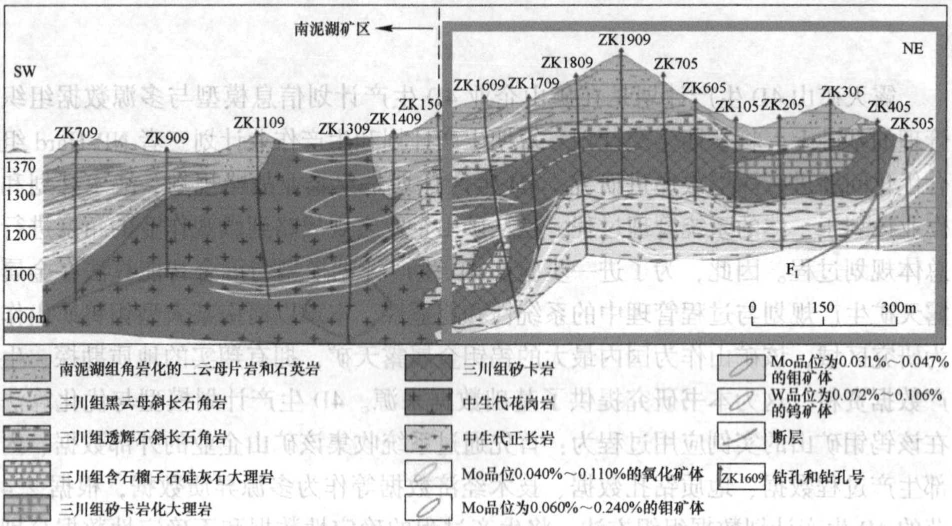

图 6.1 研究区域地质简图

6.1.2 矿床地质信息模型与开采状况

6.1.2.1 *矿床地质信息模型*

矿床地质信息模型是优化计算生产计划数学模型的基础数据来源，根据 2012 年 6 月河南省地质矿产勘探局勘测和提交的《河南省露天钼矿资源储量勘察报告》（简称报告）[131] 以及采矿权范围数据，对 131 个钻孔的数据统计整理，分别采用 0.02%～0.05%（边界品位为 0.02%，可采工业品位为 0.05%）和 0.03%～0.06%（边界品位为 0.03%，可采工业品位为 0.06%）两种工业指标对单钨、单钼、钨钼当量共六种情形进行了钻孔组样分析与地质建模。其中，钨钼当量开采量和当量品位折算系数分别为 0.32 和 0.69，分别将金属钨作为当量金属钼进行折算处理。按照最小可采厚度为 2m，最大剔除夹石厚度为 4m，重新圈定单钼、单钨、钨-钼当量的矿体，并利用 3Dmine 矿业软件和时空数据库技术对现有开采台阶 1438m 以下的矿床地质建模，如图 6.2 所示，并对开采进度数据、矿床地质数据、开采计划经济参数等多源时空数据进行组织管理。

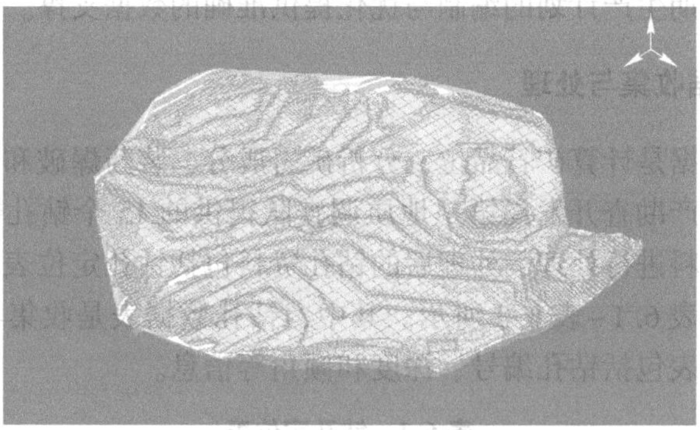

图6.2 露天矿床1294m以上的地质模型

6.1.2.2 露天矿山企业生产现状

该露天矿经历了地下开采—地下露天联合开采—露天开采三个阶段。1998年6月~2000年已经达到了日产量5000吨和8000吨，2002年进行15000t/d扩建。截至2005年3月底，露采出表内矿石量（品位Mo≥0.06%）为11113.459kt（3472.956km^3），Mo平均地质品位为0.159%；露采出表外矿石量（品位0.06%≥Mo≥0.03%）为821.491kt（256.716km^3），Mo平均地质品位为0.049%；采出氧化矿石量（品位Mo≥0.03%）为9903.36kt（3094.8 km^3），Mo平均地质品位为0.075%；剥离岩石量为10310.268km^3。2006年6月开采能力达到30000t/d。目前该矿区开采范围内的最高地形标高1534m，采场已进入凹陷露天开采状态，年开采设计量为990万吨，主要在水平为1294~1438m各台阶生产，最低开采标高为12m，靠帮采用双台阶合并段，即靠帮台阶高度24m。以矿山2016年生产现状为例，采场最高剥离标高1438m，最低采矿标高1294m，最小工作平盘宽度50m，靠帮台阶坡面角45°，最大平台宽度200m，生产剥采比0.45t/t，开采深度170m。

6.2 4D矿床地质数据收集与处理

在进行4D生产计划模型构建与优化解算之前，需要对矿山企业的原始勘探和开采生产数据进行采集，但由于受矿山原始数据的多源异质性、不确定性等因素的影响，同时，为了保证动态生产计划模型与优化求解的准确性，需要对矿床地质静态数据和开采生产过程等动态数据进行收集和处理，满足4D-PSIM的要求。本书使用的三维地质建模数据主要源于钻孔数据、台阶和块体数据、剥采量数据等，对收集和采集到的多源异质数据进行检验、修正和集成化处理，为三维地质建模以及后期生产计划的编制与优化提供准确的数据支撑。

6.2.1　钻孔数据收集与处理

钻孔定位数据是计算矿石品位，分析矿岩成分、装药爆破和落矿的基础。本书以河南地质矿产勘查开发局第一地质调查队提供的15个钻孔数据为基础，将收集到的钻孔资料进行处理，处理后的钻孔资料包括钻孔定位表、钻孔测量表和分析数据表，如表6.1~表6.3所示。其中，钻孔数据表是收集与管理数据的主要方法，该数据表包括钻孔编号、深度和倾角等信息。

表6.1　钻孔定位表

钻孔编号	x	y	z	钻孔深度/m	剖面编号
ZK205	545853.012	3755052.631	1294	251.95	P12
ZK305	545954.326	3755070.602	1306	379.99	P12
ZK405	545951.054	3755068.145	1318	322.00	P12
ZK505	545933.787	3755119.397	1330	264.45	P16
ZK605	545959.44	3755091.757	1342	305.22	P16
⋮	⋮	⋮	⋮	⋮	⋮
ZK1909	545749.157	3754955.644	1402	300.39	P18
ZK2008	545727.903	3754919.340	1414	431.75	P18
ZK2010	545739.222	3754928.626	1426	391.37	P18
ZK2014	545853.012	3755052.631	1438	356.62	P18
ZK2016	545954.326	3755070.602	1450	192.61	P18
ZK2018	545951.054	3755068.145	1462	299.01	P18

表6.2　钻孔测量表

序号	钻孔编号	钻孔深度/m	钻孔倾角	钻孔方位角/(°)
1	ZK205	251.95	0	-90
2	ZK305	379.99	0	-90
3	ZK405	322.00	0	-90
4	ZK505	264.45	0	-90
5	ZK605	305.22	0	-90
⋮	⋮	⋮	⋮	⋮
9	ZK1809	227.64	0	-90
10	ZK1909	300.39	0	-90
11	ZK2008	431.75	0	-90
⋮	⋮	⋮	⋮	⋮
14	ZK2016	192.61	0	-90
15	ZK2018	299.01	0	-90

表6.3　样品分析数据表

钻孔	样本	起点	终点	长度	辉钼矿/%	白钨矿/%	黄铜矿/%	磁铁矿/%
ZK305	HZK305-1	227.20	231.42	4.22	0.20	0.09	0.61	1.98
ZK305	HZK305-2	231.42	236.01	4.59	0.18	0.07	0.82	1.77
ZK305	HZK305-3	236.01	240.22	4.21	0.16	0.08	0.40	3.52
ZK305	HZK305-4	240.22	244.5	4.28	0.15	0.11	0.30	2.54
ZK305	HZK305-5	244.50	248.66	4.16	0.16	0.16	0.35	3.77
ZK305	HZK305-6	248.66	252.80	4.14	0.14	0.09	0.33	2.73
ZK305	HZK305-7	252.80	255.76	2.96	0.08	0.07	0.31	4.15
ZK305	HZK305-8	255.76	261.16	5.40	0.09	0.08	1.05	2.80

6.2.2　剖面数据收集与处理

地质勘探线剖面是三维地质建模的重要数据源，是作为分析矿体赋存条件、采剥矿岩量、开采生产计划编制等问题的基础，可以反映地质开采对象在垂直剖面上的时空分布特征及规律。在4D矿床地质信息模型中，地质对象的空间分布规律和地质变化状态可通过相邻地质剖面获取，因此，地质剖面是确定矿体、矿块的开采位置的重要依据。本书针对河南大型钨钼矿的三维地质模型，收集研究区域内15个地质剖面图，勘探线间距为100m，局部为200m，研究区域的勘探线位置如图6.3所示。

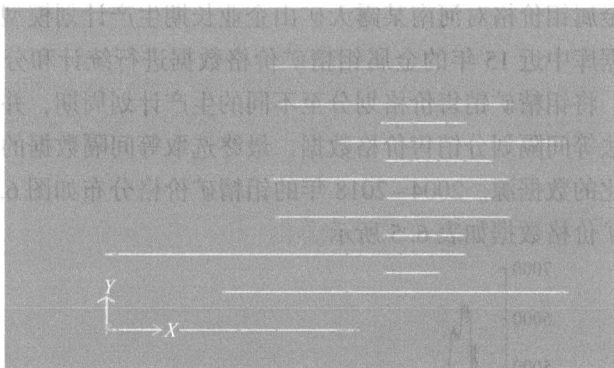

图6.3　钨钼矿勘探线剖面位置分布图

6.2.3　采场测量验收数据收集与处理

采场测量验收数据是构建矿岩采剥过程中现状模型的基础数据。该钨钼矿采场测量数据是在二维空间上来描述台阶位置，用台阶高程表达台阶特征线上面的节点高程信息，并以CAD格式存储，不仅无法直观表达，而且也无法直接用于三维地质建模和时空数据库存储。因此，本书将CAD格式的数据导出为数据库格式文件，按照台阶线节点位置赋予高程，如果台阶线表示不准确，需要在CAD

文件中重新矢量化，并赋予高程值。按上述方法处理后的该钨钼矿 2016 年 8 月部分测量验收数据如表 6.4 所示。

表 6.4　露天矿 2016 年 8 月测量验收数据表

编号	x	y	z
0	545770.16	3755085.178	1174
0	545768.858	3755085.622	1186
0	545797.479	3755073.644	1198
1	545796.254	3755068.402	1210
⋮	⋮	⋮	⋮
2	545650.520	3754916.985	1498
2	545647.288	3754899.418	1510
2	545639.584	3754894.660	1522

6.3　露天矿山企业 4D 生产计划数据组织

6.3.1　长期生产计划的数据来源

6.3.1.1　钼精矿价格数据

为了验证金属钼价格对河南某露天矿山企业长期生产计划模型的影响，通过对中国钼网数据库中近 15 年的金属钼精矿价格数据进行统计和分析，采用价格概率密度函数，将钼精矿销售价格划分至不同的生产计划周期，并采用拉丁超级立方体取样方法等间隔划分销售价格数据，最终选取等间隔数据的中间值作为生产计划模型优化的数据源。2004~2018 年的钼精矿价格分布如图 6.4 所示，处理后使用的钼精矿价格数据如表 6.5 所示。

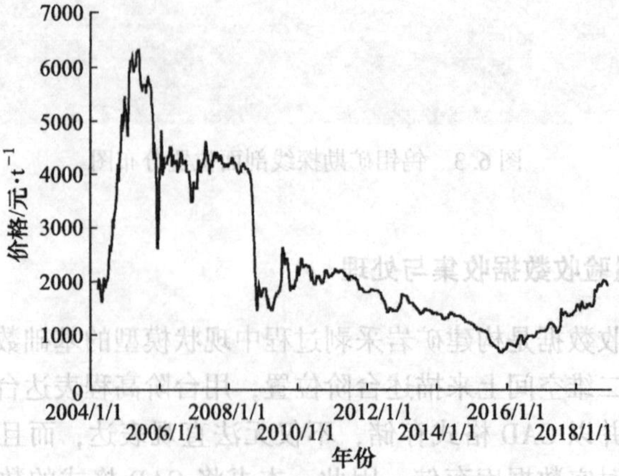

图 6.4　2004~2018 年钼金属价格变化曲线

表 6.5 2004~2018 年钼精矿价格变化

年份	平均价格/元 · t^{-1}	相比前一年的变化/%	与 2004 年相比变化/%
2004	2933.40	0.00	0.00
2005	5413.47	84.54	84.54
2006	4077.22	-24.68	39.99
2007	4130.20	1.30	40.80
2008	3515.05	-14.89	19.83
2009	1920.32	-45.37	-34.54
2010	2127.41	10.78	-27.48
2011	2043.55	-3.94	-30.34
2012	1631.52	-20.16	-44.38
2013	1518.42	-6.93	-48.24
2014	1321.65	-12.96	-54.94
2015	936.14	-29.17	-68.09
2016	910.56	-2.73	-68.96
2017	1225.51	34.59	-58.22
2018	1683.76	37.39	-42.60

6.3.1.2 经济指标和变量参数

为了充分说明长期生产计划模型与优化算法在该露天矿山采剥生产过程的可行性，根据长沙有色冶金设计研究院提交的《金属钼矿 30000t/d 露采扩建工程初步设计说明书》和西安建筑科技大学提交的《露天矿综合开采计划优化研究报告》[132]（以下简称，原有设计方案），以年产量为 900 万吨为目标，利用 4D 生产计划时空数据库技术，对长期生产计划模型中的经济指标和技术参数进行归类存储和按需访问，作为模型计算的基础数据源，如表 6.6 和表 6.7 所示。

表 6.6 目标函数的经济参数

参数	钼	参数	钼
块体尺寸	$(20\times20\times12)\,m^3$	金属缺货成本（c^{m-}）	15 元/t
块体质量	35.39342t	金属剩余成本（c^{m+}）	15 元/t
开采成本	55.56 元/t	品位缺货成本（c^{g-}）	10 元/t
处理成本	51.02 元/t	折现率（i）	8%
废石处理成本	4.62 元/t	风险折现率（d_2）	8%
销售成本	2126.84 元/t	回采率（re）	95%
矿石缺货成本（c^{0-}）	10 元/t	块体数量	4500 个
矿石剩余成本（c^{0+}）	10 元/t		

表 6.7 生产计划经济指标

年限	生产成本/元	平均品位/%	矿石量/万吨	岩石量/万吨	矿废石总量/万吨	折现率/%	块体折现价值/元	净现值/元·t^{-1}
2004	106.58	0.18	995.04	635.09	1630.13	1.08	1273892646.17	x_1
2005	106.58	0.18	992.06	650.54	1642.60	1.17	17486904415.50	x_2
2006	106.58	0.18	985.49	635.95	1621.44	1.26	8077526423.79	x_3
2007	106.58	0.18	984.86	630.58	1615.44	1.36	7783449722.18	x_4
2008	106.58	0.18	998.54	626.40	1624.94	1.47	39807556843.16	x_5
2009	106.58	0.16	995.33	613.37	1608.70	1.59	−39263002123.30	x_6
2010	106.58	0.17	992.83	614.30	1607.13	1.71	−28222484489.77	x_7
2011	106.58	0.17	998.98	609.64	1608.62	1.85	−2938123778.40	x_8
2012	106.58	0.17	999.50	596.37	1595.87	2.00	−4214843261.96	x_9
2013	106.58	0.17	992.02	606.33	1598.35	2.16	−11439121744.75	x_{10}
2014	106.58	0.16	497.13	214.63	711.76	2.33	−4486937558.41	x_{11}
2015	106.58	0.16	497.13	214.64	711.77	2.52	−5195020996.46	x_{12}
2016	106.58	0.16	497.13	214.63	711.76	2.72	−4877360334.96	x_{13}
2017	106.58	0.16	497.12	214.63	711.75	2.94	−3779646976.56	x_{14}
2018	106.58	0.16	497.10	214.63	711.73	3.17	−2516634735.36	x_{15}
经济指标	—	0.152~0.083	9000000~16000000	—	—			−91016.84~6614.79

6.3.1.3 价格和品位不确定性的经济参数

为了计算长期生产计划模型中随机变量值，根据4D生产计划时空数据库中对应的关系数据表，将矿产品价格和矿石品位不确定性的生产计划单位成本、采剥矿岩变化数量进行统计和存储至不同类型的关系表，如表6.8和表6.9所示。

表 6.8 价格和品位波动的生产计划短缺与剩余单位成本

模型数 S	周期 T	单位缺货成本 c_t^{0-}	单位剩余成本 c_t^{0+}	单位缺货成本 c_t^{m-}	单位剩余成本 c_t^{m+}	低品位缺货成本 c_t^{g-}
15	1	9.26	9.26	13.89	13.89	9.26
15	2	8.55	8.55	12.82	12.82	8.55
15	3	7.94	7.94	11.90	11.90	7.94
15	4	7.35	7.35	11.03	11.03	7.35

续表6.8

模型数 S	周期 T	单位缺货成本 c_t^{0-}	单位剩余成本 c_t^{0+}	单位缺货成本 c_t^{m-}	单位剩余成本 c_t^{m+}	低品位缺货成本 c_t^{g-}
15	5	6.80	6.80	10.20	10.20	6.80
15	6	6.29	6.29	9.43	9.43	6.29
15	7	5.85	5.85	8.77	8.77	5.85
15	8	5.41	5.41	8.11	8.11	5.41
15	9	5.00	5.00	7.50	7.50	5.00
15	10	4.63	4.63	6.94	6.94	4.63
15	11	4.29	4.29	6.44	6.44	4.29
15	12	3.97	3.97	5.95	5.95	3.97
15	13	3.68	3.68	5.51	5.51	3.68
15	14	3.40	3.40	5.10	5.10	3.40
15	15	3.15	3.15	4.73	4.73	3.15

表6.9 价格和品位波动的矿岩短缺与过剩开采数量

周期 T	矿石的缺货数量 d_{ts}^{0-}	开采矿石的剩余数量 d_{ts}^{0+}	剥离岩石的缺货数量 d_{ts}^{m-}	剥离岩石的剩余数量 d_{ts}^{m+}	低品位缺货数量 d_{ts}^{g-}
1	179480	40770	58240	83200	118850
2	169790	73060	104380	149110	141990
3	165720	86640	123770	176810	49660
4	25520	36460	52090	74410	106300
5	151860	132820	189740	6560	9370
6	13390	19120	27320	39030	55750
7	134290	191380	1090	1550	2220
8	3170	4530	6470	9240	13210
9	18870	26950	38500	55010	78580
10	87980	125690	179550	40520	57890
11	82700	118150	168780	76440	109190
12	155990	119060	170090	72060	102950
13	107290	153270	128120	183030	28940
14	41350	59060	84380	120540	172200
15	65030	92900	132710	189590	7070

6.3.2 短期生产计划的数据来源

露天矿短期生产计划数据是以长期生产计划中的矿岩数量为基础，对2004~2018年的159个矿岩台阶（1294~1438）的采剥量、剥采比和钨钼当量品位进行计算，由于篇幅限制，其部分结果如表6.10所示。

表6.10 2004~2018年矿岩台阶采剥量分布结果

台阶	矿石量/t	岩石量/t	累计矿石量/t	累计岩石量/t	剥采比/t · t^{-1}	钼品位/%
1294~1306	520320	0	520320	0	—	0.37
1306~1318	924000	1305	1444320	1305	0.0014	0.27
1318~1330	1416480	0	2860800	1305	0.0000	0.18
1330~1342	1113600	0	3974400	1305	0.0000	0.17
1342~1354	596160	0	4570560	1305	0.0000	0.13
1354~1366	264960	10440	4835520	11745	0.0394	0.10
1366~1378	356160	3480	5191680	15225	0.0097	0.23
1378~1390	795360	756900	5987040	772125	0.9516	0.19
1390~1402	1310400	744510	7297440	1516635	0.5681	0.17
1402~1414	1849440	724860	9146880	2241495	0.3919	0.11
1414~1426	1036320	1254315	19824960	11481765	1.2103	0.09
1426~1438	46080	1313265	19871040	12795030	28.4996	0.11
⋮	⋮	⋮	⋮	⋮	⋮	⋮
1294~1306	359520	156030	64397760	62341965	0.4339	0.18
1306~1318	4799520	852510	69197280	63194475	0.1776	0.21
1318~1330	8127360	1040430	77324640	64234905	0.1280	0.19
1330~1342	7694400	1162110	85019040	65397015	0.1510	0.18
1342~1354	7324800	763395	92343840	66160410	0.1042	0.17
1354~1366	7126080	1460025	99469920	67620435	0.2048	0.14
1366~1378	6080640	2286750	105550560	69907185	0.3761	0.13
1378~1390	4756800	4323870	110307360	74231055	0.9089	0.13
1390~1402	2881920	4838640	113189280	79069695	1.6789	0.11
1402~1414	527040	3301530	113716320	82371225	6.2643	0.08
1414~1426	34560	1113930	113750880	83485155	32.2312	0.07
1426~1438	0	164430	113750880	83649585	—	0.00

6.3.3 生产作业计划的数据来源

河南某露天矿山企业生产作业计划是以长期生产计划中的钼价格、开采生产处理成本、回采率和短期生产计划中的矿岩剥采量为基础，对钼矿石中的辉钼矿、白钨矿、黄铜矿和磁铁矿四种主要矿石以及开采和运输成本数据进行统计，如表6.11和表6.12所示。

表6.11 矿石品位与经济参数分布

采矿场	矿物类别	开采量/吨	开采率/%	矿石品位/%			
				辉钼矿	白钨矿	黄铜矿	磁铁矿
M1	2	X1	0.95	0.10	0.08	0.82	1.96
M2	1	X2	0.95	0.20	0.11	0.61	1.98
M3	2	X3	0.95	0.18	0.09	0.74	1.77
M4	4	X4	0.95	0.18	0.07	1.06	3.52
M5	2	X5	0.95	0.14	0.07	0.43	2.66
M6	3	X6	0.88	0.14	0.08	0.40	2.54
M7	3	X7	0.95	0.15	0.08	0.45	2.49
M8	4	X8	0.95	0.16	0.11	0.35	3.77
M9	2	X9	0.95	0.16	0.11	0.33	3.27
M10	3	X10	0.95	0.14	0.05	0.34	2.43
M11	4	X11	0.88	0.14	0.10	0.29	2.31
M12	3	X12	0.88	0.15	0.07	0.36	3.66
M13	3	X13	0.88	0.14	0.16	0.35	2.80
M14	2	X14	0.88	0.16	0.09	0.31	2.73
M15	1	X15	0.96	0.16	0.08	0.33	4.14
经济指标	—	$75000 \leq x_i \leq 8250000$	95~88	0.1~0.2	0.04~0.15	0.29~1.06	2.17~4.14

表6.12 矿石开采与运输的单位成本统计

采矿场	矿物类别	开采成本/元·t^{-1}	运输成本/元·t^{-1}	采运成本/元·t^{-1}
M1	2	55.56	0.000	55.560
M2	1	55.56	0.018	55.578
M3	2	55.56	0.019	55.579
M4	4	55.56	0.019	55.579

续表6.12

采矿场	矿物类别	开采成本/元·t^{-1}	运输成本/元·t^{-1}	采运成本/元·t^{-1}
M5	2	55.56	0.019	55.579
M6	3	55.56	0.019	55.579
M7	3	55.56	0.019	55.579
M8	4	55.56	0.028	55.588
M9	2	55.56	0.028	55.588
M10	3	55.56	0.026	55.586
M11	4	55.56	0.030	55.590
M12	3	55.56	0.017	55.577
M13	3	55.56	0.017	55.577
M14	2	55.56	0.018	55.578
M15	1	55.56	0.017	55.577

6.3.4 混合优化算法的参数设置

为了综合验证露天矿山企业4D生产计划模型的优化算法性能，采用本书作者提出的三种混合智能优化算法[94,115,124]对不同类型的生产计划模型进行优化求解，其算法的基本参数设置如表6.13所示。

表6.13 三种混合智能优化算法参数设置

算法名称	参数设置值	备注
改进鸽群搜索算子的粒子群优化算法	初始种群数 $M = 300$，惯性权重 $\omega \in [0.4, 0.9]$，学习因子 $c_1 = c_2 = 2.5$，维度 $D = 15$，最大迭代次数 $t_{\max} = 1000$，$t = 100$，过渡因子 $\delta = 0.9$，罗盘因子 $R = 0.9$；变异概率 $p_r = 0.2$，计算精度设置为 1×10^{-2}	长期生产计划优化求解方法
元胞量子狼群优化算法	量子位长度为50，量子种群规模取2，最大迭代次数取1000，控制参数 $\gamma = 0.6$，量子旋转角 $\Delta\theta = 0.05$；狼群规模均为500，最大迭代次数为500次，判定因子 $\omega = 500$，步长因子 $S = 1000$，更新因子 $\beta = 6$，最大游走次数 $T_{\max} = 20$，探狼比例因子 $\delta = 4$，滑模交叉 $\mu = 0.2$，$\sigma = 0.3$，$I = 8$，$k_{\max} = 500$	短期生产计划优化求解方法
量子粒子群优化算法	量子种群规模取2，最大迭代次数取4000，控制参数 $\gamma = 0.6$，量子旋转角 $\Delta\theta = 0.05$，量子位数为2。 粒子群算法：惯性权重 $\omega_1 = 0.9$，$\omega_2 = 0.4$，迭代次数为1000次，种群规模为50，$S_d = 0.5$，$J_d = 0.5$，计算精度设置为0.01	生产作业计划优化求解方法

6.4 工程实例应用与仿真结果分析

6.4.1 长期生产计划的优化结果

6.4.1.1 价格和品位不确定性的仿真实验结果分析

根据表 6.3 中的露天矿山企业生产计划经济指标，将开采生产台阶 1294~1438m 的矿石平均品位、矿岩采剥生产量分类存储至 4D 生产计划时空数据库中，并统计分析品位和矿岩量的分布状态，其统计结果如图 6.5 和图 6.6 所示。

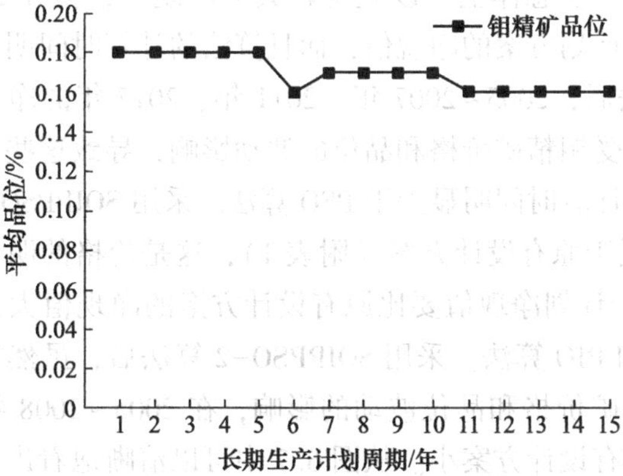

图 6.5 露天矿山生产计划周期内的平均品位分布

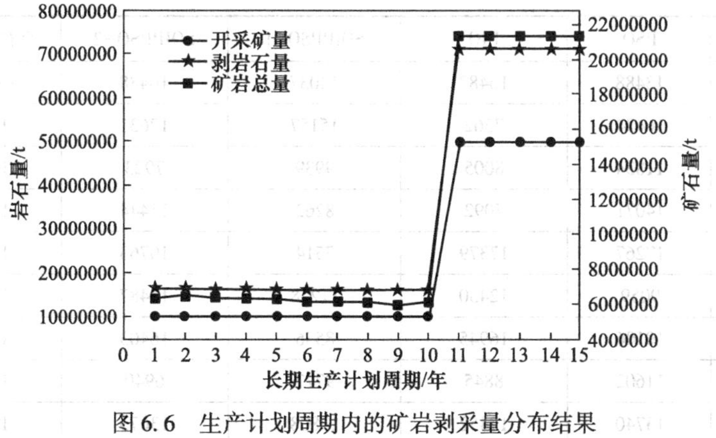

图 6.6 生产计划周期内的矿岩剥采量分布结果

从图 6.5 和图 6.6 的分布结果可知，2004~2018 年矿石品位基本在 0.16~0.18 之间发生小幅度波动，而 2004~2013 年剥离的岩石量明显多于开采的矿石量，这是因为在2013年以前，该矿山企业没有进行矿山生产规划设计，只是对矿山开采生产境界进行了粗略的设计，导致矿岩剥采顺序无序和剥岩量较大。而在2013~2018年之间的开采量也明显低于剥岩量，这是因为开采区进入深度开采阶段，导致上层剥离岩石量逐渐减少，开采的矿石量明显增加。

从表6.14的计算结果可知，分别采用三种算法经过1000次的迭代计算后，其结果与该大型露天矿山企业原有设计方案[132]的净现值差异较大，这是因为原有设计方案中没有考虑钼精矿价格和地质品位的波动性，导致原有计划方案的净现值较小，而且也不符合实际生产计划的编制原则。另外，在2004年原有净现值出现负值，这说明企业仍处于投资未获盈利的状态，但是经过三种算法的优化计算后，PSO算法虽然总体上可以获得较大的净现值，但在2005~2010年的净现值依然小于原有计划方案的净现值，而且算法的计算时间明显多于其他两种算法。采用PIO算法后，2005~2007年、2011年、2017年的净现值也低于原有设计方案，这是因为受钼精矿价格和品位的波动影响，导致这些年的净现值发生明显变化，但算法的计算时间明显少于PSO算法。采用SOIPPSO-1算法后，2005~2011年的净现值低于原有设计方案（附表1），这是价格的明显波动造成的，而在2012年后的生产计划净现值要比原有设计方案的净现值大，且算法的计算时间明显少于PSO和PIO算法。采用SOIPPSO-2算法后，虽然算法的计算时间较少，由于受到钼精矿价格和品位波动的影响，在2005~2008年、2011年、2014年的净现值要比原有设计方案小。从图6.7中可以清晰地看出，SOIPPSO算法的优化结果总体要比PSO算法和PIO算法具有较高的收敛精度和速度。

表6.14　三种算法求得价格和品位波动的生产计划净现值

周期 T	PSO	PIO	SOIPPSO-1	SOIPPSO-2	原有净现值[132]
1	13488	16487	14037	10488	-91016.84
2	16434	7562	15157	12631	17991.31
3	11834	8005	9939	7923	16658.70
4	14071	7092	8262	15444	15424.72
5	17267	17379	7514	10763	14283.08
6	9059	12430	11258	13487	13225.39
7	10106	16945	8536	16403	12245.34
8	11602	8845	9777	6940	11338.74
9	13740	12452	13808	13673	10497.20
10	16793	9989	17012	12194	9720.72
11	10638	14263	16377	12055	9000.90
12	12362	14153	13162	9252	8333.55

续表6.14

周期 *T*	PSO	PIO	SOIPPSO-1	SOIPPSO-2	原有净现值[132]
13	14826	11084	12531	10122	7716.56
14	17196	7061	16474	6766	7145.74
15	9295	9980	16692	17626	6614.79
时间/s	15.052818	3.186878	3.056885	2.993636	—

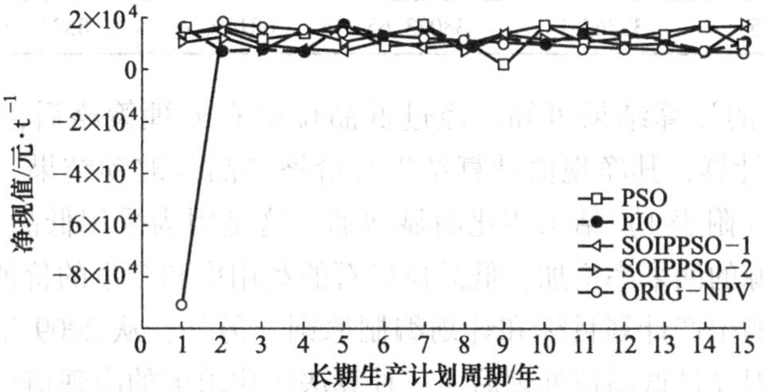

图 6.7 三种算法对长期生产计划模型的计算结果

6.4.1.2 低品位矿石波动处理的仿真实验结果分析

为了说明低品位矿石回收处理策略对该露天矿长期生产计划净现值的影响，将 2004~2018 年计划期内低于 0.083%的矿石平均品位，采用低品位矿石处理策略，分别对 2009 年、2014~2018 年的矿石回采率进行重新计算，生产计划模型中的短缺和剩余成本、矿岩数量产生变化，其变化结果如表 6.15 所示。

表 6.15 低品位处理后生产计划中随机变量结果

模型数 *S*	周期 *T*	$c_t^{0-} d_t^{0-}$	$c_t^{0+} d_t^{0+}$	$c_t^{m-} d_t^{m-}$	$c_t^{m+} d_t^{m+}$	$c_t^{g-} d_t^{g-}$
15	1	1661984.8	377530.2	808953.6	1155648	1100551
15	2	1451704.5	624663	1338151.6	1911590.2	1214014.5
15	3	1315816.8	687921.6	1472863	2104039	394300.4
15	4	69060.6	77821.8	135558.7	162394.69	128911.65
15	5	55420	59894.4	99439.8	113138.4	88468
15	6	99073.79	88758.19	163365.32	83625.24	61855.86
15	7	785596.5	1119573	9559.3	13593.5	12987
15	8	17149.7	24507.3	52471.7	74936.4	71466.1
15	9	94350	134750	288750	412575	392900

续表6.15

模型数 S	周期 T	$c_t^{0-}d_t^{0-}$	$c_t^{0+}d_t^{0+}$	$c_t^{m-}d_t^{m-}$	$c_t^{m+}d_t^{m+}$	$c_t^{g-}d_t^{g-}$
15	10	72061.32	68223.05	121443.06	57490.96	41665.37
15	11	42985.8	49249.2	87358.6	106543.36	49202.01
15	12	53793.5	65592.34	68663	81223.45	66167.99
15	13	25863.04	26514.4	41093.58	43082.69	30676.48
15	14	30848.2	34431.8	59323.2	70288.2	57303.6
15	15	32867.1	38023.65	68159.3	83957.5	23458.05

从表6.16的计算结果可知，经过低品位矿石处理策略后，三种算法经过1000次的迭代计算，其净现值计算结果与价格和品位波动结果、该露天矿山的原有设计方案（附表1）结果相比明显增加，这是因为采用低品位处理策略后，低品位矿石资源的回采率增加，低品位矿石的利用率和产生的价值提高，而且也符合矿山企业的生产计划目标和计划编制原则。另外，从2009年后，钼精矿价格逐年降低，但经过低品位处理后，三种算法优化求解的净现值依然明显大于原有设计方案，这是因为即使钼精矿销售价格下降，但矿石的回采量和资源利用率增大，导致总体净现值波动较小；而且采用SOIPPSO算法后，从整体上要比原有设计方案结果、PSO算法和PIO算法的优化结果更好，而且算法的计算时间也明显减少。当然，从图6.8中的收敛曲线可以清晰地看出，SOIPPSO算法的优化结果总体要比PSO算法和PIO算法更优。

表6.16 三种算法对低品位处理后的生产计划净现值计算结果

周期 T	PSO	PIO	SOIPPSO-1	SOIPPSO-2	原有净现值[132]
1	14656	12887	16141	8103	-91016.84
2	17763	14877	14767	9496	17991.31
3	7405	17088	17917	7978	16658.70
4	7743	10081	13089	8161	15424.72
5	8227	7829	16748	16171	14283.08
6	8918	17284	17416	8737	13225.39
7	9905	9835	9825	15336	12245.34
8	11315	11954	13151	17393	11338.74
9	13329	9752	16057	12293	10497.20
10	16206	9208	11504	11486	9720.72
11	12594	16777	7624	6918	9000.90
12	15157	8339	13389	13256	8333.55

续表6.16

周期 T	PSO	PIO	SOIPPSO-1	SOIPPSO-2	原有净现值[132]
13	16092	16880	12694	10176	7716.56
14	12974	9829	12260	10876	7145.74
15	15700	7598	15845	8907	6614.79
时间/s	15.870073	3.188800	3.057119	3.047823	—

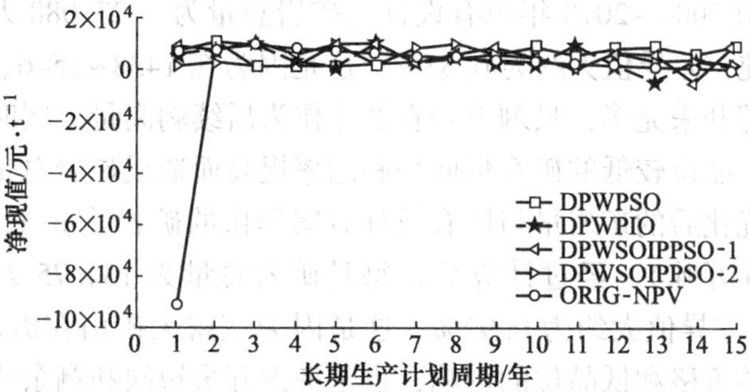

图6.8 三种算法对低品位处理后的长期生产计划净现值计算结果

6.4.2 短期生产计划的优化结果

露天矿短期生产计划是在15年的长期生产计划的块体净现值最大化基础上，求解计算15年中矿岩台阶上每月的开采生产量和品位值，根据5.3节的问题模型、6.3.1节的经济参数表、6.3.2节的数据源以及6.3.4节的算法参数，综合该矿山2004~2018年的1294~1438上的台阶数、矿岩采剥量和采剥比数据，如表6.10所示。采用元胞量子狼群优化算法，计算获得河南某大型露天矿山短期生产计划目标函数的迭代收敛计算结果，如图6.9所示，并对开采时段数与模型决策变量数之间的关系进行仿真计算，如表6.17所示。

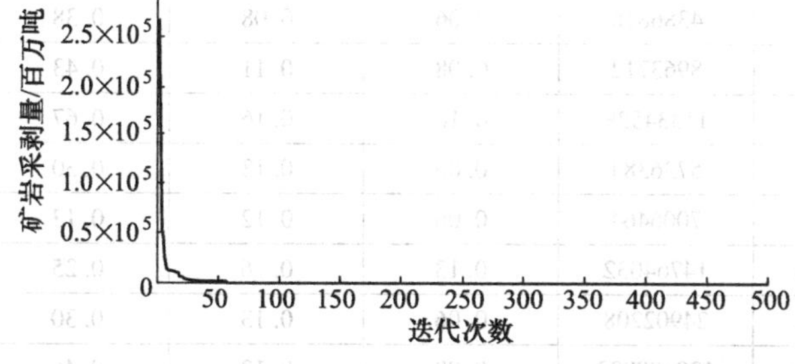

图6.9 元胞量子狼群演化算法解算迭代收敛曲线图

由图6.9的收敛计算曲线可知，使用15年内的159个台阶上的矿岩采剥量，将每个台阶划分为10个条带，每个条带上划分为30个块体数。其中，超前条带数为1，滞后条带数为3，共计采用15个时段将159个台阶开采完毕。将一年12个月使用1个时段进行划分，每个时段的块体数为450个，经过使用元胞量子狼群优化算法的迭代计算，15年内的累计矿岩总量为96921.26万吨，每个月的矿岩量为（96921.26/450）×12＝2584.57万吨。当算法迭代到大约60次时，后续的矿岩采剥量基本保持平稳状态，经过计算后，每月矿岩总量为193.92万吨，这与该露天矿山2004～2018年原有设计的矿岩总量为2327.088万吨相比，两者相差64.53万吨，差异值大约为0.33%。这是因为在1438～1546、1450～1558台阶上的矿石全部开采完毕，只剩下岩石部分作为后续剥离量，同时采用低品位矿石处理策略后，品位较低的矿石量回采利用率提高而造成矿岩总量明显增加。另外，经过算法优化后的矿岩量与原有设计方案提供的矿岩总量（见附表3，矿岩总量为1616.96万吨），经过计算后，每月矿岩总量为134.75万吨，两者相差1237.09万吨，差异值大约为0.92%。这是因为该露天矿山在编制生产计划时，未考虑钼精矿的价格和低品位的影响，也未考虑开采短缺和剩余成本对整体生产计划的影响，由此可以说明该算法在优化求解该实际的露天矿短期生产计划中的剥采生产量是可行的，且该方案也满足河南某大型露天矿山目前年产量900万吨、日产量3万吨的开采生产要求。

表6.17　短期计划优化计算结果比较

台阶数	开采任务量/t	开采优化量/t	品位指标/%	平均品位/%	开采量对比/%	品位指标对比/%
1	9146880	10976256	0.10	0.19	0.92	0.2
2	803520	964224	0.00	0.03	—	0.2
3	6291360	7549632	0.13	0.16	0.26	0.2
4	7009920	8411904	0.09	0.16	0.78	0.2
5	6474240	7769088	0.11	0.11	0.36	0.2
6	4758720	951744	0.19	0.13	0.72	0.2
7	5089920	6107904	0.06	0.09	0.60	0.2
8	8813280	10575936	0.13	0.18	0.42	0.2
9	3655680	4386816	0.06	0.08	0.38	0.2
10	7469760	8963712	0.08	0.11	0.43	0.2
11	9445440	11334528	0.10	0.16	0.67	0.2
12	4780320	5736384	0.06	0.13	0.30	0.2
13	5838720	7006464	0.06	0.12	0.13	0.2
14	12303360	14764032	0.13	0.16	0.25	0.2
15	20751840	24902208	0.06	0.13	0.30	0.2
合计	112632960	130400832	0.09	0.13	0.46	0.2

根据表 6.17 的中期生产计划优化结果可知，将 2004~2018 年的 159 个矿岩台阶（1294~1438）划分为 15 个备采台阶数，每个台阶上的块体数为 450 个，根据台阶内块体的钼金属品位分布，利用元胞量子狼群优化算法对中期生产计划的开采矿量和品位指标进行优化计算，优化后的结果要比基准开采任务量相差 0.46%左右，品位指标偏差在 0.2%之间波动，符合钼金属入选品位要求，这是因为长期生产计划中的低品位矿石回收策略使得低品位的矿石回收量更多，同时能满足矿山企业生产能力要求和高低品位矿石资源平衡需求。

根据图 6.10 的收敛曲线可知，15 个开采台阶上的钼金属品位优化指标在 0.03%~0.16%之间波动，品位偏差分别在±0.4%，经过优化计算后，钼金属的

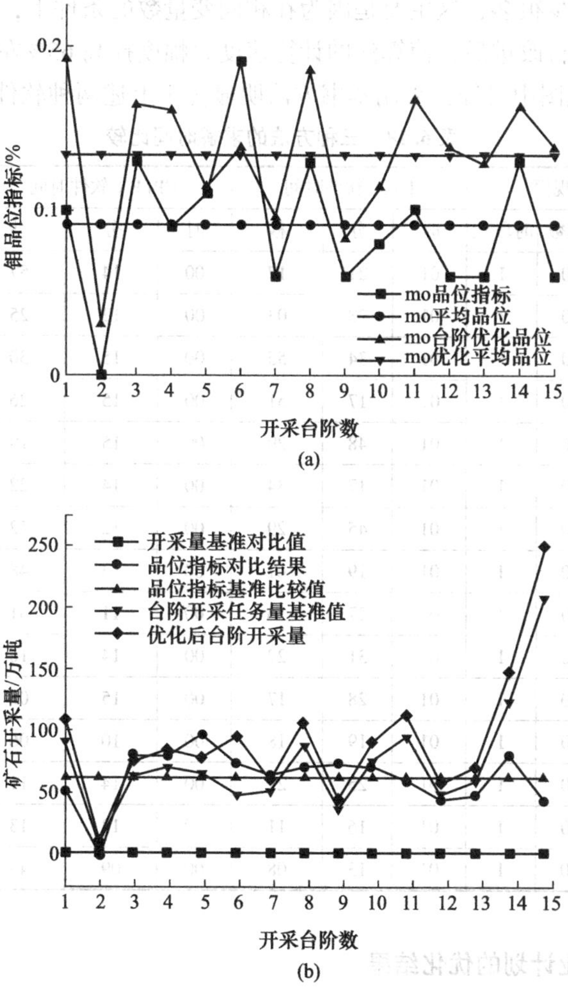

图 6.10 15 个台阶的钼矿石开采量和品位指标优化结果

（a）钼品位指标优化结果；（b）开采台阶矿石量优化结果

优化开采矿石量和品位指标与该矿山企业的原有指标相差较小，15个台阶上的矿石量为1304.01万吨，这与15个台阶上的矿岩总量为1616.97万吨相差较少，说明经过优化计算后，开采的矿石量较多，而岩石量较少，这也符合企业中期生产计划编制的期望值，说明中期生产计划模型处理策略与优化方法在允许的误差范围内，满足了钼矿石入选品位要求的同时，可确定出每个台阶上的矿石开采量。

由表6.18中的结果可知，采用三种方法对短期生产计划模型求解计算的时间完全不同，在相同台阶数、条带数和块体数的规模下，采用Lingo软件所耗费的时间要比CPLEX软件多，而采用本书算法整体求解模型所耗费的时间要比这两种软件的时间少很多，这主要是因为在相同变量数的条件下，采用量子进化算法对狼群算法进行改进后，使算法的计算速度大幅度提高65%左右。另外，从图6.11的时间曲线图中可知，采用本书方法明显优于上述两种软件计算的时间。

表6.18 三种方法的求解时间比较

生产计划模型规模				Lingo软件时间			CPLEX软件时间			CQWPEA算法时间		
台阶数	条带数	块体数	时段数	时	分	秒	时	分	秒	时	分	秒
159	10	450	1	01	21	17	00	14	57	00	07	28
159	10	450	1	01	28	03	00	12	25	00	06	17
159	10	450	1	01	34	55	00	15	30	00	08	57
159	10	450	1	01	17	51	00	15	26	00	05	34
159	10	450	1	01	48	29	00	15	19	00	10	17
159	10	450	1	01	17	34	00	14	22	00	12	24
159	10	450	1	01	45	29	00	12	52	00	11	17
159	10	450	1	01	19	01	00	13	48	00	13	32
159	10	450	1	01	27	36	00	11	31	00	10	07
159	10	450	1	01	31	27	00	14	16	00	09	08
159	10	450	1	01	28	17	00	15	08	00	17	52
159	10	450	1	01	19	18	00	10	06	00	14	46
159	10	450	1	01	25	21	00	14	11	00	10	43
159	10	450	1	01	16	11	00	12	13	00	08	38
159	10	450	1	01	13	08	00	09	45	00	06	18

6.4.3 生产作业计划的优化结果

根据5.3.3节的生产作业计划模型（式（5.18））和4D生产计划时空数据库中的经济参数表，选取河南某大型露天矿钼矿石中的辉钼矿、白钨矿、黄铜矿和磁铁矿主要四种矿石（如表 6.11 所示）以及回采率，再结合该大型露天矿山原方案选择的全汽车平峒（外委）动态运输成本、表 6.12 中的开采成本以及 6.3.4 节的算法参数，将该露天矿山 15 年的开采时段划分到 15 个采场，15 个采场中每个月备采的矿石量为 258.46 万吨，每年开采能力为 900 万吨。通过使用量子粒子群算法优化计算获得模型求解迭代收敛过程，如图 6.11 所示，各采场的开采量 x_i 分别为：{1752100，2562600，3745400，5448800，7895400，456700，465900，477100，501900，502800，547200，612100，696500，802500，968500}，开采和运输单位成本为 55.45 元/t。

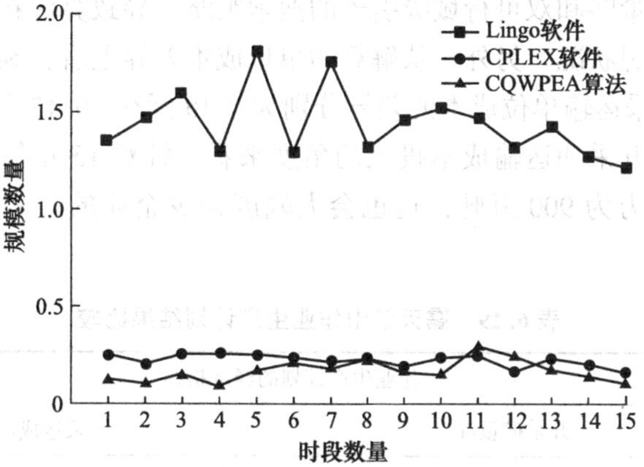

图 6.11 时段数与变量总数间的关系图

根据图 6.12 的迭代曲线效果可知，采用 QPSO 算法[124]经过 500 次的迭代计算后，生产作业期内每日的采掘和运输成本基本均平稳保持在 55.45 元之间，计算时间为 4.80s，说明采用量子进化计算、惯性权重的优化和双可行域吸引子策略使得种群内的粒子快速进入可行域内，使得算法的搜索速度较快，计算效率较高。

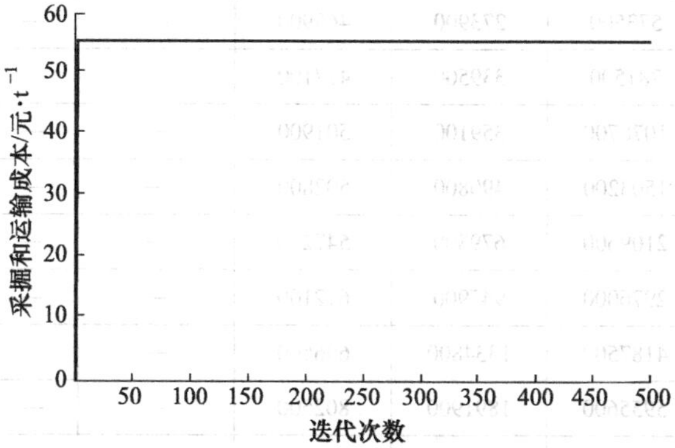

图 6.12 生产作业计划模型的收敛计算图

根据表6.19中的作业计划结果可以得知，该露天矿山企业在作业计划期内的年开采能力为900万吨，利用三种不同的优化方法划分至15个采矿场内，每个采场中的开采生产量与基准采矿量均不同，并利用三种算法求解获得生产作业计划期内的矿石开采和运输的单位成本，分别为55.57元/t、55.52元/t、55.45元/t，计算时间为7.80s、7.60s、4.80s。将其与计划期内的预计的开采和运输单位成本55.60元/吨进行比较，发现三种算法的计算结果几乎相差甚少，但从计算时间上看，采用QPSO算法优化求解的时间要远比其他两种算法低很多，而且求解结果和精度也完全符合算法设定的精度要求。这是因为该算法中引入了惯性权重参数的优化策略和双可行域吸引子的搜索策略，导致算法在计算时间和收敛精度上达到了理想状况。另外，从解算的单位成本差异上看，利用三种算法的求解结果与基准开采运输单位成本的差异分别为0.15元/t、0.12元/t和0.07元/t，从矿山企业长期开采和运输成本投入的角度来看，针对15年的生产计划开采期内年开采生产能力为900万吨，这也会大幅度减少企业的开采和运输成本投入资金。

表6.19 露天矿山作业生产计划结果比较

采场	作业生产计划的经济指标							
	开采矿量/t				采运成本/元·t^{-1}			
	基准采矿量	非线性方法	粒子群	量子粒子群	作业计划指标	非线性	粒子群	量子粒子群
M1	185900	145200	4038000	1752100	55.60	55.57	55.52	55.45
M2	215400	169700	5756200	2562600	—	—	—	—
M3	257500	204600	8188200	3745400	—	—	—	—
M4	317800	254600	169500	5448800	—	—	—	—
M5	403800	325900	196000	7895400	—	—	—	—
M6	526600	427900	228100	456700	—	—	—	—
M7	702200	573500	273900	465900	—	—	—	—
M8	952900	781500	339500	477100	—	—	—	—
M9	1311200	1078700	359100	501900	—	—	—	—
M10	1822900	1503200	490800	502800	—	—	—	—
M11	2554000	2109600	679800	547200	—	—	—	—
M12	3598400	2976000	947900	612100	—	—	—	—
M13	4006300	4187500	1334800	696500	—	—	—	—
M14	5390570	5955600	1891900	802500	—	—	—	—
M15	3600200	7666200	2686800	968500	—	—	—	—

根据表6.20可知，利用三种不同的优化方法对生产作业计划模型进行计算后，将富含有4种不同的矿石元素的品位指标与计划期内标定的矿石品位指标进行对比，发现利用非线性规划方法和粒子群算法优化计算后，满足选矿厂入选的矿石品位值与标定的品位值几乎相差甚少，只有黄铜矿和磁铁矿的品位略高于标定品位，但总体上的优化结果还是不理想，而且矿石的开采率与标定的回采率几乎一致，说明矿石的开采利用效果约束的作用较小，矿产资源的综合利用率较低。利用QPSO算法优化计算后的入选品位指标明显高于基准的矿石品位指标，且计算结果优于其他两种算法的结果，特别是开采率明显高于基准开出率，表明QPSO算法能够求解出更为理想的结果，因为QPSO算法的改进和搜索策略的引入，导致非可行域内的粒子向可行域内聚集，提升了算法求解生产作业计划模型的实用性。

表6.20 生产作业计划期内入选的品位指标

矿石品位与开采率	符合入选品位的指标/%			
	标定品位指标	非线性规划的结果	粒子群的计算结果	量子粒子群的计算结果
辉钼矿	0.18	0.16	0.16	0.162
白钨矿	0.045	0.07	0.09	0.15
黄铜矿	0.32	0.61	0.83	1.06
磁铁矿	2.26	2.81	3.27	3.98
开采率%	90.00	90.00	92.01	95.00

根据图6.13中的矿石开采量分布图可知，将每个月备采的矿石量为258.46万吨、每年开采能力为900万吨的矿石量划分至15个采场内，并以备采矿石量为基准值，利用非线性规划方法和粒子群优化方法后，分布在M1~M6采场的矿石量变化幅度与基准开采矿石量相差甚远，而在M7~M15采场内的开采矿石量明显低于备采矿石量。但是，利用量子粒子群算法优化计算的15个采场的矿

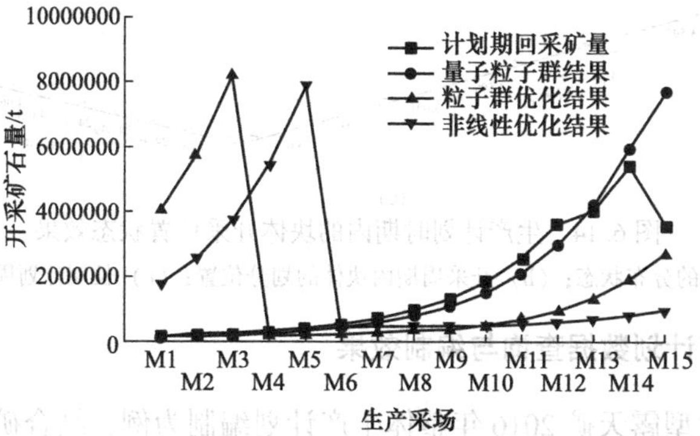

图6.13 15个采场的开采矿石量分布图

石开采量的分布结果与备采矿石量几乎一致，也符合该大型露天矿山企业原有方案选用的全汽车平峒（外委）动态运输作业成本要求，这是因为量子粒子群算法的参数优化和搜索策略明显改善了算法的不足，再加之生产作业计划模型处理策略的误差影响，这些误差结果本质上是在备采量一定的情况下，可以回收更多的低品位矿石。

6.5　露天矿山企业 4D 生产计划优化编制与评价

6.5.1　4D 生产计划期内的块体分布效果

为了充分展现河南某大型金属露天矿开采时间区域内部分块体的价值分布效果，利用长期生产计划经济指标（表 6.7）和求解结果（表 6.14），将 12 年的块体价值嵌入到 3Dmine 矿业软件中的块体模型，根据该矿山企业不同开采时期内的块体价值大小的分布状态，图 6.14（a）所示，将品位和净现值较大的块体划分至不同开采台阶的空间位置，如图 6.14（b）所示，并对长期计划周期内的块体时空位置分布状态进行了效果展示，如图 6.14（c）所示。这些可视化效果充分体现了长期生产计划模型与优化算法的可行性和实用性。

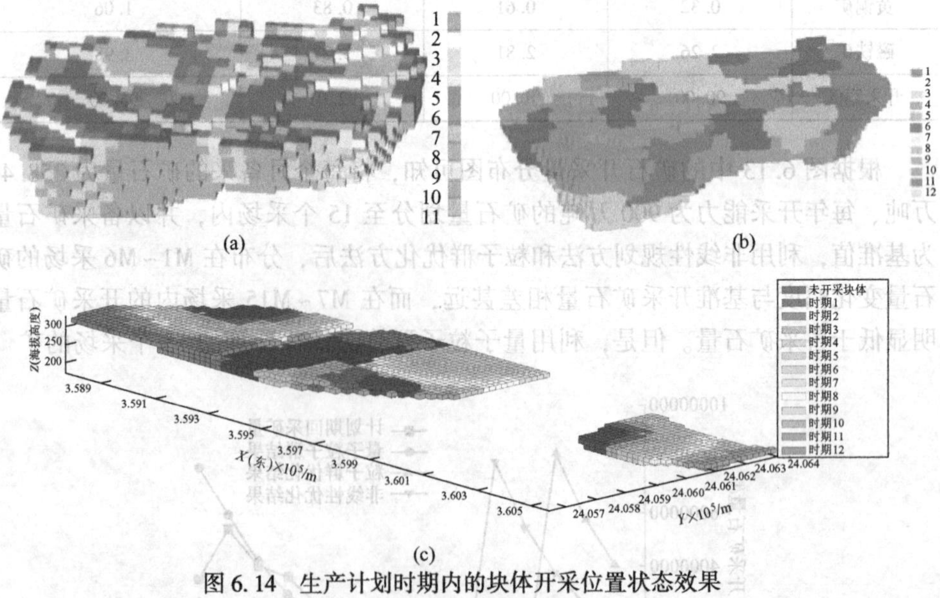

图 6.14　生产计划时期内的块体开采位置状态效果

（a）开采时期内块体的分布状态；（b）开采周期内块体的划分位置；（c）长期计划周期内块体的时空位置

6.5.2　4D 生产计划数据查询与编制效果

以河南某大型露天矿 2016 年整体生产计划编制为例，结合矿山企业 4D 生产计划信息模型（时空数据模型、块体模型、采场现状模型和生产计划数学模型），2016年计划开采钼矿石990万吨，钼入选品位0.09%，剥离岩石214.63650万吨，出矿台阶1294～1438水平，剥离台阶为1438～1474水平。以出矿台阶1294～1438水平为例，结合短期生产计划中的开采台阶图和时空数据查询方法，以此为基础圈定短期计划台阶位置，分别查询2016年矿石开采量、岩石剥离量、剥采比等，计算出矿台阶上的块体净现值、矿石开采量和品位以及采运成本等数据，并与原有方案（附表2）进行比较，详细的数据统计结果如表6.21所示。

表6.21 计划采剥区域内的经济参数计算结果

台阶	块体体积 /m^3	矿石量 /t	岩石量 /t	剥采比 /$t \cdot t^{-1}$	平均品位 %	采剥总量 /t	净现值 /元	生产成本 /元 · t^{-1}
1294～1306	10987500	9950400	6350940	0.64	0.18	16301340	10488	55.45
1306～1318	12597450	9920640	6505425	0.66	0.18	16426065	12631	55.45
1318～1330	12354450	9854880	6359550	0.65	0.18	16214430	7923	55.45
1330～1342	11396850	9848640	6305805	0.64	0.18	16154445	15444	55.45
1342～1354	9516000	9985440	6264015	0.63	0.18	16249455	10763	55.45
1354～1366	8168550	9953280	6133725	0.61	0.16	16087005	13487	55.45
1366～1378	7546500	9928320	6143025	0.62	0.17	16071345	16403	55.45
1378～1390	5994750	9989760	6096480	0.61	0.17	16086240	6940	55.45
1390～1402	4798200	9995040	5963670	0.60	0.17	15958710	13673	55.45
1402～1414	2540700	9920160	6063300	0.61	0.17	15983460	12194	55.45
1414～1426	939600	49712640	21463650	0.43	0.16	71176290	12055	55.45
1426～1438	512850	49712640	21463650	0.43	0.16	71176290	9252	55.45

6.5.3 采场与台阶的模拟进尺效果

露天矿山开采属于自上而下台阶式开采，在图6.2的采场地质模型的基础上，结合4D时空数据的查询结果以及长期-短期-生产作业计划数学模型的求解结果，利用3Dmine矿业软件中的排产计划模块，将不同类型的生产计划模型计算结果嵌入软件模块后，根据开采时期的划分和台阶上矿岩采剥量的结果，对整个露天矿床内的台阶进尺位置和开采深度以及不同时期的境界划分进行模拟可视化，如图6.15所示。然后依据台阶上的矿岩采剥量结果和关键块体价值区域约束，对2016年1294～1314台阶上的部分关键开采区域和块体的开采状态进行模拟设计，如图6.16所示。其中，通过虚线表示关键开采区域和台阶、块体的开采位置和状态。

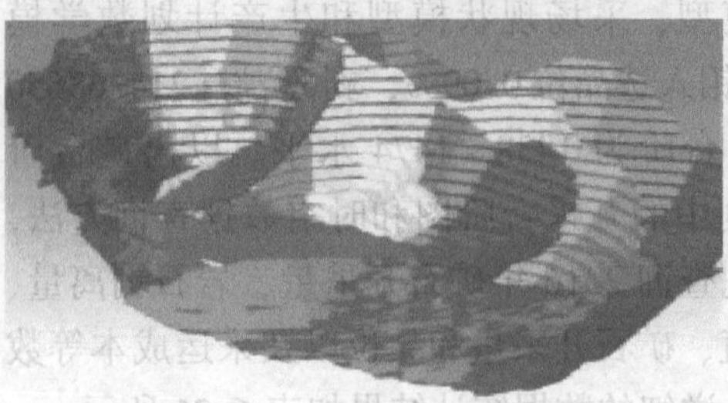

(a)

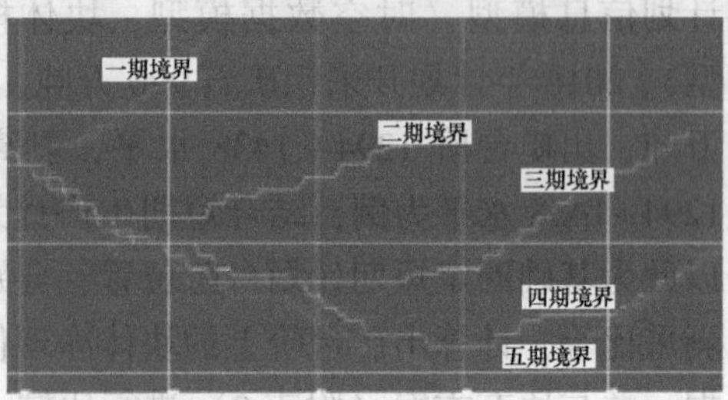

(b)

图 6.15　露天矿采剥生产计划优化顺序效果

（a）露天矿分期开采顺序优化效果；（b）不同开采时期境界剖面图

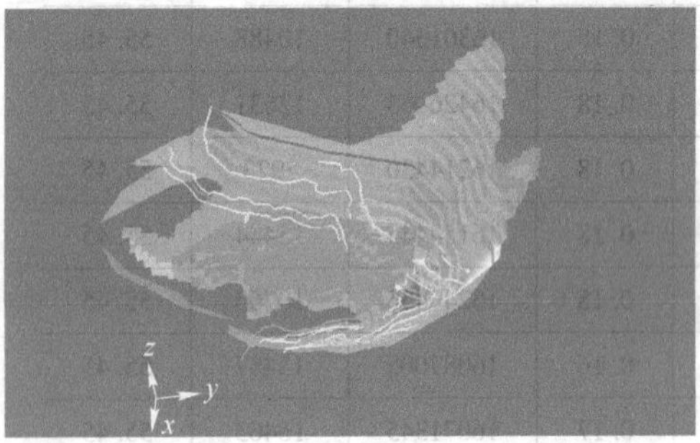

(a)

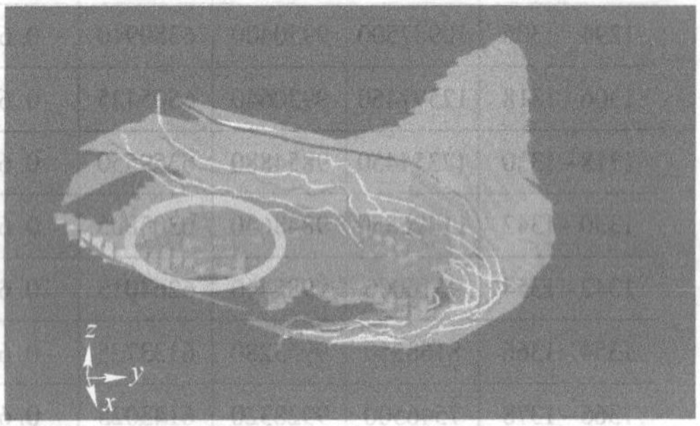

(b)

图 6.16　露天矿采场区域部分模拟效果

（a）露天矿 2016 年采场部分区域效果；（b）2016 年末 1294~1314 水平台阶进尺状态

6.5.4　整体应用效果的评价分析与对策建议

本书通过与河南某大型露天矿山的原有设计方案[132]的生产计划结果以及长沙设计院的计算结果进行比较分析，原有设计方案是在 Surpace 矿业软件环境下进行生产计划的编制，其结果如附表 3 所示，与 4D 生产计划信息模型下的采剥生产计划结果对比如表 6.22 所示，两种计算结果的误差在 40%之间波动，说明 4D 矿床地质信息模型下的生产计划编制结果具有明显的优势。另外，在 4D 信息模型下编制生产计划，对矿床地质块体价值、矿产品销售价格和低品位波动处理更为贴近实际矿山工程，与传统的方式相比，采用混合智能优化算法可加大提高矿岩块体的净现值、采剥生产矿量，降低开采运输成本以及提高数据精度，使得计算结果更为符合矿山整体生产计划的优化和编制应用，建议露天矿山企业生产计划优化与编制过程中，综合考虑开采过程的动态属性数据和混合智能优化算法的精确应用。

表 6.22 露天矿 4D 生产计划编制结果对比表

经济指标	净现值/元	矿石量/万吨	岩石量/万吨	平均品位/%	生产成本/元·t^{-1}	运输成本/元
长沙设计院计算结果	—	3940.02	1587.19	0.104	—	—
西安建筑科技大学计算结果	69179.91	3479.10	1695.04	0.116	55.56	69179.91
本书计算结果	72528.70	4802.91	1103.82	0.185	55.45	13316.07

6.6 本 章 小 结

(1) 针对露天矿山企业 4D 生产计划信息模型的整体应用问题，以前述核心章节的研究理论和方法为基础，对国内某大型露天矿山生产计划数据进行组织，综合考虑了该矿山生产过程中的地质数据、技术经济数据以及数据组织处理方法，为该露天矿山长期–短期–生产作业计划模型的整体应用和优化解算提供基础数据源。

(2) 针对 4D 生产计划模型在整个矿山企业的工程应用问题，以该露天矿山的基础数据源为依据，将长期–短期–生产作业计划模型进行工程应用和优化计算，分别对不同类型的生产计划目标函数的计算结果与不同的方法进行对比分析，并将本书计算结果与长沙设计院、西安建筑科技大学提供的原始设计结果进行比较与分析，结果表明，本书提出的数学模型与优化算法要比原有设计方案更好。

(3) 针对 4D 生产计划优化编制应用问题，将提出的 4D 生产数据组织方法、生产计划模型与优化算法的求解结果与 3Dmine 矿业软件进行有效结合，对该露天矿生产计划周期内的部分块体时空位置进行划分，并采用时空数据库查询语言对 2016 年的部分台阶数据进行查询与生产计划编制，以及对采场的部分模拟效果进行展现，为该大型露天矿山企业整体生产计划编制提供参考。

7 总结与展望

7.1 主要工作和结论

随着全球矿产资源的整合发展和人工智能技术加速普及，矿山企业高速发展，矿产资源供需和开采生产规模均在不断扩大。要从根本上改变我国矿产资源开采利用率偏低和生产成本偏高以及信息融合技术弱的问题，必须从矿山企业生产计划的基础数据组织管理和整体优化设计方面，将长期生产计划、短期生产计划和生产作业计划进行综合研究，即4D生产计划优化设计。当前露天矿山企业生产计划编制和优化逐渐向深层次、整体化和智能化方向发展，如何进行露天矿山企业4D生产计划优化设计，对于提高矿产资源综合利用率、降低生产作业成本尤为重要。因此，露天矿山企业4D生产计划模型与优化算法研究对于露天矿山企业生产战略规划、战术决策和作业控制管理具有重要的理论意义和现实价值。全书基于时空数据模型和数据库理论、金属露天矿采矿学以及矿业系统工程、人工智能方法以及企业管理等学科知识，从矿山企业整体生产规划角度对生产数据源统一组织和生产计划整体设计进行了深入研究。主要结论如下：

（1）研究了露天矿山企业4D生产计划问题的信息模型构建理论与基础数据组织方法。在对露天矿山企业开采生产过程深入分析的基础上，将其抽象为3D矿床地质模型与开采生产进尺时间、开采生产周期、企业资金时间价值及数据库标记时间集成表示的复杂4D生产计划信息模型，综合考虑了生产计划时间粒度划分和矿石品位等技术经济指标，依据露天矿山开采生产过程的动态性和矿岩地质体的静态特征，设计了4D生产计划信息模型的总体架构、功能模块、变化过程和模拟实现过程，完成了4D生产计划信息模型的整体设计；阐述了4D生产计划信息模型与数学模型的时间粒度关系、开采体时空位置变化过程，实现了4D生产计划中的时间与开采体空间的映射过程；构建了露天开采对象的数据存储结构和时空数据库模型，实现了4D生产计划模型求解计算数据源的统一组织和管理。

（2）研究了露天矿山企业长期生产计划问题建模理论与优化方法。针对价格和地质品位对长期生产计划编制与优化的影响问题，以4D生产计划信息模型为基础，将矿产品价格、地质品位和开采成本等不确定性因素集成到长期生产计划模型，利用价格概率密度函数和拉丁超级立方体取样方法，解决了金属价格不确定性问题；同时，利用块体风险模型中的块体分布概率方法，实现了地质品位不确定性问题；另外，利用低品位矿石处理策略，解决了低品位矿石的回收利用问题。在此基础上，利用改进鸽群搜索算子的粒子群优化算法，将 1997~2016 年长期生产计划的净现值进行计算，其净现值最大为 1968.7 万元，经过低品位矿石处理后，其净现值最大为 1948.5 万元，并利用 SOIPPSO 算法与 PSO 和 PIO 算法分别对长期计划模型进行优化计算，SOIPPSO 算法的求解速度提高了 20%左右，并对算法的时空复杂度进行了分析。

(3) 研究了露天矿山企业短期生产计划模型与优化方法。基于长期生产计划模型，以年为单位对不同开采时期内的块体价值和企业效益进行计算，将年计划期逐渐划分为以月为单位的短期生产计划，以月为单位的矿石开采量和品位值最大为目标，构建了露天矿山企业短期生产计划模型，实现了长期计划的年开采块体数量向短期生产计划月矿岩采剥量的渐进建模。在此基础上，利用元胞量子狼群优化算法，对 12 个台阶上的矿石开采量和品位值进行优化计算，其月矿石最大开采量为约为 4.75 万吨，品位优化指标比值基本在 7.25%~9.5%之间波动，偏差分别为±0.22%，实现了短期生产计划期内月矿石开采量和品位值的优化计算；并分别利用 Lingo 软件、CPLEX 软件、WPEA 算法、QWPEA 算法和 CQWPEA 算法对短期生产计划模型进行优化求解，结果表明 CQWPEA 算法的计算速度提高了 60%左右，从而突出了该算法求解短期生产计划模型的优越性。

(4) 研究了露天矿山企业生产作业计划模型与优化方法。以短期生产计划模型中的矿石量的日生产和运输单位成本最小化为目标，构建了生产作业计划模型，实现了月采剥矿岩数量向日矿石开采和运输单位成本的渐进建模。在此基础上，利用改进的量子粒子群优化算法，对 8 个采场内的矿石采运单位成本进行计算，其采运单位成本为 4.91 元/t，与非线性方法的计算结果 5.16 元/t 和粒子群算法的计算结果 4.98 元/t 相比，相差约为 0.45 元/t，实现了生成作业成本的最小化问题。另外，利用该算法优化计算后，矿石的开采率要比计划期内的指标高 1.0%左右，从而验证了 QPSO 在求解生产作业计划模型的可行性。

(5) 研究了露天矿山企业 4D 生产计划模型的工程实例应用效果。以国内某大型金属露天矿山企业为案例，利用基础数据组织管理方法，对该矿山企业的长期-短期-生产作业计划之需的基础数据进行统一管理，作为露天矿山企业生产计划模型优化计算的基础数据源。在此基础上，分别利用三种不同的混合智能优化算法，对不同类型的生产计划模型进行优化计算后，该矿山企业长期生产计划期内 15 年中的最大净现值为 17012 万元，与原始最大净现值相差 979 万元；短期计划期内每月的矿岩开采量为 193.92 万吨，这与该露天矿山 2004~2018 年原有设计的矿岩总量为 232.71 万吨相比，差异值大约为 0.33%。另外，对矿石开采量和品位指标进行优化计算，优化后的结果要比基准开采任务量相差 0.46%左右，品位指标偏差在 0.2%之间波动；生产作业计划期内的日矿石采运单位成本为 55.45 元/t，与计划指标值 55.60 元/t 和西安建筑科技大学计算结果 55.56 元/t 相比，分别要少 0.15 元/t、0.11 元/t。这些结果表明，书中提出的不同类型的生产计划模型与优化算法更符合实际矿山工程应用。

基于三维空间建模、时空数据模型和数据库、数学规划、数学建模及智能优化算法理论，建立了露天矿山企业生产计划的基础数据组织结构和数学模型，提出了 4D 生产计划的混合智能优化算法，实现了矿山企业长期-短期-生产作业计划系统的整体优化。仿真测试和实例应用结果表明，所构建的模型与混合智能算法是可行的。通盘考虑了生产计划的层级递进数学模型的构建，以长期计划期内（年）的块体净现值最大、短期计划期内（月）的矿石开采量和品位值最大和生产作业计划期内（日）的采掘和运输的单位成本最小为目标，模型涵盖了矿山企业从宏观设计到微观作业的全部过程，从理论上为 4D 生产计划提供研究基础；设计符合不同类型生产计划优化计算的混合智能优化算法，从技术上为 4D 生产计划理论研究和露天矿山企业生产规划设计应用提供了算法基础。本书研究成果弥补了当前露天矿山企业生产计划研究的不足，其本质是为矿山企业整体生产计划编制以及现有的矿业生产系统的优化升级提供理论和方法指导。

7.2 研究局限及展望

本书基于三维建模、时空数据模型、数学建模、矿业系统工程以及企业管理等理论与方法，对露天矿山企业生产计划进行了建模理论、优化算法及综合应用等方面研究，但受研究水平和条件的限制，在研究广度和深度等方面还有诸多不足之处，这些不足之处也可作为进一步的研究方向。归结如下：

（1）生产计划数据组织方式。以组织和管理矿山开采生产计划编制过程中的多源异构数据为目标，虽然从时空数据模型和数据库结构上抽象描述了矿山开采生产计划的数据结构、时空属性数据变化特征和 4D 生产计划信息模型等问题，然而，能在 4D 矿床地质信息模型上模拟编制露天矿山企业生产计划，还需要对开采生产基础数据组织和管理手段进行深入研究探索。

（2）生产计划数学模型构建方法。矿山企业较传统企业具备一定的特殊性，其生产计划更多的是涉及开采生产，而对于外部的矿产品销售、加工等环节关注较少。另外，矿山开采生产是一个复杂的系统工程，其涉及的基础数据和制约影响因素较多，设计的生产计划数学模型只能在诸多约束条件下尽可能满足企业生产任务目标。因此，后续研究可以继续扩大实际工程的需求范围，深入地对生产实际状况进行抽象建模，并对复杂的随机整数规划模型、0-1 整数规划模型等转换为简单的线性规划模型，进而实现露天矿山企业生产计划模型的挖掘和应用研究。

（3）混合智能算法设计。基于研究的软硬件条件、4D 生产计划模型的案例规模以及智能算法的概率寻优特点，需要经过多次寻优计算获得全局最优解。在面向更大规模、更多制约因素和海量基础数据源的实际矿山生产计划优化时，需要提高算法运算速度、求解精度和收敛效果。在研究的模型、混合智能算法的基础上，进行算法级的参数优化、算子设计以及算法本身的改进等方面继续深度挖掘研究，提高 4D 生产计划模型的求解计算效率。

（4）工程案例应用。由于笔者研究水平和研究条件的局限，在实际工程案例应用方面，虽然以国内真实的大型矿山企业为案例进行整体应用，但在模型和算法应用方面还是会出现一些不理想的效果。因此，探索采用类似于模拟求解软件 CPLEX 和模型求解器等与书中的模型进行综合应用和求解计算，从实现 4D 生产计划系统、数据库系统开发以及可视化效果方面展开深入研究。

附 表

附表 1 露天矿山原有与现有财务净现值流量表

时间/年	销售收入	回收资金	建设投资	流动资金	经营成本
1	191709.56	0	61774952	57512	142244.74
2	191709.56	0	0	0	142244.74
3	191709.56	0	0	0	142244.74
4	191709.56	0	0	0	142244.74
5	191709.56	0	0	0	142244.74
6	191709.56	0	0	0	142244.74
7	191709.56	0	0	0	142244.74
8	191709.56	0	0	0	142244.74
9	191709.56	0	0	0	142244.74
10	191709.56	0	0	0	142244.74
11	191709.56	0	0	0	142244.74
12	191709.56	0	0	0	142244.74
13	191709.56	0	0	0	142244.74
14	191709.56	0	0	0	142244.74
15	191709.56	0	0	0	142244.74

时间/年	附加税	所得税	净现金流量	原有净现值	现有净现值
1	17001.74	11477.06	-98300.94	-91016.84	16141
2	17001.74	11477.06	20986.02	17991.31	14767
3	17001.74	11477.06	20986.02	16658.70	17917
4	17001.74	11477.06	20986.02	15424.72	13089
5	17001.74	11477.06	20986.02	14283.08	16748
6	17001.74	11477.06	20986.02	13225.39	17416
7	17001.74	11477.06	20986.02	12245.34	9825

续附表 1

时间/年	附加税	所得税	净现金流量	原有净现值	现有净现值
8	17001.74	11477.06	20986.02	11338.74	13151
9	17001.74	11477.06	20986.02	10497.20	16057
10	17001.74	11477.06	20986.02	9720.72	11504
11	17001.74	11477.06	20986.02	9000.90	7624
12	17001.74	11477.06	20986.02	8333.55	13389
13	17001.74	11477.06	20986.02	7716.56	12694
14	17001.74	11477.06	20986.02	7145.74	12260
15	17001.74	11477.06	20986.02	6614.79	15845

附表 2 露天矿山原有与现有生产计划进度表

附表 2-1 某露天矿生产进度计划表

时间/年	采剥总量/万吨	剥离总量/万吨	采出矿量/万吨	出矿品位		剥采比/t · t^{-1}
				钼（0.085%）	钨（0.087%）	
1	1630.1	635.1	995.0	0.107	0.095	0.64
2	1642.6	650.5	992.1	0.105	0.095	0.65
3	1621.4	635.9	985.5	0.109	0.094	0.65
4	1615.4	630.6	984.9	0.109	0.089	0.64
5	1624.9	626.4	998.5	0.106	0.101	0.63
6	1608.7	613.4	995.3	0.094	0.087	0.62
7	1607.1	614.3	992.8	0.105	0.088	0.62
8	1608.6	609.7	998.9	0.097	0.094	0.61
9	1595.9	596.4	999.5	0.099	0.088	0.60
10	1598.3	606.3	992.0	0.097	0.092	0.61
11~15	7117.6	2146.4	4971.3	0.089	0.093	0.43
20 年后	6555.9	1645.9	4909.9	0.078	0.088	0.34

附表 2-2 优化后的某露天矿生产进度计划表

时间/年	采剥总量/万吨	剥离总量/万吨	采出矿量/万吨	出矿品位钼/%	剥采比/t · t^{-1}
1	16301340	6350940	9950400	0.18	0.64
2	16426065	6505425	9920640	0.18	0.66

续附表2-2

时间/年	采剥总量/万吨	剥离总量/万吨	采出矿量/万吨	出矿品位钼/%	剥采比/t·t^{-1}
3	16214430	6359550	9854880	0.18	0.65
4	16154445	6305805	9848640	0.18	0.64
5	16249455	6264015	9985440	0.18	0.63
6	16087005	6133725	9953280	0.16	0.61
7	16071345	6143025	9928320	0.17	0.62
8	16086240	6096480	9989760	0.17	0.61
9	15958710	5963670	9995040	0.17	0.60
10	15983460	6063300	9920160	0.17	0.61
11~15	71176290	21463650	49712640	0.16	0.43
20年后	71176290	21463650	49712640	0.16	0.43

附表3 露天矿山原有生产计划的采剥生产总量表

周期	台阶	矿量/t	岩量/t	总量/t	*mw* 品位/%	*m* 品位/%	*w* 品位/%
1	1294~1558	9950400	6350940	16301340	0.18	0.107	0.094
2	1294~1450	9920640	6505425	16426065	0.18	0.105	0.095
3	1282~1546	9854880	6359550	16214430	0.18	0.109	0.094
4	1294~1486	9848640	6305805	16154445	0.18	0.109	0.896
5	1282~1486	9985440	6264015	16249455	0.18	0.106	0.101
6	1318~1474	9953280	6133725	16087005	0.16	0.094	0.087
7	1294~1474	9928320	6143025	16071345	0.17	0.105	0.088
8	1282~1462	9989760	6096480	16086240	0.17	0.097	0.094
9	1330~1438	9995040	5963670	15958710	0.17	0.099	0.088
10	1330~1438	9920160	6063300	15983460	0.17	0.097	0.092
11~15	1294~1438	49712640	21463650	71176290	0.16	0.089	0.093

参 考 文 献

[1] Liu Z. Supply-demand situation and exploration of mineral resources in China during 2016—2017 [J]. Acta Geologica Sinica, 2018, 92 (03): 1245~1248.

[2] Kaluza A, Kai L, Stark R. Investigating challenges of a sustainable use of marine mineral resources [J]. Procedia Manufacturing, 2018, 21: 321~328.

[3] 果艳秋. 生产计划与控制管理在企业中的运用 [J]. 现代经济信息, 2017 (22): 77.

[4] K. 菲塔斯, 朱敏. 露天矿长期及短期生产计划的优化 [J]. 国外金属矿采矿, 1988 (03): 48~56.

[5] Johnson T B. Optimum open-pit mine production scheduling [C] // Doctorate Dissertation, University of California, Berkeley, 1968.

[6] 王广宇, 丁华明. 作业成本管理内部改进与价值评估的企业方略 [M]. 北京: 清华大学出版社, 2005.

[7] Wieland M, Pittore M. A Spatio-temporal building exposure database and information life-cycle management solution [J]. ISPRS International Journal of Geo-Information, 2017, 6 (04): 1~20.

[8] Agatha Y T, Adams T M, Usery E L. A spatial data model design for feature-based geographical information systems [J]. International Journal of Geographical Information Systems, 1996, 10 (05): 643~659.

[9] Benjamin H, Helbert A, Cruz C. Continuum: a spatiotemporal data model to represent and qualify filiation relationships [C] // Proceedings of the 4th ACM SIGSPATIAL International Workshop on GeoStreaming, IWGS 2013 Orlando, United States.

[10] Zaki C, Servières M, Moreau G. Transforming conceptual spatiotemporal model into object model with semantic keeping [J]. Lecture Notes in Computer Science, 2017, 6999: 281~290.

[11] 郭达志, 杨维平, 韩国建. 矿山地理信息系统中的空间和时间四维数据模型 [J]. 测绘学报, 1993, 22 (01): 33~40.

[12] 徐爱功, 车莉娜. 一种新的时空过程模型建模方法 [J]. 测绘科学, 2013 (06): 1~8.

[13] Tossebro E, Nygard M. Representing topological relationships for spatiotemporal objects [J]. GeoInformatica, 2011 (15): 633~661.

[14] Jjumba A, Dragievi S. Towards a voxel-based geographic automata for the simulation of geospatial processes [J]. Journal of Photogrammetry and Remote Sensing, 2015: 1~5.

[15] Hu Y, Wu H, Zhu H. The application of base state with amendments model in land survey data management [J]. Communications in Computer & Information Science, 2015, 482: 715~723.

[16] 刘睿, 周晓光. 一种基于动态基态方法的时空数据模型扩展 [J]. 测绘通报, 2008 (06): 50~53.

[17] 宋伟东, 陈虎维. 露天矿采场时空数据模型的构建与应用 [J]. 测绘工程, 2009, 18

(03)：1~5.

[18] 陆纳纳，李景文，苏浩，等. 面向对象的基态修正模型改进及查询方法 [J]. 测绘科学技术学报，2012，29 (04)：299~302.

[19] 龙际梦，蔡中祥，刘宏建，等. 基态修正时空数据模型的优化研究 [J]. 测绘与空间地理信息，2016，39 (05)：58~60，64.

[20] 王珂，李景文，徐跃跃. 基于多粒度的时空数据模型构建研究 [J]. 测绘与空间地理信息，2015，38 (11)：74~77.

[21] 马龙，卢才武，顾清华. 动态多基态变粒度时空修正模型在矿区地质环境中的应用[J]. 测绘通报，2017，09：104~109.

[22] Worboys M F，et al. Object-oriented approaches to Geo-referenced information [J]. International Journal of Geographical Information Systems，1994，08 (04)：385~399.

[23] Salehi M，Bedard Y，Mostafavi M A，Brodeur J，et al. Formal classification of integrity constraints in spatiotemporal database applications [J]. Journal of Visual Languages & Computing，2011，22 (05)：323~339.

[24] Hannemann W，Brock T，Busch W. GIS for combined storage and analysis of data from terrestrial and synthetic aperture radar remote sensing deformation measurements in hard coal mining [J]. International Journal of Coal Geology，2011，86：54~57.

[25] 戴小平，王敏，王山东. 时空数据模型在露天矿排产中的应用 [J]. 金属矿山，2008 (08)：85~87.

[26] 胡晋山，康建荣，王晋丽. 矿区土地动态变化时空数据模型设计 [J]. 测绘科学，2013，38 (05)：32~35，39.

[27] 成波，关雪峰，向隆刚，等. 一种面向时空对象及其关联关系动态变化表达的概念数据模型 [J]. 地球信息科学学报，2017，19 (11)：1415~1421.

[28] Tossebro E，Nygård M. Uncertainty in spatiotemporal databases [C] // International Conference on Advances in Information Systems. Springer，Berlin，Heidelberg，2002：43~53.

[29] Que X，Wu C，Chen R，et al. Spatiotemporal data model for geographical process analysis with case study [C] // International Symposium on Parallel and Distributed Computing. IEEE，2017：390~394.

[30] 夏慧琼，李德仁，郑春燕. 基于地理事件的时空数据模型及其在土地利用中的应用[J]. 测绘科学，2011，36 (04)：124~127.

[31] 胡晋山，康建荣，王晋丽，等. 基于时空推理的矿区土地动态复垦时空数据模型设计 [J]. 矿业研究与开发，2012，32 (01)：85~90.

[32] 李国清，胡乃联，陈玉民. 数字矿山中多源异构数据融合技术研究 [J]. 中国矿业，2011 (04)：89~93.

[33] 李满春，李翔，周琛，等. 多源异构地理数据并行集成技术研究 [J]. 地理信息世界，2015，22 (06)：1~6.

[34] 张江水，华一新，李翔. 多粒度时空对象建模的基本内容与方法 [J]. 地理信息世界，2018，25 (02)：12~16.

[35] 吴仲雄，朱超．华银铝土矿三维可视化模型与开采计划优化研究［J］. 中国矿业，2011，20（03）：78~81.

[36] 任高峰，张卅卅，赵利坤，等．露天矿精细化开采信息采集与处理系统设计［J］. 金属矿山，2013（11）：110~113.

[37] 侯定勇，李翠平，赵怡晴，等．基于 AutoCAD 的矿山生产计划优化系统设计与实现［J］. 采矿技术，2014，14（02）：78~81.

[38] 狄长江，王孝东，戴晓江，等．基于 3Dmine 矿业软件的露天矿山采剥计划的数值模拟［J］. 黄金，2016，37（07）：30~35.

[39] Chua K W，Anson M，Zhang J P. Four-dimensional visualization of construction scheduling and site utilization［J］. Journal of Construction Engineering & Management，2004，130（04）：598~606.

[40] Chanda E K，Ricciardone J，et al. Long term production scheduling optimisation for a surface mining operation：An application of MineMax™ scheduling software［J］. International Journal of Surface Mining Reclamation & Environment，2002，16（02）：144~158.

[41] Moosavi E，Gholamnejad J，Ataee-Pour M，et al. A hybrid augmented lagrangian multiplier method for the open pit mines long-term production scheduling problem optimization［J］. Journal of Mining Science，2014，50（06）：1047~1060.

[42] Tabesh M，et al. A multi-step approach to long-term open-pit production planning［J］. International Journal of Mining & Mineral Engineering，2014，05（04）：273~298.

[43] Jélvez E，Morales N，et al. Aggregation heuristic for the open-pit block scheduling problem［J］. European Journal of Operational Research，2016，249（03）：1169~1177.

[44] 贾明涛，吕青海，陈鑫，等．聚合分期算法在露天矿中长期生产计划编制中的应用［J］. 黄金科学技术，2017，25（04）：58~64.

[45] Lamghari A，Dimitrakopoulos R，Ferland J A，et al. A hybrid method based on linear programming and variable neighborhood descent for scheduling production in open-pit mines［J］. Journal of Global Optimization，2015，63（03）：555~582.

[46] Moreno E，Rezakhah M，Newman A，Ferreira F，et al. Linear models for stockpiling in open-pit mine production scheduling problems［J］. European Journal of Operational Research，2017，257（01）：1~10.

[47] Moosavi E，Gholamnejad J. Long-term production scheduling modeling for the open pit mines considering tonnage uncertainty via indicator kriging［J］. Journal of Mining Science，2015，51（06）：1226~1234.

[48] 任助理，毕林，王李管，等．基于混合整数规划法的自然崩落法放矿计划优化［J］. 工程科学学报，2017，39（01）：23~30.

[49] Soto R，Crawford B，Almonacid B，et al. Solving open-pit long-term production planning problems with constraint programming-a performance evaluation［C］// International Conference on Software Engineering & Applications. Austria，2015：70~77.

[50] 顾晓薇，胥孝川，王青，等．露天煤矿生产计划优化［J］. 东北大学学报（自然科学

版），2013（08）：1184~1187.

[51] 顾晓薇，胥孝川，王青，等．金属露天矿生产计划优化算法的改进［J］．东北大学学报（自然科学版），2014（10）：1492~1496.

[52] Xu X C, Gu X W, Wang Q, et al. Ultimate pit optimization with ecological costs for open pit metal mines [J]. Transactions of Nonferrous Metals Society of China, 2014, 24 (05): 1531~1537.

[53] Eduardo L N, Golosinski T S. Optimising open pit mine scheduling taking into consideration time value of money and mining restrictions [J]. International Journal of Surface Mining, Reclamation and Environment, 2013, 27 (03): 156~165.

[54] Mokhtarian, Asl M, Sattarvand J. Commodity price uncertainty propagation in open-pit mine production planning by Latin hypercube sampling method [J]. Journal of Mining & Environment, 2016, 02 (07): 215~227.

[55] Osanloo M, Gholamnejad J, Karimi B. Long-term open pit mine production planning: a review of models and algorithms [J]. International Journal of Surface Mining, Reclamation and Environment, 2008, 22 (01): 3~35.

[56] Gholamnejad J, Moosavi E. A new mathematical programming model for long-term production scheduling considering geological uncertainty [J]. Journal of the Southern African Institute of Mining & Metallurgy, 2012, 112 (02): 77~81.

[57] Ramazan S, Dimitrakopoulos R. Stochastic optimisation of long-term production scheduling for open pit mines with a new integer programming formulation [J]. Orebody Modelling and Strategic Mine Planning, 2018, 14: 359~365.

[58] Tahernejad M M, Ataei M, Khalokakaie R. A practical approach to open-pit mine planning underprice uncertainty using information gap decision theory [J]. Journal of Mining & Environment, 2018, 02 (09): 527~537.

[59] Dimitrakopoulos R, Jewbali A. Joint stochastic optimisation of short and long term mine production planning: method and application in a large operating gold mine [J]. Mining Technology, 2013, 122 (02): 110~123.

[60] Jewbali A, Dimitrakopoulos R. Stochastic mine planning—example and value from integrating long-and short-term mine planning through simulated grade control, sunrise dam, western australia [M]. Advances in Applied Strategic Mine Planning. Springer, Cham, 2018: 173~189.

[61] Lamghari A. A diversified Tabu search approach for the open-pit mine production scheduling problem with metal uncertainty [J]. European Journal of Operational Research, 2012, 222 (03): 642~652.

[62] Sattarvand J, Niemann-Delius C. Past, present and future of metaheuristic optimization methods in long-term production planning of open pits [J]. BHM Bergund Hüttenmännische Monatshefte, 2013, 158 (04): 146~154.

[63] Leite A, Dimitrakopoulos R. Stochastic optimisation model for open pit mine planning: application and risk analysis at copper deposit [J]. Mining Technology, 2013, 116 (03):

109~118.

[64] Moosavi E, Gholamnejad J, Ataee-Pour M, et al. A hybrid augmented lagrangian multiplier method for the open pit mines long-term production scheduling problem optimization [J]. Journal of Mining Science, 2014, 50 (06): 1047~1060.

[65] Khan A. Production scheduling of open pit mines using particle swarm optimization algorithm [J]. Advances in Operations Research, 2014: 1~9.

[66] Shishvan M S. Long term production planning of open pit mines by ant colony optimization [J]. European Journal of Operational Research, 2015, 240 (03): 825~836.

[67] Asl M M, Sattarvand J. An imperialist competitive algorithm for solving the production scheduling problem in open pit mine [J]. International Journal of Mining and Geo-Engineering, 2016, 50 (01): 131~143.

[68] Mokhtarian Asl M, Sattarvand J . An imperialist competitive algorithm for solving the production scheduling problem in open pit mine [J]. International Journal of Mining and Geo-Engineering, 2015, 50 (01): 131~143.

[69] Khan A. Long-term production scheduling of open pit mines using particle swarm and bat algorithms under grade uncertainty [J]. Journal of the Southern African Institute of Mining and Metallurgy, 2018, 118 (04): 361~368.

[70] Smith M. Optimizing short-term production schedules in surface mining: Integrating mine modeling software with AMPL/CPLEX [J]. International Journal of Surface Mining Reclamation & Environment, 1998, 12 (04): 149~155.

[71] Rahmanpour M, Osanloo M. Resilient decision making in open pit short-term production planning in presence of geologic uncertainty [J]. International Journal of Engineering Transactions & Applications, 2016, 29 (07): 1022~1028.

[72] Upadhyay S P, Askarinasab H. Dynamic shovel allocation approach to short-term production planning in open-pit mines [J]. International Journal of Mining Reclamation & Environment, 2017: 1~20.

[73] LâHeureux G, Gamache M, Soumis F. Mixed integer programming model for short term planning in open-pit mines [J]. Mining Technology, 2013, 122 (02): 101~109.

[74] Blom M, Pearce A R, Stuckey P J. Multi-objective short-term production scheduling for open-pit mines: a hierarchical decomposition-based algorithm [J]. Engineering Optimization, 2018, 01: 1~18.

[75] Józefowska J, Zimniaka A. Optimization tool for short-term production planning and scheduling [J]. International Journal of Production Economics, 2008, 112 (01): 109~120.

[76] Liu S Q, Kozan E, Wolff R. A short-term production scheduling methodology for open-pit mines [C]//International Symposium on the Applications of Computers & Operations Research in the Mineral Industry, Fundacao Luiz Englert, 2013.

[77] 孙效玉,张维国,陈毓.根据露天矿长期计划自动形成短期计划的 0-1 整数规划方法 [J]. 煤炭学报, 2012, 37 (07): 1139~1143.

[78] 孙效玉，张维国，孙梦红．自动优化露天矿短期进度计划的渐进细化法［J］. 东北大学学报（自然科学版），2012，33（05）：735~738.
[79] 孙效玉，邓鹏宏，赵明．多时段露天矿生产计划整体优化模型［J］. 东北大学学报（自然科学版），2016，37（10）：1460~1464.
[80] Fricke C. Applications of integer programming in open pit mining［J］. Handbook of Operations Research in Natural Resources，2006，19（02）：97~117.
[81] 李瑞，胡乃联，李国清．基于多目标 0-1 规划的采掘作业计划优化［J］. 金属矿山，2017，02：102~108.
[82] Eivazy H，Askari-Nasab H. A mixed integer linear programming model for short-term open pit mine production scheduling［J］. Mining Technology，2012，121（02）：97~108.
[83] 胡乃联，李勇，李国清，等．用粒子群算法优化编制露天矿生产作业计划［J］. 北京科技大学学报，2013（04）：537~543.
[84] 明建，李国清，胡乃联．基于市场的地下金属矿山生产计划优化［J］. 北京科技大学学报，2013（09）：1216~1220.
[85] 田谦益，李敬敬，陈建华，等．一种带备选方案的露天矿生产作业计划优化方法［J］. 山东科技大学学报（自然科学版），2015，34（06）：102~106.
[86] 夏慧琼．基于位置和对象集成的时空数据模型及其在土地利用中的应用研究［D］. 武汉大学，2009.
[87] 刘凯，龙毅，秦耀辰．时间粒度对地理事件线性时间拓扑关系影响研究［J］. 地理与地理信息科学，2013，29（03）：1~5.
[88] 唐文波．基于 4D 信息模型的大型桥梁施工进度仿真研究［D］. 湖南：中南大学，2009.
[89] 于天星，李锐，吴华意．面向对象的地理实体时空位置多粒度表达［J］. 地球信息科学学报，2017，19（09）：1208~1216.
[90] 唐常杰，于中华，游志胜，等．时态数据的变粒度分段存储策略及其效率分析［J］. 软件学报，1999，10（10）：1085~1090.
[91] Kai H，Voigt H，Rausch J，et al. Robust and simple database evolution［J］. Information Systems Frontiers，2018：1~17.
[92] Cheng C. Indexing［M］. The International Encyclopedia of Geography. 2017.
[93] Stephane Faroult，Peter Robson. SQL 语言艺术［M］. 温昱，靳向阳译．北京：电子工业出版社，2008.
[94] 马龙，卢才武，顾清华，等．引入改进鸽群搜索算子的粒子群优化算法［J］. 模式识别与人工智能，2018，31（10）：909~920.
[95] Zhou H G，Zheng C W，Hu X H，et al. Path planner for unmanned aerial vehicles based on modified PSO algorithm［C］// Proceeding of the IEEE International Conference on Information and Automation，2008：541~544.
[96] Hao R，Luo D L，Duan H B. Multiple UAVs mission assignment based on modified pigeon-inspired optimization algorithm［C］// Proceedings of the 2014 IEEE Chinese Guidance，Navigation and Control Congress. Yantai，2014：2692~2697.

[97] 李建平，宫耀华，卢爱平，等. 改进的粒子群算法及在数值函数优化中应用 [J]. 重庆大学学报，2017，40 (05)：95~103.

[98] 肖文显，刘震. 一种融合反向学习和量子优化的粒子群算法 [J]. 微电子与计算机，2013，30 (06)：126~130.

[99] Shi Y H，Eberhart R C. A modified particle swarm optimizer [C]//Proceedings of the 1998 IEEE International Conference on Evolutionary Computation. Piscataway，USA，IEEE，1998：67~83.

[100] Duan H B，Qiao P X. Pigeon-inspired optimization：a new swarm intelligence optimizer for air robot path planning [J]. International Journal of Intelligent Computing and Cybernetics，2014，07 (01)：24~37.

[101] 高立群，吴沛锋，邹德旋. 基于变异策略的粒子群算法 [J]. 东北大学学报（自然科学版），2010，31 (11)：1530~1533.

[102] 邵洪涛，秦亮曦，何莹. 带变异算子的非线性惯性权重 PSO 算法 [J]. 计算机技术与发展，2012，22 (08)：30~33，38.

[103] Qiu H X，Duan H B. Multi-objective pigeon-inspired optimization for brushless direct current motor parameter design [J]. Science China Technological Sciences，2015，58：1915~1923.

[104] Shi Y H，Eberhart R C. A modified particle swarm optimizer [C]//Proceedings of the 1998 IEEE International Conference on Evolutionary Computation. Piscataway，USA，IEEE，1998：67~83.

[105] 李荣雨，王颖. 基于莱维飞行的改进粒子群算法 [J]. 系统仿真学报，2017，29 (08)：1685~1691，1701.

[106] 苑清敏，刘俊，李健，等. 基于差分进化算法的供水系统节能调度研究 [J]. 工业工程与管理，2015，20 (02)：33~39.

[107] 马瑞新，刘宇，覃征，等. 求解约束优化问题的动量粒子群算法 [J]. 系统仿真学报，2010，22 (11)：2485~2488.

[108] Xu Q，Yang Y，Liu Y，et al. An improved Latin hypercube sampling method to enhance numerical stability considering the correlation of input variables [J]. IEEE Access，2017，5 (99)：15197~15205.

[109] Martinez M A，NewmanA M. A solution approach for optimizing long-term and short-term production scheduling at LKAB's Kiruna mine [J]. European Journal of Operational Research，2011，211 (01)：184~197.

[110] Dimitrakopoulos R，Jewbali A. Joint stochastic optimisation of short and long term mine production planning：method and application in a large operating gold mine [J]. Mining Technology，2013，122 (02)：110~123.

[111] Jewbali A，Dimitrakopoulos R. Stochastic mine planning—example and value from integrating long-and short-term mine planning through simulated grade control，sunrise dam，Western Australia [M]. Advances in Applied Strategic Mine Planning. Springer，Cham，2018：173~189.

[112] Hart W E，Laird C D，Watson J P，et al. Mathematical Modeling and Optimization [M].

Pyomo—Optimization Modeling in Python, 2017.
[113] 奚茂龙，孙俊，吴勇．一种二进制编码的量子粒子群优化算法［J］．控制与决策，2010，25（01）：99~104.
[114] 马龙，卢才武，顾清华，等．多目标 0-1 规划问题的元胞狼群算法研究［J］．运筹与管理，2018，27（03）：17~24.
[115] 马龙，卢才武，顾清华，等．求解离散优化问题的元胞量子狼群演化算法［J］．智能系统学报，2018，13（05）：716~727.
[116] 金杉．无线传感器网络的覆盖优化方法研究［D］．天津：天津大学，2017.
[117] 金杉，金志刚．基于量子狼群进化的多目标汇聚节点覆盖算法［J］．电子与信息学报，2017，39（05）：1178~1184.
[118] 吴虎胜，张凤鸣，战仁军，等．利用改进的二进制狼群算法求解多维背包问题［J］．系统工程与电子技术，2015，37（05）：1084~1091.
[119] Muangkoten，Suna T K．An improved grey wolf optimizer for training q-gaussian radial basis functional-link nets［J］．Computer science & engineering conference，2014：209~214.
[120] 张丽娟，张艳芳，赵宜宾，等．基于元胞自动机的智能疏散模型的仿真研究［J］．系统工程理论与实践，2015，35（01）：247~253.
[121] Srikanth K，Likesh K P，Panigrahi B K，et al. Meta-heuristic framework：quantum inspired binary grey wolf optimizer for unit commitment problem［J］. Computers and electrical engineering，2017，14（21）：1~18.
[122] 赵知劲，郑仕链，尚俊娜，等．基于量子遗传算法的认知无线电决策引擎研究［J］．物理学报，2007，56（11）：6760~6766.
[123] 鲁宇明，黎明，李凌．一种具有演化规则的元胞遗传算法［J］．电子学报，2010，38（07）：1603~1607.
[124] 马龙，卢才武，顾清华．多金属矿山工业采掘生产计划模型与优化算法［J］．工业工程与管理，2018，23（03）：50~56，64.
[125] Scott J，Collins R，Funk C，et al. 4D Model-Based Spatiotemporal Alignment of Scripted Taiji Quan Sequences［C］// IEEE International Conference on Computer Vision Workshop. 2017：1~10.
[126] 张选平，杜玉平，秦国强，等．一种动态改变惯性权重的自适应粒子群算法［J］．西安交通大学学报，2005，39（10）：1039~1042.
[127] 黄泽霞，俞攸红，黄德才．惯性权重自适应调整的量子粒子群优化算法［J］．上海交通大学学报，2012，46（2）：228~232.
[128] Sun J，Xu W B. A global search strategy of quantum-behaved particle swarm optimization［C］// Proceeding of the IEEE congress on cybernetics and intelligent system，Singapore：IEEE Press，2004：111~116.
[129] 严海军，向宇．复杂钼铜铁多金属矿的综合利用研究［J］．稀有金属，2011，35（1）：89~95.
[130] Mao J W，Pirajno F，et al. Mesozoic molybdenum deposits in the east Qinling-Dabie orogenic

belt：characteristics and tectonic settings [J]. Ore Geology Review，2011，43（1）：264~293.

[131] 董群英，刘荣绰，许林根，等．河南省栾川县三道庄钼矿资源储量核实报告 [R]. 洛阳：河南省地质局第一地质调查队，2006.

[132] 西安建筑科技大学．露天矿综合开采计划优化研究报告 [R]. 西安：西安建筑科技大学，2012.